Marktversagen

Christoph E. Mandl

Marktversagen

Wie ökologische und wirtschaftliche Krisen entstehen

Springer

Christoph E. Mandl
Wien, Österreich

ISBN 978-3-658-50376-5 ISBN 978-3-658-50377-2 (eBook)
https://doi.org/10.1007/978-3-658-50377-2

Die Deutsche Nationalbibliothek verzeichnet diese Publikation in der Deutschen Nationalbibliografie; detaillierte bibliografische Daten sind im Internet über https://portal.dnb.de abrufbar.

Springer Gabler ist ein Imprint der eingetragenen Gesellschaft Springer Fachmedien Wiesbaden GmbH und ist ein Teil von Springer Nature.
Die Anschrift der Gesellschaft ist: Abraham-Lincoln-Str. 46, 65189 Wiesbaden, Germany

Über dieses Buch

Fast niemand will es absichtlich und doch geschieht es – Tag für Tag, Jahr für Jahr, Dekade für Dekade: Entwaldung, Luftverschmutzung, Finanzkrise, Klimawandel. Woran liegt es, dass wir, scheint's, unfähig sind, uns unserem Wissen entsprechend zu verhalten? Wieso ist unsere Zivilisation derart lernbehindert? Das Buch geht diesen Fragen nach, verfolgt Spuren, die weit in die Vergangenheit zurückreichen, und stößt auf ein immer wiederkehrendes Phänomen: Marktversagen. Obwohl erst seit dem 20. Jahrhundert bekannt und benannt, war Marktversagen von Anfang an ein steter Begleiter von Märkten, eine der großen zivilisatorischen Errungenschaften. So wie Menschen und Bakterien, Computer und Computerviren einander bedingen, so schaffen Märkte die Möglichkeit von Marktversagen und entwickeln sich miteinander über die Jahrhunderte und Jahrtausende evolutionär weiter. Je größer, je globaler die Märkte, desto größer, desto globaler auch die Krisen und Katastrophen, die durch Marktversagen erzeugt werden. Wie kommt es dazu? Wieso ist es so enorm schwierig, dagegen zu halten? Gilt auch für Märkte die englische Redewendung „there ain't no such thing as a free lunch"? Fragen über Fragen – das Buch liefert Antworten, auch wenn manche unbequem sind.

Prolog

Ausgangspunkt dieses Buches ist die scheinbar einfache Frage nach dem „wieso“? Wieso geschieht Entwaldung, obwohl wir wissen, wie schädlich sie für uns ist? Wieso kam es zur Weltfinanzkrise, obwohl es kaum jemand beabsichtigte? Wieso entstehen globale Monopole, obwohl es in den meisten Staaten Antitrust-Gesetze zur Unterbindung von Monopolen gibt? Wieso emittieren wir immer mehr Kohlendioxid, obwohl seit Jahrzehnten bekannt ist, dass es die Erderwärmung verursacht? Schlimmer noch: Da wir dank der Wissenschaft die Antworten auf alle diese Fragen kennen, wieso werden diese nicht wirksam umgesetzt?

Hier betreten wir glitschiges Terrain, gepflastert mit Interessenskonflikten, Ideologien, Verschwörungstheorien, weltanschaulichen Gräben und als selbstverständlich angesehene Überzeugungen[1]. Der Neoliberalismus ist schuld, meinen nicht wenige. Der Kapitalismus gehört abgeschafft, meinen andere. Schuld ist die Gier der Manager, der Aktionäre oder mitunter auch der Konsumenten und – nicht zu vergessen – die Unfähigkeit oder Unwilligkeit der Politiker aller Couleur.

Fernab aller solcher Ismen hat sich seit den 1940er-Jahren die Systemtheorie – ursprünglich Kybernetik – als neue Wissenschaftsdisziplin etabliert. Diese betrachtet rückgekoppelte Systeme, also solche, bei denen Ursache und Wirkung in beide Richtungen kausal miteinander verbunden sind, d. h. jede Wirkung beeinflusst – zeitversetzt – auch wiederum deren Ursache.[2] Mehr Guthaben am Bankkonto bringt mehr Zinsen, diese erhöhen das

Guthaben, und so weiter und so fort. Auch unregulierte Märkte sind solche rückgekoppelten Systeme. Wenn die Nachfrage nach einer bestimmten Ware deren Angebot übersteigt, erhöht sich deren Marktpreis, was wiederum – zeitversetzt – dazu führt, dass mehr dieser Ware angeboten wird, sodass der Preis sinkt, was in Folge dazu führt, dass mehr dieser Ware nachgefragt wird.

Eine zentrale Erkenntnis betreffend rückgekoppelte Systeme stammt von Heinz von Foerster, einer der Mitbegründer der Kybernetik:

> Eine Reaktion, die einmal auf einen bestimmten Reiz beobachtet wurde, muss nicht unbedingt dieselbe sein, wenn derselbe Reiz später erneut auftritt.[3]

So selbstverständlich diese Einsicht im Umgang mit anderen Personen ist, so wenig wird darauf im Umgang mit Organisationen und Gesellschaften geachtet, was nicht zuletzt die *Logik des Misslingens*[4] begründet. In Kap. 7, 8 und 9 wird dies ausführlich behandelt.

Eine der größten Errungenschaften von uns Menschen ist die Arbeitsteilung und der damit aufs Engste verbundene Tauschhandel. Weder macht Arbeitsteilung ohne Tauschhandel Sinn, noch benötigt es Tauschhandel ohne Arbeitsteilung. Auch dies, Arbeitsteilung zusammen mit Tauschhandel, ergibt ein rückgekoppeltes System, das so alt ist, wie die ältesten Zivilisationen, die es ohne dieses System möglicherweise gar nicht gegeben hätte. Daraus entwickelte sich das, was wir heute Markt oder Marktwirtschaftssystem nennen. Auch wenn der Begriff „Markt" erstmals im Römischen Reich als „mercatus" auftaucht, so gab es den Markt bereits im Altgriechischen als „agora". Auch davor, in Mesopotamien gab es bereits Märkte und Handel, auch wenn diese keine überlieferten Bezeichnungen hatten – mehr dazu steht in Kap. 1.

Wesentliches Merkmal von Märkten war und ist die Freiheit aller Akteure – Personen als auch Organisationen und Institutionen –, zu kaufen, zu verkaufen oder auch nicht. Der Nutzen dieser Freiheit für das Gemeinwohl wurde erstmals von Adam Smith theoretisch begründet, eine Freiheit, an der sich heute mehr denn je die Gemüter erhitzen – mehr dazu siehe Kap. 4.

Denn was es jedenfalls bereits im antiken Griechenland gab – siehe hierzu Kap. 2 und 8 – und dank des internationalen Warenaustauschs nunmehr global passiert, ist Marktversagen, welches die Gegner freier, unregulierter Märkte auf ebendiese Freiheit zurückführen. Marktversagen bezeichnet eine Situation, in der die Verteilung von Gütern und Dienstleistungen durch einen freien Markt nicht bestmöglich zum Gemeinwohl beiträgt. Es kann daher mindestens einer Person in der Gesellschaft ein Vorteil verschafft werden, ohne dass sich die Situation einer anderen Person verschlechtert. Erstmals wurde dieser Begriff als „market failure" im Jahr 1958 von Francis Bator, Professor für Politische Ökonomie an der Harvard University verwendet und beschäftigt seitdem Wirtschaftswissenschaftler. Die eine ökonomische Schule ist der Ansicht, dass Marktversagen nur durch staatliche Eingriffe verhindert bzw. beseitigt werden kann. Die andere Denkrichtung bezweifelt, dass es Marktversagen überhaupt gibt, und lehnt jede Regulierung von Märkten ab.

Marktversagen – so es denn dieses gibt, was in Kap. 4 erörtert wird – kann verschiedene Ursachen haben: asymmetrische Information – siehe Kap. 7; Tragödie des Gemeinguts – siehe Kap. 2, 3 und 9; externe Kosten – siehe Kap. 5, 6, 9 und 11; sowie Monopole – siehe Kap. 8.

Holz, Autos, Kühlschränke, Wertpapiere, soziale Netzwerke, fossile Brennstoffe sind Produkte und Dienstleistungen, die über Märkte gehandelt werden. Dank dem Allgemeinen Zoll- und Handelsabkommen (GATT – General Agreement on Tariffs and Trade), welches 1947 abgeschlossen wurde und dem bis 2025 insgesamt 166 Länder beitraten, sind diese Märkte heute global. Davon profitieren die Käufer enorm, sowohl durch niedrigere Preise als auch durch mehr Innovationen. Aber auch all jene Anbieter, die sich im globalen Wettbewerb behaupten, profitieren durch größere Märkte.

Das ist die gute Nachricht, indes „wo viel Licht ist, ist starker Schatten".[5] Je größer der Markt, desto mehr Menschen sind in Mitleidenschaft gezogen, wenn es zu Marktversagen kommt. Je mehr Menschen und auch Organisationen an einem Markt mitwirken und davon Nutzen ziehen, desto mehr Widerstand gibt es gegen jegliche Versuche, Marktversagen zu verhindern oder zu beseitigen. Einen florierenden Markt wegen Marktversagens zu regulieren oder gar zu stoppen, stellt damit Politiker vor ein Dilemma, bei dem diese die Wahl haben zwischen Pest und Cholera. Wie damit umgehen und wie die Folgen von Marktversagen minimiert werden können und könnten, ist Thema von Kap. 10 und 11.

Marktversagen ist zwar nicht neu, bereits Aristoteles beschrieb ein solches vor 2400 Jahren – siehe Kap. 8 – aber globales Marktversagen ist erst dank globaler Märkte möglich, mit entsprechend auch globalen Auswirkungen, siehe Kap. 5, 6, 7, 8 und 9.

Dass dieses Buch nicht nur Marktversagen beschreibt, sondern dieses auch Evidenz-basiert untermauert, ist nicht nur, aber vor allem jenen zu danken, die an „Our World in Data" mitwirken, Daten zusammentragen und in Form von interaktiven Diagrammen veröffentlichen.

Nicht zuletzt weise ich darauf hin, dass ich aus Gründen der Lesbarkeit auf die gleichzeitige Verwendung männlicher, weiblicher und diverser Sprachformen verzichte. Alle Personenbezeichnungen gelten gleichermaßen für alle Geschlechter. Aus diesem sprachlichen Dilemma gibt es im Deutschen leider kein Entrinnen. Als kleine Kompensation und auch aus Überzeugung – mehr dazu siehe Kap. 3 – widme ich deshalb dieses Buch den Göttinnen der Elemente, insbesondere Gaia, Demeter, Artemis und Tethys.

Inhaltsverzeichnis

Über den Autor

Christoph E. Mandl hat an der ETH Zürich promoviert. Er ist Privatdozent an der Universität Wien, Lehrbeauftragter an der Universität für Bodenkultur Wien, Mitglied der Balaton Group und Gründungsmitglied der Global Association of Society for Organizational Learning Communities. Er war Visiting Scientist am Massachusetts Institute of Technology, wissenschaftlicher Mitarbeiter am International Institute of Applied System Analysis und Leiter Strategie in einem großen Unternehmen der Elektrobranche. mlp@mlp.co.at, www.mlp.co.at

1 Der Markt erscheint im Holozän

Die aktuelle geologische Epoche, die vor 11.700 Jahren beginnt, wird Holozän genannt. Das Wort Holozän besteht aus zwei altgriechischen Wörtern. Hólos ist das griechische Wort für „ganz". „Cene" kommt vom griechischen Wort kainós, was „neu" bedeutet. Gemeint ist, dass diese Epoche „völlig neu" ist. So jedenfalls sehen es die Geologen, die diese Bezeichnung beim Geologischen Kongress in 1885 offiziell machen. Das Holozän folgt auf die letzte Eiszeit, die mit dem Gletscherrückgang und dementsprechend einem Anstieg des Meeresspiegels um 120 m endet. Diese völlig neue Epoche fällt zusammen mit der sich beschleunigenden Verbreitung, dem Wachstum und den Auswirkungen der menschlichen Spezies weltweit, einschließlich ihrer geschriebenen Geschichte, technologischen Revolutionen, der Entwicklung von Zivilisationen und dem Übergang zum städtischen Leben. Der Einfluss des Menschen auf die Erde und ihre Ökosysteme ist von globaler Bedeutung für die zukünftige Entwicklung der lebenden Arten.

Zivilisationen kommen, Zivilisationen gehen. Diese Binsenweisheit ist leicht zu übersehen, leben wir doch in einer Zivilisation, die jedenfalls schon länger existiert als ein Menschenalter. Wie lange genau, darüber lässt sich trefflich diskutieren. Beginnt die heutige Zivilisation mit der industriellen Revolution, mit der Aufklärung, mit dem Kolonialismus? Ist sie gar eine Fortsetzung des Römischen Reiches, wo doch Römisches Recht an

C. E. Mandl, *Marktversagen*,
https://doi.org/10.1007/978-3-658-50377-2_1

Universitäten gelehrt wird und das Rechtswesen Europas vom Römischen Recht maßgeblich geprägt ist?

Wie dem auch sei, Fakt ist, dass bei aller Unterschiedlichkeit von Zivilisationen manche Errungenschaften sich in allen Zivilisationen wiederfinden, ja geradezu ein Charakteristikum einer Zivilisation sind, wie die Arbeitsteilung.[6] Für sich allein genommen ist diese nicht ausreichend, um eine Zivilisation zu begründen. Aber beginnen wir beim Anfang.

Viele Säugetiere leben in Rudeln, so auch unsere Vorfahren. Im Unterschied zu einer Horde besteht ein Rudel aus einer überschaubaren Anzahl an Tieren, die einander kennen und eine gewisse Arbeitsteilung pflegen. Dabei geht es nicht nur um die, sich aus dem biologischen Geschlecht ergebende Arbeitsteilung, sondern um die Herstellung und Nutzung von Werkzeugen. Bereits vor 2 Mio. Jahren können unsere Vor-Vorfahren Werkzeuge aus Stein herstellen, wie wir aus Funden in Afrika wissen. Sie schneiden, stechen, schaben, kratzen und schlagen damit weitaus besser als mit bloßen Händen. Langsam, für unser heutiges Verständnis von Innovationsgeschwindigkeit extrem langsam, werden die Werkzeuge immer besser.

Fragmente von 300.000 Jahre alten Schädeln und Kiefern sind die ältesten bisher gefundenen Überreste des Homo sapiens, also von uns Menschen.[7] Etwa zur gleichen Zeit gibt es einen Innovationssprung. Fein gearbeitete Werkzeuge mit geschliffenen Spitzen werden an Griffen und Speerschäften befestigt. Damit wird es möglich, alle Arten von schwer fassbaren oder gefährlichen Beutetieren zu töten. Schaber und Ahlen, mit denen man Tierhäute für Kleidung bearbeiten und Holz und andere Materialien raspeln kann, tauchen ebenfalls auf.[8]

Arbeitsteilung und Tauschen als Fundament

Auch wenn es dafür keine direkten Anhaltspunkte gibt, geht mit dieser Entwicklung einher, dass die Arbeitsteilung ausgeprägter wird. Manche Menschen im Rudel oder in der Horde, also einer zusammenlebenden Gruppe von Jägern und Sammlern[9], sind begabter, um Werkzeuge herzustellen. Andere wiederum können mit Werkzeugen besser umgehen und sind daher fähiger beim Jagen oder beim Herstellen von Kleidung aus Tierhäuten. Mit dieser zunehmenden Arbeitsteilung und lange vor den ersten Zivilisationen verbreitet sich das, was wir heute Schenken nennen, zunächst innerhalb einer Horde.

Wie alle Primaten, sind auch wir Menschen zu komplexem Sozialverhalten fähig. Das ist für die Stabilität und den Zusammenhalt einer Horde unabdingbar. Deshalb ist davon auszugehen, dass Schenken nicht nur mit zunehmender Arbeitsteilung einhergeht, sondern auch verbindendes Element in einer Horde ist und zu deren Stabilität und Zusammenhalt beiträgt, ganz nach dem bekannten Spruch „Kleine Geschenke erhalten die Freundschaft".

Die zunehmende Arbeitsteilung gepaart mit einer zunehmenden „Kultur des Schenkens" ist eine Entwicklung, die sich über 100.000 Jahre und mehr erstreckt. In dieser frühesten Epoche der Menschheitsgeschichte, die wir im Rückblick Steinzeit nennen, weil alle Werkzeuge aus Stein sind, liegt das Alter der Frauen bei der ersten Geburt im Durchschnitt bei 19 Jahren. Somit vergehen 6000 Generationen und mehr, in denen Arbeitsteilung und „Kultur des Schenkens" sich weiterentwickeln. Dieser langsame, auch von Phasen abnehmender Arbeitsteilung geprägte, aber letztlich doch stetige kulturelle Entwicklungsprozess ist eine Form der Koevolution, bei der Arbeitsteilung und Schenken einander bedingen, bis eine neue, innovative soziale Fähigkeit das Schenken ablöst: Tauschen.

Innerhalb einer Horde mit ihrer überschaubaren Anzahl Menschen bewährt sich Schenken. Wenn Jäger neue Speerspitzen benötigen, ist für sie offensichtlich, dass sie jenen, die solche Speerspitzen fertigen können, Essen schenken müssen, damit diese ausreichend Zeit haben, Speerspitzen zu fertigen, ohne hungern zu müssen. Schwieriger wird die Situation, wenn Arbeitsteilung zwischen Horden entsteht. Wenn eine Horde besonders gute Kleidung aus Tierhäuten herstellt und eine andere Horde besonders scharfe Steinklingen, dann etabliert sich eine „Kultur des Tauschens" zusätzlich zur „Kultur des Schenkens". Diese Entwicklung dauert viele Generationen und ermöglicht eine neue Qualität von Arbeitsteilung. Schenken verbunden mit der Hoffnung, auch umgekehrt etwas Brauchbares geschenkt zu bekommen wird durch eine neue Idee bereichert: Gefertigt wird, was sich gut gegen Werkzeuge oder Nahrung oder andere Sachen eintauschen lässt. Je nützlicher ist, was die Einen zum Tausch anbieten, desto mehr können sie an Nützlichem von Anderen bekommen.

Während Schenken auch ohne gemeinsame Sprache möglich ist, wird Tauschen ohne miteinander zu reden schwierig. Tauschen setzt voraus, dass beide am Tausch Beteiligten ihre Erwartungen an den Tauschpartner artikulieren und dann über diese Erwartungen miteinander verhandeln. Je unterschiedlicher die Gegenstände sind, die getauscht werden sollen, desto aufwendiger ist dieser Abgleich der Interessen. Erst wenn beide Seiten zur Ansicht kommen, dass sie vom Tausch mehr Nutzen haben als wenn sie nicht tauschen, kommt der Tausch zustande. Die Entwicklung dieser Fähigkeit zum Tausch dauert, so legen Funde nahe, 30.000 Jahre, also 1600 Generationen und sind ein wichtiges Element bei der Entstehung der ersten Zivilisationen.

Spezialisierung erschwert Tauschen

Homo sapiens lässt es nicht bei der stetigen Verbesserung und Spezialisierung von Werkzeugen bewenden. In der letzten Phase der Steinzeit, der Jungsteinzeit bzw. dem Neolithikum beginnen unsere Vorfahren Pflanzen und Tiere zu domestizieren. Erste domestizierte Tiere sind Hunde, Ziegen und Schafe. Erste domestizierte Pflanzen sind Weizen, Gerste, Kichererbsen, Linsen und Flachs. Circa 290.000 Jahre, also 15.000 Generationen nach den ältesten bisher gefundenen Überresten von Homo sapiens startet dieser Domestizierungsprozess. Damit nimmt vor 11.000 Jahren die sogenannte neolithische Revolution ihren Anfang, also der Übergang vom Jagen und Sammeln zu einer landwirtschaftlichen und sesshaften Lebensweise. In den folgenden Jahrtausenden entwickeln sich die Horden von Jägern und Sammlern zu sesshaften Gesellschaften.

Die Benennung dieses Prozesses als Revolution ist irreführend. Denn eine Entwicklung, die sich über mehrere Jahrtausende bzw. hunderte Generationen erstreckt, ist schwerlich ein plötzlicher Umbruch, wie die Französischen Revolution oder die industrielle Revolution. Eher ist der revolutionsartige Charakter in Bezug auf den vergleichsweise langsamen Wandel der sehr viel längeren Epochen der Alten und Mittleren Steinzeit zu verstehen.[10]

Einhergehend mit dem Domestizierungsprozess nimmt die Spezialisierung und Arbeitsteilung dramatisch zu. Zusätzlich zu den bekannten und immer mehr verbesserten Werkzeugen der Steinzeit für Jagen und Sammeln werden nun auch Werkzeuge für die Landwirtschaft gefertigt. Grabstöcke und Handhacken aus Stein, Holz und Knochen dienen der Bearbeitung des Bodens und der Aussaat von Samen.

Diese so beschriebene Entwicklung ist innerhalb eines Menschenalters, das in der Steinzeit für diejenigen, die das Kindesalter überleben, zwischen 25 und 35 Jahre beträgt, kaum wahrnehmbar. Aber die Fähigkeit von uns Menschen, Fertigkeiten und Können[11] zu erlernen und weiterzugeben, führt dazu, dass über Generationen hinweg trotz dieser kurzen Lebenserwartung, das Können in allen Bereichen zunimmt. Freilich ist diese Entwicklung nicht stetig. Über die Jahrtausende und damit hunderte Generationen gehen Fertigkeiten, geht Können in einer Horde auch mitunter verloren, wird durch andere Fertigkeiten ersetzt oder wiederentdeckt. Letztlich ist die neolithische Revolution unaufhaltsam, wie Funde aus dieser Zeit belegen.

Nicht jeder Mensch kann alle diese Fertigkeiten erlernen. Spezialisierung ist notwendig. Begabung sowie Interesse spielt eine nicht unerhebliche Rolle ebenso wie die in einer Horde besonders gepflegte Fertigkeit. All diese Entwicklung hat zur Folge, dass nicht nur Spezialisierung und Arbeitsteilung zunimmt, sondern dass Tauschen immer mehr an Bedeutung gewinnt. Eine sich selbst verstärkende Kausalkette etabliert sich als Kreislauf sowohl innerhalb von Gemeinschaften als auch zwischen solchen: Je vielfältiger und je spezialisierter Fertigkeiten werden, desto mehr müssen die Ergebnisse dieser Fertigkeiten ausgetauscht werden. Je nutzbringender dieses Tauschen ist, desto mehr Ansporn, die eigenen Fertigkeiten weiterzuentwickeln und so weiter und so fort. Der Tauschhandel, wie wir ihn heute nennen, also der direkte Tausch von Waren oder Dienstleistungen gegen andere Waren oder Dienstleistungen, wird zu einem unverzichtbaren Element menschlichen Daseins. Eine neue Ordnung der Interaktion zwischen Menschen und zwischen Gemeinschaften entsteht.[12]

Etwa im selben Zeitraum, in dem die neolithische Revolution ihren Anfang nimmt, verändert sich das Klima. Die letzte Eiszeit endet und das Holozän, der gegenwärtige Zeitabschnitt der Erdgeschichte, beginnt. Charakteristisch dafür ist der scharfe Temperaturanstieg. Die Durchschnittstemperaturen steigen auf Teilen der Nordhalbkugel innerhalb weniger Jahrzehnte um mehrere Grad Celsius. Mit der globalen Erwärmung einher geht ein Abschmelzen der Eismassen. Diese Eisschmelze führt dazu, dass der weltweite Meeresspiegel zu Beginn des Holozäns um 35 m und im späteren Teil des Holozäns um weitere 30 m auf das heutige Meeresniveau ansteigt.

Damit geht einher, dass die Menschen sesshaft werden. Siedlungen entstehen und wachsen, vor allem im später so genannten Mesopotamien oder Zweistromland also dem Land, das durch die beiden Flüsse Euphrat und Tigris geprägt wird. Menschen beginnen, sich zu größeren Gemeinschaften in urbanen Zentren zusammenzuschließen. Der prozentuelle Anteil, der in urbanen Gebieten lebenden Bevölkerung wächst langsam, aber stetig, vor allem im Gebiet des heutigen Irak, das wesentliche Teile von Mesopotamien umschließt. Die ersten Zivilisationen entstehen.

Circa 3500 Jahre nach dem Beginn der neolithischen Revolution, also vor 7500 Jahren entwickelt sich die älteste Zivilisation Obeid mit ihrem urbanen Zentrum Eridu.[13] Diese Stadt liegt in der Nähe des Persischen Golfs nahe der Mündung des Euphrat, heute durch Verlandung 150 km landeinwärts. Im Zentrum steht ein Gebäude, ein Tempel, der über einen Zeitraum von mehr als 2000 Jahren insgesamt achtzehn Mal gebaut, abgetragen und wiederum neu und größer gebaut wird, wobei diese Bauschichten einander überlagern (Abb. 1.1).[14]

Solche aufwendig herzustellenden Produkte wie dieser Tempel werfen die Frage auf, welche Konsequenzen diese dafür notwendige, enorme Arbeitsteilung für die „Kultur des Schenkens" und für den Tauschhandel hat. Es ist schwer vorstellbar, wie sich ein solches Vorhaben arbeitsteilig allein durch schenken und Tauschen realisieren lässt. Die neolithische Revolution bringt eine neue Vielfalt an Lebensmittel, Werkzeugen, Produkten und auch Dienstleistungen hervor. Wie erfolgt der Austausch dieser unterschiedlichen Beiträge der Menschen zur Gemeinschaft? Geschieht er freiwillig von allen Beteiligten oder wird er von einer politischen oder religiösen Elite organisiert?

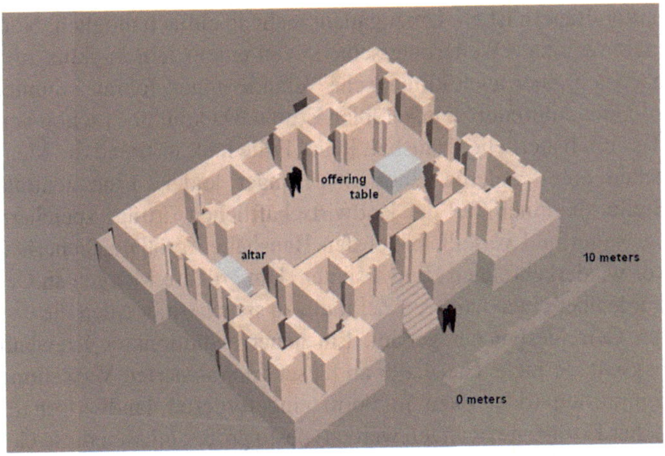

Abb. 1.1 Rekonstruktion der Grundmauern des elften Tempels

Palast- und Tempelwirtschaft

Neben der „Kultur des Schenkens" und des Tauschhandels entstehen zwei neue Formen des Austausches, die nicht einander ausschließen, sondern nebeneinander und einander ergänzend existieren: die Palast- und Tempelwirtschaft einerseits sowie der Markt andererseits.

In einer Palast- oder Tempelwirtschaft fließt ein Teil der erarbeiteten Produkte und Dienstleistungen in die Kontrolle einer zentralisierten Verwaltung, des Palastes oder des Tempels, und von dort aus wiederum an die Bevölkerung zurück. Dabei ist die Bevölkerung in hohem Maße auf die von der Verwaltung verteilten Produkte und Dienstleistungen angewiesen. Heute nennen wir dies Abgaben, aber in der Obeid-Zivilisation gibt es kein Geld, jedenfalls nicht zu Beginn, also vor 7500 Jahren. Das ändert sich über die nächsten 2000 Jahre, in denen diese Zivilisation existiert. Diese Umverteilungswirtschaft funktioniert zunächst ohne Geld und bewährt sich in mehrfacher Hinsicht.

Jäger und Sammler sind flexibel. Bietet die Natur in einer bestimmten Region nicht genug, um die Menschen zu ernähren, so ziehen sie dorthin, wo die Bedingungen günstiger sind. Bei den in der neolithischen Revolution entstehenden und nunmehr sesshaften Bauern ist ein Umzug nicht mehr so einfach möglich. Normale regionale Wetterunterschiede von einem Jahreszyklus zum nächsten, aber auch klimatische Veränderungen führen mitunter zu guten, mitunter zu miserablen Ernten. Da kommt es schon vor, dass ein bäuerlicher Haushalt in der Fülle lebt, während die Menschen eines anderen Haushalts Hunger leiden. Eine zentrale Stelle, die einen Teil der landwirtschaftlichen Erträge speichert, verwaltet und verteilt, bietet den Haushalten größere Sicherheit vor wiederkehrenden Hungersnöten. Um größere Mengen an Getreide über einen längeren Zeitraum zu speichern, werden die ersten Getreidespeicher gebaut. Ein neuer evolutionärer Kreislauf beginnt: Je mehr Haushalte an dieser zentralisierten Verwaltung mitmachen (oder dazu in Form eingeforderter landwirtschaftlicher Erträge gezwungen werden) desto größer müssen diese Getreidespeicher sein, desto mehr Menschen müssen in der erforderlichen Verwaltung tätig sein, desto mehr landwirtschaftliche Erträge müssen an die Verwaltung – Tempel oder Paläste – abgeführt werden. So bewährt und etabliert sich die Palast- und Tempelwirtschaft.

Die Erfindung des Geldes als Tauschmittel

Auch der Tauschhandel entwickelt sich, aber aus einem ganz anderen Grund. Tauschen ist etwas Unmittelbares: Du hast Etwas, was ich gerne hätte, und ich habe Etwas, das du gerne möchtest. Also reden wir miteinander, ob wir uns einig werden, diese beiden „Etwas" zu tauschen. Das können natürlich auch Dienstleistungen sein. Ich helfe dir beim Ernten und du hilfst mir umgekehrt auch beim Ernten. Das funktioniert, solange nur zwei Personen involviert sind. Ganz anders stellt sich die Sache dar, wenn mehr als zwei Personen unterschiedliche Sachen austauschen wollen: Nammu hat überschüssige Gerste und hätte gerne von Uraš die von ihr gefertigten Handhacken. Uraš braucht aber gerade keine Gerste, möchte aber von An[15] eine Ziege. An indes ist nur bereit, eine Ziege herzugeben, wenn er dafür eine angemessene Menge an Gerste bekommt.

Wie können die drei zu einem Tauschhandel kommen? Das ist keine Rätselaufgabe, es ist vielmehr ein reales Problem. Niemand will selbst benachteiligt sein oder andere benachteiligen, denn die

Drei wollen schließlich auch in Zukunft tauschen. Dabei geht es nicht nur um die Frage, wer gibt wem was, damit alle das Gewünschte bekommen. Das ist einfach: Nammu gibt Gerste an An, dieser gibt eine Ziege an Uraš und diese wiederum gibt Handhacken an Nammu. Die wirklich schwierigen Fragen sind hingegen, wieviel Gerste An möchte, um eine Ziege an Uraš herzugeben, wieviel Handhacken Uraš bereit ist für eine Ziege herzugeben und ob Nammu willens ist für die Anzahl Handhacken von Uraš so viel Gerste an An zu geben, wie dieser für eine Ziege möchte.

Nicht immer kommt eine Einigung zustande. Der Tausch wird vertagt oder andere Personen werden einbezogen. Aber über Generationen hinweg wird diese Art des Tausches immer aufwendiger und mühsamer, denn die Arbeitsteilung zwischen Haushalten nimmt langsam, aber stetig zu und damit auch die Vielfalt an Produkten und Dienstleistungen, die angeboten und nachgefragt werden. Eine, von allen akzeptierte Bezugsgröße kristallisiert sich über Generationen hinweg als Lösung heraus. Von Vorteil ist dabei, dass diese Bezugsgröße ohne allzu großen Aufwand gelagert werden kann, dass sie jeder Haushalt benötigt und dass sie leicht in kleinere Einheiten teilbar ist. Wenn Ziegen eine solche Bezugsgröße wären, dann kann mit einer Ziege nur etwas eingetauscht werden, dass in Anzahl Ziegen bemessen werden kann.

Heute nennen wir diese Bezugsgröße Geld. In der Zeit nach der neolithischen Revolution gibt es diesen Begriff noch nicht, aber um den Tausch zwischen mehr als zwei Haushalten zu erleichtern, verbreitet sich in der Obeid-Zivilisation Gerste als eine solche akzeptierte Bezugsgröße und damit als erstes Tauschmittel. Eine Menge an Gerstenkörnern kann sowohl als Volumen als auch als Gewicht gemessen werden. Die Erfindung der Töpferscheibe[16] in der Obeid-Zivilisation revolutioniert die Herstellung verschiedenster Töpferwaren für Aufbewahrung und Transport (Abb. 1.2).

Damit werden Gerstenkörner gemessen in Volumeinheiten zum sich langsam verbreitenden Tauschmittel. Auch Produkte, die aus Gerste hergestellt werden, wie Bier und Brot gehören zu akzeptierten Tauschmittel.

Abb. 1.2 Keramikgefäß von Ubaid III

> Wenn ein Mensch zu den Schilfgürteln des Enki[17] gebracht wurde, wird sein Bier 4 Krüge und sein Brot 420 Laibe betragen. Ein Barig (entspricht etwa 60 Liter) Gerste soll der Bestatter mitnehmen.[18]

So legte Urukagina, Herrscher des sumerischen Stadtstaates Lagasch, auf dem 4350 Jahre alten Steinkegel die Begräbniskosten in Einheiten von Bier, Brot und Gerste fest.

Vom Tauschmittel Gerste zum Tauschmittel Silber

In der Sumerischen Zivilisation, die vor 6300 Jahren der Obeid-Zivilisation folgt und 2000 Jahre lang existiert, vertieft und verbreitet sich die Arbeitsteilung. Nicht nur die Herstellung vielfältiger Gebrauchsgegenstände aus Ton, auch die zunehmende Verbreitung von Werkzeugen aus Kupfer erfordert eine Ausweitung des Tauschhandels, aber auch der Palast- und Tempelwirtschaft. Während die Herstellung von Werkzeugen aus Stein fast überall möglich ist, denn geeignete Steine findet man in vielen Gegenden, sind Kupfervorkommen nicht so verbreitet.

Kupfer muss daher über größere Distanzen gehandelt und transportiert werden.

Gerste als Tauschmittel ist dafür wenig geeignet, denn der Wert von einem Barig (60 L) Gerste oder einem Schekel (entspricht 11 g) Gerste ist gering. Um Kupfer gegen Gerste zu tauschen, muss viel Gerste in vielen Gefäßen über größere Distanzen transportiert werden. Dazu kommt, dass Gerste im Vergleich mit anderen Nahrungsmitteln länger, aber nicht unbegrenzt haltbar ist. Mit zunehmendem Fernhandel etabliert sich über die Jahrhunderte ein anderes Tauschmittel: Silber. Gerste und Silber werden für viele Jahrhunderte zum durchaus gleichberechtigten Tauschmittel. Über die Jahrtausende nimmt die Bedeutung und Verbreitung von Silber als Tauschmittel relativ zu Gerste zu. Der Tauschwert zwischen Silber und Gerste schwankt, bewegt sich aber um circa ein Gur (entspricht 300 L) Gerste zu einem Schekel (ca. 11 g) Silber[19]. Da 300 L Gerstenkörner 200 kg wiegen und 11 g Silber ein Volumen von 0,001 L hat, ist Silber ein wesentlich kompakteres und auch leichteres Tauschmittel.

So nachvollziehbar diese Entwicklung auch ist, sie führt zu ungeahnten und unbeabsichtigten gesellschaftlichen Umwälzungen. Betrachten wir zunächst einmal das nahe liegende Problem. Getreide kann gut in Menge bzw. Volumen gemessen werden. Bei Silber ist das schwierig. Einfacher ist es, Silber in Gewicht zu messen. Doch dafür benötigt man Waagen. Eine Balkenwaage ist eine technische Errungenschaft, die vor 7000 Jahren von verschiedenen Zivilisationen unabhängig voneinander erfunden wird.[20] Wie bei vorangehenden Errungenschaften erfordert die Umstellung des Tauschhandels auf das Tauschmittel Silber und von Menge bzw. Volumen auf Gewicht neues Wissen und neue Fertigkeiten. Die Arbeitsteilung nimmt weiter zu. Silber muss abgebaut und geschmolzen werden. Balkenwaagen und normierte Gewichte aus Stein müssen hergestellt werden.

Da Tauschen nun nicht mehr nur zwischen benachbarten, einander kennende Personen stattfindet, sondern auch über große Distanzen, wird Tauschen unpersönlicher. Zwei Regeln gewinnen an Bedeutung: Gerechtigkeit beim Tauschen und Respekt von Eigentum. Mit der Balkenwaage können Gewichte wesentlich genauer miteinander verglichen werden, als beim Vergleichen von

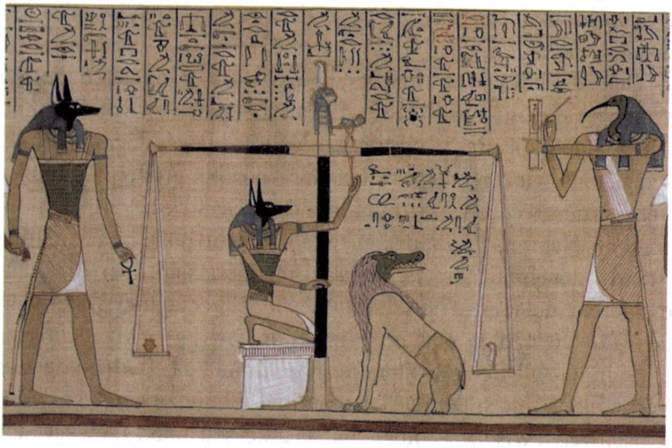

Abb. 1.3 Balkenwaage – Illustration aus dem ägyptischen Totenbuch ca. 1275 v. Chr.

Volumina möglich ist. Täuschen beim Tauschen wird dank der Balkenwaage schwierig. Diese wird zum Garant dafür, dass ein Tausch den daran Beteiligten gerecht wird, dass also keiner getäuscht oder benachteiligt wird. Damit wird in den Jahrhunderten nach ihrer Erfindung die Balkenwaage zum Symbol für Gerechtigkeit und Wahrheit. In dieser 3300 Jahre alten Illustration (Abb. 1.3) wird das Herz, das als Gefäß dargestellt ist, gegen eine Feder abgewogen, das Symbol der altägyptischen Göttin Maat, Göttin der Gerechtigkeit, der Weltordnung und der Wahrheit.

Weitere dreizehn Jahrhunderte später, in der Zeit von Caesar Augustus, wird die Balkenwaage zum Symbol von Gerechtigkeit schlechthin. Justitia, Göttin der gerechtigkeit, wird mit einer Balkenwaage an einer Hand dargestellt, mittels derer sie das Gewicht von Beweisen und Argumenten zweier Streitparteien gegeneinander abwägt.

Ein probates Mittel, dass bei einem Tausch alles mit rechten Dingen zugeht, besteht darin, dass jede Person den Tausch verweigern kann, sie quasi ein Vetorecht hat. Diese Regel wird nicht immer beachtet, zum Nachteil derjenigen, die überhaupt nicht oder nicht zum angebotenen Gegenwert tauschen wollen. Wohl auch deshalb erlässt Urukagina, Herrscher des sumerischen Stadtstaates Lagasch, vor 4350 Jahren die ersten Gesetze, die den Zwang zum Verkauf von Eigentum verbieten.[21]

So entwickeln sich aus den rudimentären Anfängen einer „Kultur des Tauschens" über die Jahrtausende die ersten Marktwirtschaften.[22] Indes der Übergang vom Tauschmittel Gerste zu Silber bleibt nicht ohne Folgen. Bäuerliche Haushalte, welche in der neolithischen Revolution beginnen, Gerste anzubauen, sind damit nicht nur Produzenten eines der wichtigsten Nahrungsmittel, sie haben auch die Verfügungsmacht über Gerste als Tauschmittel. Verfügbarkeit und damit Wert von Gerste als Tauschmittel ist enormen Schwankungen unterworfen. In Jahren schlechter Ernten wird ein Gutteil der Ernte als Nahrungsmittel benötigt und als Saatgut sowieso. Wer möchte schon hungern, um mit der wenigen Gerste lieber Werkzeuge oder Dienstleistungen einzutauschen? In solchen Jahren ist Gerste sehr viel wert. Lagern von Gerste und damit das Akkumulieren von Reichtum ist nur begrenzt möglich. Gerste ist im Vergleich zu anderen domestizierten Pflanzen, wie Erbsen und Linsen, länger haltbar, aber eben nicht unbegrenzt.

Der Eintritt von Silber in die Zivilisation ändert jedoch viel. Wieso gerade Silber? Gold, Kupfer und Silber kommen in der Natur auch in elementarer Form vor, meist in Form von Körnern, seltener von größeren Nuggets, und können daher ohne aufwendige Prozesse genutzt werden. Im Unterschied zu Kupfer hat Silber nur geringe strukturelle Festigkeit und ist daher nicht für die Herstellung von Werkzeugen geeignet. Gold wiederum ist zwanzigmal seltener als Silber und 700-mal seltener als Kupfer. Von diesen drei Schwermetallen eignet sich Kupfer somit am besten, um Stein als Material zur Herstellung von Werkzeugen abzulösen. Vor 7000 Jahren beginnt so die Kupferzeit. Nach zwei Millionen Jahren – auch Vorfahren von uns Menschen verwenden bereits Steinwerkzeuge – endet die Steinzeit und Metalle werden zum wichtigsten Material, um Werkzeuge herzustellen.

Weil Silber als Metall weniger brauchbar ist als Kupfer, im Vergleich zu Gold in größeren Mengen verfügbar und damit weniger wertvoll ist, wird Silber als nutzloses Edelmetall zum Ersatz für Gerste als Tauschmittel. Im Unterschied zu Gerste ist Silber unbegrenzt haltbar, als Edelmetall ist es, anders als Kupfer, korrosionsbeständig und ist wesentlich einfacher zu transportieren. Mit der Entdeckung der Kupellation vor 6000 Jahren wird die Gewinnung von Silbermetall auch aus seinen Erzen möglich und damit die Herstellung reinen Silbers vervielfacht.

Mit Silber als weitverbreitetes Tauschmittel ist es nun erstmals in der Zivilisationsgeschichte möglich, Tauschhandel über große Distanzen zu betreiben. Das ermöglicht weitere Spezialisierung und Arbeitsteilung. Es ermöglicht erstmals auch das Anhäufen von Reichtum in Form des Tauschmittels Silber.[23] Wer immer nun die Verfügungsmacht über Silber hat, die bäuerlichen Haushalte sind es nicht mehr. Tempelwirtschaft und Palastwirtschaft profitieren enorm davon, dass Gerste als Tauschmittel von Silber abgelöst wird.

Tempelwirtschaften basieren eher auf einer „Kultur des Schenkens". Jene, die den Göttinnen und Göttern etwas schenken, erwarten vielleicht, dass diese als Gegengeschenke gute Ernten, Jagdglück oder Heilung von Krankheiten geben. Mit Silber als Geschenk können die Priesterinnen und Priester wiederum erwerben, was sie benötigen. Sie können sogar Menschen dafür mit Silber belohnen, wenn diese helfen, die Tempel zu vergrößern oder zu verschönern.

Für Palastwirtschaften bedeutet Silber eine enorme Zunahme an Handlungsspielräumen. Herrscher sind nun nicht mehr angewiesen auf die Gerste, die die bäuerlichen Haushalte abliefern. Sie können Silber selbst gewinnen und zwar umso leichter, je besser die Gewinnung reinen Silbers mittels Kupellation beherrscht wird. Noch gilt nicht, dass wer das Silber hat, hat die Macht, denn Gerste ist als Tauschmittel nicht abgeschafft. Es wird über Jahrhunderte mehr und mehr von Silber verdrängt, vor allem im Fernhandel.

Marktplätze und erste Marktregeln

Eine neue Form des Tauschhandels entwickelt sich. Bereits vor 4000 Jahren, vielleicht auch schon früher, gibt es Marktplätze[24] auf denen Haushalte ihre Produkte anbieten, aber auch erwerben können. Die Tauschmittel Gerste und Silber werden zum Zahlungsmittel. Damit dieses Marktwesen gut funktioniert, werden standardisierte Hohlmaße und Gewichtssteine verwendet. Ein

Schekel bezeichnet zunächst eine Gewichtseinheit von 11 g. Viele Jahrhunderte später wird Schekel zu einer Währung basierend auf dem Tauschwert eines Schekels Silber.

Mit der Verfügbarkeit von Silber als Tauschmittel, standardisierten Hohlmaßen und Gewichtssteinen, leicht zugänglichen Marktplätzen sowie Balkenwaagen wandelt sich der seit Jahrtausenden gepflegte Tauschhandel zu Marktwirtschaften und das Tauschmittel Silber zum Zahlungsmittel. Mit dieser Entwicklung, die viele Generationen und Jahrhunderte dauerte, ist Gerste wieder das, was es ursprünglich war, ein wichtiges Nahrungsmittel – nicht mehr, aber auch nicht weniger.

Tauschhandel und auch Marktwirtschaften funktionieren nur dann klaglos, wenn sich alle Beteiligten an bestimmte Regeln halten. Zunächst entwickeln sich entsprechende Umgangsformen über Generationen hinweg, welche mit der Zeit selbstverständlicher Teil einer Zivilisation werden – ohne zunächst niedergeschrieben und damit festgehalten zu werden. Die Zeit kommt jedoch, in der Umgangsformen, die sich bewährt haben, aber nicht immer beachtet werden, niedergeschrieben werden. Vor 4350 Jahren werden von Urukagina, Herrscher des sumerischen Stadtstaates Lagasch, solche Regeln erstmals niedergeschrieben. Darin wird unter anderem festgehalten, dass niemand zum Verkauf von Eigentum gezwungen werden darf.[25] Ob solche Regeln Gesetze sind oder Teil eines 4350 Jahre alten Knigge, ist eine Frage, über die sich trefflich streiten lässt, aber für die Evolution des Marktes nicht besonders bedeutsam ist.

550 Jahre später, also vor 3800 Jahren lässt Hammurapi, sechster Herrscher der ersten Dynastie von Babylonien, den Codex Hammurapi[26] – wie er heute genannt wird – in Basalt meißeln. Dieser Codex, bestehend aus 282 Vorschriften, behandelt erstmals detailliert, wie mit Eigentum und Diebstahl umzugehen ist. So dekretiert Hammurapi:

> Wenn jemand eine Sache verliert, sie im Besitz eines anderen findet und derjenige, in dessen Besitz die Sache gefunden wird, sagt, „Ein Händler hat sie mir verkauft, ich habe sie vor Zeugen bezahlt". Wenn darauf der Eigentümer der Sache sagt, „Ich werde Zeugen bringen, die mein Eigentum kennen". Dann soll der Käufer

> den Händler bringen, der sie ihm verkauft hat, und die Zeugen, vor denen er sie gekauft hat. Der Eigentümer wiederum soll Zeugen bringen, die sein Eigentum identifizieren können. Der Richter prüft ihre Aussagen – sowohl die der Zeugen, vor denen der Preis bezahlt wurde, als auch die der Zeugen, die die verlorene Sache unter Eid identifizieren. Der Händler ist dann als Dieb erwiesen und wird zum Tode verurteilt. Der Eigentümer der verlorenen Sache erhält seinen Besitz, und derjenige, der ihn gekauft hat, erhält das Geld, das er bezahlt hat, aus dem Vermögen des Händlers.[27]

Mit der Verbreitung von Märkten und der Ablöse von Gerste als Tauschmittel durch Silber erweitern sich auch die Aufgaben von Verwaltung und Palastwirtschaft. Märkte müssen überwacht werden, um sicher zu stellen, dass die Regeln eingehalten werden. Hohlmaße und Gewichtssteine müssen standardisiert werden. Marktplätze müssen geschaffen und gepflegt werden. Die wachsenden urbanen Zentren der Zivilisationen benötigen mehr und mehr Infrastruktur, also öffentliche Einrichtungen, wie Getreidespeicher, Räume für Verwaltung und Bewässerungsanlagen. Die Stadt Eridu, nahe der Mündung des Euphrat gelegen, ist eine der ältesten Städte, in der Bauern Bewässerung betreiben.

Die Geburtsstunde von Steuern

Die ursprüngliche Palastwirtschaft, in der ein Teil der landwirtschaftlichen Erträge zentral gespeichert, verwaltet und verteilt wird, um allen Haushalten größeren Schutz vor wiederkehrenden Missernten und Hungersnöten zu bieten, wird solchen Anforderungen von Städten wie Uruk, Shuruppak, Akkad oder Ur nicht mehr gerecht. Dies ist die Geburtsstunde von Steuern.[28] „Steuer" als Begriff bürgert sich erst einige tausend Jahre später ein und leitet sich vom Althochdeutschen Stiura, was „stütze" oder „Unterstützung" bedeutet, ab.

Aber kehren wir zur sumerischen Zivilisation zurück. Bevor Silber zum dominanten Zahlungsmittel wird, werden Steuern in Form von Vieh, Getreide, Handwerksprodukte, aber auch Arbeitsleistung von den Haushalten erbracht. Insbesondere Arbeitsleistungen als Steuer sind wichtig, um Häuser, Tempel, Paläste und Bewässerungsanlagen zu errichten. Dabei ist bemerkenswert, dass solche Arbeitsleistungen von allen Bürgern gleichermaßen erbracht werden, wie aus diesem 4150 Jahre alten Text über den Bau des Tempels für Gott Ninĝirsu ersichtlich:[29]

> Frauen trugen keine Körbe, nur die obersten Krieger bauten für ihn. Die Peitsche schlug nicht. Der Lederriemen schlug nicht. Die Mutter schlug ihr Kind nicht. Der General, der Oberst, der Hauptmann und der Wehrpflichtige, sie teilten die Arbeit gleichmäßig. Die Aufsicht war in der Tat wie weiche (wörtlich: gekämmte) Wolle in der Aufseher Händen.[30]

Diese Beschreibung des Tempelbaus erweckt den Eindruck, dass es sich dabei um eine freiwillige Arbeitsleistung handelt. Circa 200 Jahre später, also vor 3950 Jahren, erlässt der sumerische Herrscher Lipit-Ischtar eine Verordnung über die Folgen von Steuerschulden:

> Wenn ein Eigentümer eines Anwesens die Steuer für das Anwesen nicht bezahlt und eine andere Person sie bezahlt, darf der Eigentümer drei Jahre lang nicht vertrieben werden. Danach soll derjenige, der die Steuer für das Anwesen getragen hat, das Anwesen besitzen, und der frühere Eigentümer darf keinen Anspruch erheben.[31]

Sind die Steuern zunächst in Naturalien, vor allem Gerste, oder Arbeitsleistungen zu entrichten, so ändert sich das über die Jahrhunderte. Silber bzw. Schekel Silber (ca. 11 g Silber) als Geldeinheit wird zum dominanten Zahlungsmittel, auch zum Entrichten von Steuern. Diese Monetarisierung bringt neuartige Probleme mit sich, die mit der Standardisierung der Währung, den schwankenden Silberwerten und der Kontrolle über die Silbergewinnung zusammenhängen. Veränderungen im Zugang zu Silber führen dazu, dass sich dessen Wert ändert oder sogar dessen wirtschaftliche Funktion beeinträchtigt wird. Wenn mitunter nicht genügend Silber zur Verfügung steht, wird auf Naturalien oder Arbeitsleistungen zurückgegriffen. Besteuerung ist ein Umverteilungsprozess, typisch für Palastwirtschaften. Ressourcen werden eingehoben und umverteilt. Da kommt es auch zu Missständen und der Verfestigung von Sonderinteressen.

Trotzdem wird Besteuerung durch Palast oder Tempel akzeptiert, denn damit verbunden ist die Rolle und Verantwortung der jeweiligen Herrscher und Priester bei der Besänftigung der Götter, dem Besiegen von Feinden, Wahrung des Friedens im eigenen Land, Entwicklung der Infrastruktur, Sicherung des wirtschaftlichen Wohlstands oder Gewährleistung von Gerechtigkeit.[32]

Die sumerische Zivilisation beginnt vor 7500 Jahren mit der Obeid Zivilisation und ihrem urbanen Zentrum Eridu. Sie endet nach 3500 Jahren mit dem Untergang der dritten Dynastie von Ur. Die sumerische Sprache gerät allmählich in Vergessenheit. Die wirtschaftlichen Errungenschaften hingegen überdauern alle nachfolgenden Zivilisationen und entwickeln sich weiter: Palastwirtschaft, Tempelwirtschaft, Marktwirtschaft, Balkenwaage, Steuern, Marktplätze, Geld, Marktregeln, Handel.

Wie schon vor 4000 Jahren, so bleibt die Palastwirtschaft oder – wie sie heute genannt wird – Zentralverwaltungswirtschaft und die Marktwirtschaft in einem immerwährenden Spannungsverhältnis. Mal dominiert die Palastwirtschaft mit den dafür erforderlichen hohen Steuern, mal dominiert die Marktwirtschaft mit dementsprechend niedrigen Steuern.

Von Sumer zum Römischen Reich und darüber hinaus

Nach Europa kommen diese Errungenschaften durch das antike Griechenland. Münzen als standardisiertes Zahlungsmittel setzen sich durch und lösen die gewichtseinheiten von Silber, die zu ungenau sind, ab.[33] Marktplätze – Agora – sind integraler Bestandteil griechischer Städte.[34] Der Handel blüht. Griechenland exportiert Olivenöl, Wein, Töpferwaren und Metallwaren. Getreide und Schweinefleisch wird aus Sizilien, der Arabischen Halbinsel, Ägypten, Karthago und dem Bosporanischen Reich importiert. Steuern werden auf Häuser, Sklaven, Rinder und Herden, Wein und Heu erhoben. Das Recht, viele dieser Steuern einzutreiben, wird häufig an öffentliche Auftragnehmer – telônai – übertragen.

Der Übergang vom antiken Griechenland zum Römischen Reich ist fließend. Palastwirtschaft genauso wie Marktwirtschaft bleibt im Römischen Reich erhalten und wird weiter ausgebaut – bis heute. Es ist ein langer Weg vom Beginn der ersten Zivilisation, der Obeid-Zivilisation, bis heute. 7500 Jahre oder 400 Generationen sind seitdem vergangen. Zu Beginn der Obeid-Zivilisation leben 50.000 Menschen in Mesopotamien, einer Region die weitgehend dem heutigen Irak mit seinen 43 Mio. Einwohnern entspricht. 3500 Jahre später, gegen Ende der sumerischen Zivilisation sind es geschätzte 900.000,[35] das entspricht einer Bevölkerungsdichte von 0,1 Einwohnern pro km². Zum Vergleich: Das Land mit der niedrigsten Bevölkerungsdichte heute ist die Mongolei mit 2 Einwohnern pro km².

In diesen 3500 Jahren entwickelt sich aus der „Kultur des Tauschens“ die Marktwirtschaft. Aus der Tempel- und der Palastwirtschaft geht die Zentralverwaltungswirtschaft hervor. Damit einhergehend verändert sich auch das Sozialverhalten. In einer „Kultur des Tauschens“ und einer „Kultur des Schenkens“ unter Menschen, die einander kennen, gelten andere, implizite Regeln und Normen als in einer Marktwirtschaft, in der auch zwischen Fremden gehandelt wird. Vor 4350 Jahren werden vom Herrscher Urukagina erstmals Regeln und Normen niedergeschrieben. 550 Jahre später wird der Codex Hammurapi erstellt. Es ist der längste, am besten organisierte und am besten erhaltene Rechtstext des Alten Orients.

Die langfristig schwerwiegendste und bis heute nachwirkende Veränderung ist der Übergang von einem Zahlungsmittel, Gerstenkörner, das auch anderwärtig als Nahrungsmittel und als Saatgut verwendet wird, zu einem Zahlungsmittel, Silber, das, etwas überspitzt formuliert, zu nichts anderem nutze ist, als es gegen etwas Nutzbringendes einzutauschen. Die Vorteile von Silber gegenüber Gerste liegen auf der Hand, aber „There ain’t no such thing as a free lunch“ – nichts ist umsonst. Die von Zivilisation zu Zivilisation zunehmende Bedeutung von Silber, später Münzen, dann Banknoten bis schließlich einer Zahl gespeichert auf irgendeinem Server, lässt vergessen machen, dass Silber als Zahlungsmittel nie mehr war als eine gemeinsame Bezugsmenge, um einen gerechten Tausch von angebotenen bzw. nachgefragten Waren oder Arbeitsleistungen zu erleichtern, mitunter gar erst zu ermöglichen. Dass Geld, also Silber, Münzen und Banknoten, selbst zur Ware wird, ergibt sich erst viel später.

Nirgendwo werden die unbeabsichtigten Folgen so deutlich wie bei Steuern – auf Sumerisch „bala“ genannt. Bala wird in Form von Vieh, Getreide, Handwerksprodukte, aber auch Arbeitsleistung von den Haushalten erbracht. Das ändert sich mit den

Jahrhunderten und Jahrtausenden. Steuern werden zunehmend in Form von Geld eingehoben und besteuert werden nicht mehr Naturalien, auch Geld selbst, sei es Geld von Geldflüssen, wie Ertragsteuern, oder Geld von Vermögensbeständen, wie Substanzsteuern.

Natur und deren Gottheiten regieren die Welt – so ist die Grundeinstellung in der sumerischen Zivilisation – und deren zivilisatorische Repräsentanten sind Tempel mitunter auch Paläste. Vor 400 Jahren wird der Spruch „Geld regiert die Welt" geprägt.[36] Banknoten und Bankkonten lösen Gerstenkörner und Schekel Silber ab. Die zivilisatorische Urgeschichte wird anhand charakteristischer Materialien zur Werkzeug-, Waffen- und Schmuckherstellung in die Perioden Steinzeit, Kupferzeit, Bronzezeit und Eisenzeit gegliedert. Die Eisenzeit endet vor tausend Jahren. Damit endet diese geschichtliche Klassifizierung, aber vielleicht muss die Zeit ab dem 17. Jahrhundert als Geldzeit betrachtet werden?

Während sich die Grundregeln von Marktwirtschaft sowie Palastwirtschaft über die Jahrtausende hinweg wenig verändern, auch wenn mit jeder neuen Zivilisation neue Regeln dazukommen, so sind die Steuersysteme wesentlich volatiler. Nicht nur die Höhe von Steuern variiert. Gibt es Krieg oder müssen Bewässerungssysteme repariert oder gebaut werden, nimmt Zentralverwaltungswirtschaft und damit auch die Höhe von Steuern oftmals zu. In Friedenszeiten und Zeiten gut funktionierender Infrastruktur wächst wiederum die Marktwirtschaft stärker.

Aber auch was und wer genau besteuert wird, unterliegt immer wieder großen Veränderungen. Oftmals wird die Peripherie eines Reiches stärker besteuert als das Zentrum. Mal gibt es hohe Zölle, mal gar keine. Mal wird Arbeitsleistung und Sklavenhaltung stärker besteuert als Naturalien, dann wieder ist es umgekehrt. Was wie besteuert wird hängt oftmals damit zusammen, was für die Bevölkerung akzeptabel ist und welche Art der Steuer tatsächlich eintreibbar ist. Wird von Herrschenden der Bogen überspannt, kommt Widerstand auf, der mitunter Zivilisationen zum Kollaps bringen kann.[37]

Die Entstehungsgeschichte der Marktwirtschaft ist deswegen so bedeutsam, weil mit dem häufiger werdenden Phänomen des

Marktversagens auch der Ruf nach Abschaffung der Marktwirtschaft lauter wird. Märkte sind indessen nicht von den Sumerern absichtlich und geplant herbeigeführt. Vielmehr resultieren sie über Jahrhunderte aus dem Verhalten von Individuen, die nicht absichtlich versuchen, Märkte zu schaffen. Die Evolution der Markt-, Palast- und Tempelwirtschaft aus der Kultur des Schenkens und Tauschens ist ein ähnlicher und ähnlich langsamer Prozess wie die neolithische Revolution. So wie kaum vorstellbar ist, dass sich Zivilisationen wieder zu Horden von Jägern und Sammlern rückentwickeln, so ist auch kaum vorstellbar, dass Marktwirtschaften sich zu Kulturen des Schenkens und Tauschens rückentwickeln.

Dass Märkte – eine der bedeutsamsten zivilisatorischen Errungenschaften – auch versagen können, ist eine, durchaus umstrittene makroökonomische Erkenntnis des 20. Jahrhunderts. Indes, selbst unter der Prämisse, dass Marktversagen vorkommt, gehen die Meinungen, wie es abgewendet, gehemmt oder beseitigt werden kann, weit auseinander.

Der Markt erscheint im Holozän. Dafür brauchte es mehrere Jahrtausende und Einiges an Innovationen. Mit Marktversagen werden nun Aspekte einer Marktwirtschaft sichtbar, die, wenn überhaupt, erst seit einigen Jahrhunderten auftreten.

Also, was tun?

2 Wälder – Marktteilnehmer wider Willen

Im antiken Griechenland ist die Marktwirtschaft fest etabliert und bewährter Bestandteil dieser Zivilisation. Die Frage, ob Marktwirtschaft das geeignetste wirtschaftssystem ist, um Arbeitsteilung zum Nutzen Aller zu ermöglichen und zu unterstützen, stellt sich nicht – noch nicht, doch davon später.

Im 19. Jahrhundert wird die menschliche Urgeschichte anhand charakteristischer Materialien zur Herstellung von Werkzeugen, von Waffen und von Schmuck in die drei Perioden Steinzeit, Bronzezeit und Eisenzeit gegliedert. Diese Chronologie basiert auf der Sammlung antiker Funde des Dänischen Nationalmuseum, wobei später noch die Kupferzeit als Übergang zwischen Steinzeit und Bronzezeit eingefügt wird. So hilfreich diese Klassifizierung ist, um Zivilisationen chronologisch zu ordnen, so wird dabei ein, für die Entwicklung von Zivilisationen essentielles Material ausgeblendet: Bäume bzw. Holz.

So essentiell war Holz im Römischen Reich, dass das Wort „materia“, das verwandt mit lateinisch mater, also Mutter ist, im Lateinischen nicht nur allgemein Stoff bedeutet, sondern insbesondere auch Brennstoff, Baumaterial, Nutzholz, Balken, Stammholz und Stamm.

Die Geschichte der Verbundenheit zwischen Mensch und Baum beginnt lange vor dem Römischen Reich. Bäume gibt es seit 200 Mio. Jahren. Die ältesten gesicherten Feuerstellen, die durch Menschen angelegt wurden, stammen aus einer Höhle in

C. E. Mandl, *Marktversagen*,
https://doi.org/10.1007/978-3-658-50377-2_2

Südafrika und sind eine Million Jahre alt. An der herausragenden Bedeutung von Holz zur Energiegewinnung für Heizen, für Kochen, für das Brennen von Ziegel und für das Schmelzen von Metall hat sich bis ins 19. Jahrhundert nichts grundsätzlich geändert. So könnte die Stein-, Bronze- und Eisenzeit auch als Holzzeit angesehen werden, die dann von der fossilen Brennstoffzeit abgelöst wird.

Klar, was von frühen Zivilisationen heute noch übrig ist, sind Gegenstände aus Stein, aus Edelmetall, aus Bronze und aus Eisen, sind aber auch Gebäudereste aus Stein oder Ziegel. Demgegenüber sind Funde von Holz rarer. Holz, das vor ein paar tausend Jahren verbrannt wurde, ist wenig erhalten. Balken, die für Decken in Palästen, in Tempeln und in Wohnhäusern verwendet wurden, sind längst verrottet. Dasselbe gilt für Boote aus Holz, die in Euphrat, Tigris und Nil verwendet wurden.

Beginn der Entwaldung

Die dokumentierte Geschichte der Übernutzung von Wald – die Entwaldung – beginnt mit dem antiken Griechenland vor 2500 Jahren und hat mehrere Ursachen:[38]

Die Rodung von Land für den Anbau von Nahrungsmitteln ist Hauptursache der Entwaldung in der Antike. Mehr Menschen benötigen mehr Nahrung. Nachdem der Bodenertrag kaum gesteigert werden kann, muss die Anbaufläche vergrößert werden. Diese Entwicklung wird vor 2150 Jahren beschleunigt, denn ein neues römisches Gesetz erlaubt, Land, das niemandem gehört, also insbesondere Wald von bis zu 80.000 m^2 zu besetzen und dieses zu behalten, sofern es kultiviert wird. Es handelt sich dabei um eine Art Anspruch auf Absteckung von Grundbesitz. Gerodet wird innerhalb des heutigen Italiens bis ins Jahr 100, danach kommt, bedingt durch die sinkende Bevölkerungszahl (Abb. 2.1), Roden für den Anbau von Nahrungsmitteln für 500 Jahre weitestgehend zum Erliegen.

Wald erneuert sich nur teilweise. Die Weidehaltung von Haustieren behindert die Regeneration der Wälder. Der Verzehr von Hangpflanzen und jungen Bäumen führt zu Erosion, wodurch die Böden an den Hängen abgetragen werden und schließlich blanker Fels zum Vorschein kommt. Schon Platon beklagt, dass „der

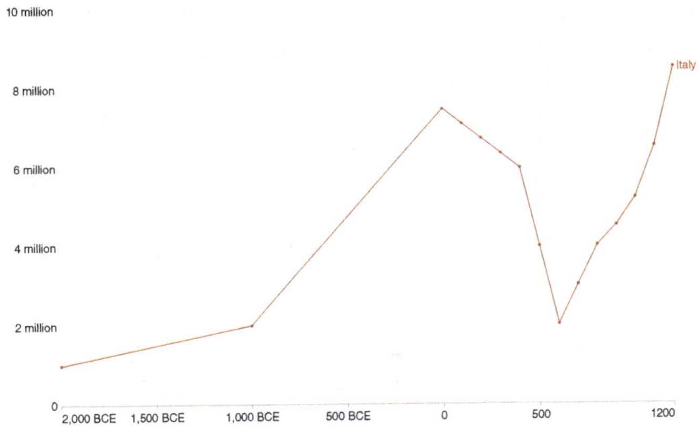

Abb. 2.1 Bevölkerung Italiens, 2000 v. Chr. – 1200

Verlust von Holz die Hügel und Ebenen um Athen entblößt und eine massive Bodenerosion verursacht hat".

Weniger bedeutsam als der Bedarf an Ackerfläche und doch nicht zu unterschätzen in deren Beitrag zur Entwaldung in der Antike sind Schiffbau, Urbanisierung sowie Verhüttung. Die Versorgung mit Holz für den Bau von Schiffen ist für das Römische Reich unabdingbar. Schiffe sind für den blühenden Handel im Römischen Reich von entscheidender Bedeutung und die Seemacht ist für die Ausübung der politischen Kontrolle unerlässlich. Tausende von Schiffen werden in dieser Zeit gebaut und sie werden auch immer größer. In Kriegszeiten werden sogar Hunderte innerhalb eines Monats gebaut – alle aus Holz. Dadurch entsteht ein enormer Druck auf die Versorgung mit brauchbaren Hölzern. Ein Effekt der Schiffbauzentren ist daher die Verknappung des Holzes in deren unmittelbarer Umgebung. Nachdem die Wälder in der Nähe der Schiffbauzentren abgeholzt sind, muss Holz aus anderen Gebieten hertransportiert werden. Das verteuert Holz beträchtlich, nichtsdestotrotz werden immer mehr Schiffe benötigt, um die militärische Vorherrschaft im Mittelmeer aufrechtzuerhalten.

Die Welt der Antike ist eine städtische Welt, die es einem nicht unbeträchtlichen Teil der Bevölkerung ermöglicht, sich den feineren Seiten des Lebens hinzugeben. Die geschätzte städtische

Fläche im heutigen Italien, gemessen in Quadratkilometern nimmt während des Römischen Reiches von anfangs 16 km² auf 280 km² zu.[39] Rom ragt dabei heraus.

Als die Römische Republik gegründet wird, verzeichnet die Volkszählung eine Einwohnerzahl von 130.000. Circa 350 Jahre später beträgt die Einwohnerzahl mehr als 300.000. Weitere 150 Jahre später, zurzeit Caesar Augustus wohnen zwischen 800.000 und 1,2 Mio. Menschen in Rom. Die Konzentration einer so großen Zahl von Menschen bedeutet einen enormen Verbrauch an Holz sowohl für Bau- als auch für Heizzwecke.

Unter Caesar Augustus wird in Rom begonnen, Tonziegel zu brennen. Mit dem feuergetrockneten Ziegel wird die Ziegelproduktion erheblich gesteigert, was zu einer Massenproduktion von Ziegeln in Rom führt. Um einen Kubikmeter an Ziegel zu brennen, bedarf es 150 Kubikmeter an Brennholz. Noch energie- und damit holzintensiver ist die Herstellung von Kalk, Grundlage für Zement, Gips und letztlich Beton. Der Prozess, um aus Kalkstein Kalk zu brennen, benötigt eine Temperatur von über 900 °C, weswegen zur Herstellung einer Tonne Kalk zwischen 5 und 10 t Holz benötigt werden.

Der Bau von Gebäuden ist nicht der einzige Verwendungszweck von Holz in den Städten des Römischen Reiches. In den kalten Monaten von Ende November bis Mitte April wird Wärme zum Kochen und zur Beheizung der Häuser benötigt. In den ärmeren Haushalten brennen offene, rauchige Feuer, die als Wärmespender höchst ineffizient sind. Insgesamt macht Brennholz für alle Zwecke circa 90 % des im Römischen Reich verwendeten Holzes aus.

Metallverhüttung ist ebenfalls Ursache für Entwaldung in der Antike. Doch obwohl die Verwüstung in nahegelegenen Wäldern groß ist, sind die längerfristigen Auswirkungen geringer als bei Rodungen für landwirtschaftliche Zwecke. Die Metallverhüttung ist in der griechischen und römischen Welt weit verbreitet. Bronze ist in Griechenland seit archaischen Zeiten alltäglich, und Eisen verbreitet sich von Jahrhundert zu Jahrhundert mehr. Dafür werden ungeheure Mengen an Holzkohle benötigt.

Überall wird Wald im Zuge der Bevölkerungszunahme gelichtet und entfernt. Lokal sind die Auswirkungen am deutlichsten in Gebieten mit intensiver Nutzung, wie in den Apenninen und in der Umgebung von Großstädten oder Gebieten, in denen Bodenschätze abgebaut werden und anderswo, wo strategische Schiffsbauvorräte abgeschnitten werden.

Trotz oder vielleicht auch wegen der sichtbaren Entwaldung im Umfeld großer Städte, insbesondere Athen, gibt es auch Gegenbewegungen. Heilige Haine werden geschaffen, die eine besondere religiöse Bedeutung haben und von den Griechen verehrt werden. Solche Haine sind von der allgemeinen Nutzung abgegrenzt und einer griechischen Gottheit gewidmet. Heilige Haine sind in der Regel von einer Mauer, einem Graben oder einer Reihe von Steinen umgeben. Alles, was sich innerhalb des abgegrenzten Bereichs befindet, gehört der jeweiligen Gottheit und darf von Menschen nicht angetastet werden. Ein berühmter heiliger Hain ist der Eichenhain von Dodona in Epirus im Nordwesten Griechenlands. Außerhalb der Stadtmauern des antiken Athen befindet sich am Standort der Platonischen Akademie ein, der Göttin Athene geweihter heiliger Hain mit Olivenbäumen.

Im Römischen Reich ist die Einstellung zur Natur deutlich anders, wie das Zitat von Cicero veranschaulicht:

> Wir sind die absoluten Herrscher über das, was die Erde hervorbringt. Wir genießen die Berge und die Ebenen. Die Flüsse und Seen gehören uns. Wir säen den Samen und pflanzen die Bäume. Wir düngen die Erde, indem wir sie überschwemmen. Wir stoppen, lenken und wenden die Flüsse: Kurzum, durch unsere Hände bemühen wir uns, durch unsere verschiedenen Tätigkeiten in dieser Welt gleichsam eine andere Natur zu schaffen.[40]

Heilige Haine gibt es im Römischen Reich kaum, denn Bäume werden nicht verehrt, sondern vielmehr für menschliche Zwecke genutzt.

Der Kollaps des Römischen Reiches als Segen für den Wald

All diese Entwicklungen in der Antike enden mit dem Niedergang des Römischen Reiches und dem damit verbundenen raschen Schrumpfen der Bevölkerung. Leben im 1. Jahrhundert, in der Blütezeit des Römischen Reiches allein im heutigen Italien über 7 Mio. Menschen und davon 1 Mio. in Rom, so sind es im Jahr

600 gerade mal 2 Mio. und davon weniger als 50.000 in Rom – eine Geisterstadt der Spätantike.

So furchtbar diese Entwicklung für die Menschen im Römischen Reich ist, so entlastend ist diese für den Wald. Der Bedarf an mehr und mehr Nahrung, an Holz für Schiffe, an Ziegeln, an Kalk, an Brennholz, an Bronze, an Eisen, kurzum an Bodenfläche und an Energie geht massiv zurück. Die Wälder beginnen sich zu erholen, soweit nicht durch vorangegangene Bodenerosionen verunmöglicht.

Erst im 12. Jahrhundert leben innerhalb der Grenzen des heutigen Italiens mehr Menschen als im 1. Jahrhundert. Auch in Europa insgesamt beginnt die Bevölkerung im 3. Jahrhundert von 37 Mio. auf 27 Mio. zu schrumpfen und überschreitet erst wieder im 10. Jahrhundert die 37 Mio.[41]

Siegeszug der Entwaldung Europas

Somit verschwindet das Problem der Entwaldung für einige Jahrhunderte aus Europa. Ab 1400 nimmt die Entwaldung in Europa wieder an Fahrt auf. Die Bevölkerung Europas, die im 14. Jahrhundert um ein Viertel schrumpft, beginnt stetig zu wachsen und mit ihr auch die Städte.[42] Hinzu kommt, dass um diese Zeit die sogenannte Kleine Eiszeit beginnt, eine Periode regionaler Abkühlung, keine echte Eiszeit von globalem Ausmaß. Die Kleine Eiszeit bringt kältere Winter in Teilen Europas. In den Schweizer Alpen werden Mitte des 17. Jahrhunderts Bauernhöfe und Dörfer durch eindringende Gletscher zerstört. Kanäle und Flüsse in Großbritannien und den Niederlanden sind häufig tief genug zugefroren, um Eislaufen und Winterfeste zu ermöglichen. Die Schneefälle sind viel stärker als je zuvor und der Schnee liegt viele Monate lang auf dem Boden. Es gibt viele Jahre der Knappheit und Hungersnot.

Die Auswirkungen auf die Wälder Europas sind enorm, vor allem im Umland der Städte. Die Menschen benötigen mehr und mehr Brennholz zum Heizen, zum Kochen, zum Überleben. In den strengen Wintern übersteigt vor allem in den Städten die Nachfrage nach Brennholz das Angebot und wird für viele Menschen preislich unerschwinglich. Für die Ärmeren sind nun Holz hacken, sammeln und schleppen fürs Überleben unabdingbare

Abb. 2.2 Winterlandschaft – Gemälde von Lucas van Valckenborch

winterliche Tätigkeiten, die die Landschaftsszenen des niederländischen Malers Lucas van Valckenborch aus dem späten sechzehnten Jahrhundert prägen (Abb. 2.2).

Bereits um 1300 kommt es zu einem allgemeinen Mangel an Brennholz in London, obwohl die Stadt ihr Holz aus allen Richtungen in einem Umkreis von 80 bis 100 km bezieht. Auch in Städten wie Montpellier, Lyon, Paris und Neapel kommt es im späteren siebzehnten Jahrhundert zu Brennholz-Engpässen.

Nicht unähnlich zu der Situation im Römischen Reich, aber mit gravierenderen Folgen entwickelt sich die Nachfrage nach Holz. Die Herstellung von Ziegeln, Glas, Keramik und Eisen, das Brennen von Kalk, die Zuckerraffination, das Seifensieden, das Brauen, und der für die Herstellung von Schießpulver benötigte Salpeter verbrauchen gewaltige Mengen an Holz, und ihr Bedarf steigt fortwährend. Doch vor allem die Eisenerzeugung verursacht Holzknappheit, denn Holzkohle ist für den Verhüttungsprozess unerlässlich.

Für den Schiffbau wiederum sind Eichen wegen ihrer Widerstandsfähigkeit gegen Pilzbefall sehr gefragt. In der Renaissance legen Venedig, Genua und Katalonien große Flotten auf Kosten der Mittelmeerwälder an. Für ein Kriegsschiff von 1000 t werden

1400 bis 2000 Eichen benötigt, von denen jede mindestens 100 Jahre alt sein muss.

Holz ist ein so unverzichtbares Gut, dass es sich lohnt, es über weite Strecken zu transportieren. Ein in den Wäldern Zentralrusslands gefällter Mast kann zu einer Werft in der Karibik verschifft werden, um ein Schiff umzurüsten. Ungeachtet seiner Sperrigkeit wird Holz rund um die Welt in Schiffen – aus Holz – transportiert.

Die Plünderung der Wälder Europas bedroht ihre Existenz. Doch wie man diese Zerstörung aufhalten soll, bleibt unklar, da die wirtschaftliche Notwendigkeit von Holz und Brennstoffen alle Bedenken überlagern.

Der Holzmarkt am Rande des Zusammenbruchs

Im fünfzehnten und sechzehnten Jahrhundert sieht sich Venedig mit dem Problem der schwindenden Holzvorräte für den Schiffsbau konfrontiert, was zu einigen der ersten bekannten Maßnahmen zur Erhaltung des Waldes führt. Im Jahr 1470 reserviert Venedig Eichenwälder in Friaul und Istrien sowie Tannen in Südtirol. Diese Politik führt unweigerlich zu Streit, Ausweichmanövern und Unmut bei den Dorfbewohnern, die seit langem Rechte an den Wäldern besitzen, und bei privaten Schiffsbauern, die zuvor vom Holzeinschlag profitierten. Nicht wie angepeilt wird der Holzvorrat wieder aufgefüllt, sondern die Bauern beschleunigen sogar die Abholzung, weil sie nun den Besitz von Eichen als Belastung empfinden, da sie verpflichtet werden, auf Geheiß der venezianischen Schiffbaufabrik, des Arsenals, Holz zu liefern.

Ende des 18. Jahrhunderts gibt es in Großbritannien kaum noch Wald zum Abholzen. Aber gerade dieser Mangel an Holzvorräten ist von entscheidender Bedeutung, um das Interesse an Erfindungen, Ersatzstoffen und Handel zu wecken, mit denen die Defizite ausgeglichen werden. Die Entwicklung, pflanzliche Brennstoffe durch fossile Brennstoffe zu ersetzen, findet zuerst auf den britischen Inseln statt.

Kohle als Retter des Waldes

Als in Großbritannien die Gesamtnachfrage nach Eisen während der industriellen Umwälzungen des späten 18. Jahrhunderts einen neuen Höhepunkt erreicht, kommen die großen und zugänglichen Kohlevorräte zum Tragen und können wirtschaftlich mit der Holzkohle konkurrieren. Die Verhüttung mittels Holzkohle wird abgelöst durch die Verhüttung mittels Koks. Der große Umbruch erfolgt nach 1780, als die Zahl der Koksöfen zum ersten Mal die der mit Holzkohle befeuerten Öfen übersteigt. Diese Entwicklung tritt in Großbritannien viel früher ein als in anderen europäischen Ländern, wo das Problem der Holzkohleversorgung weniger akut ist. Erst nach 1850 wird das Schmelzen mit Koks in Frankreich und in Deutschland üblich.

Eine wichtige Ursache für Entwaldung koppelt sich damit von der Verfügbarkeit von Holz ab. Die Energieversorgung der Industrialisierung basiert ab nun nicht mehr auf Holz, sondern auf Kohle, später dann auf Erdöl und Erdgas (Abb. 2.3).

Das bedeutet nicht, dass Entwaldung im 19. Jahrhundert zum Erliegen kommt. Der Bedarf an zusätzlicher landwirtschaftlicher Fläche und an Fläche für die fortschreitende Urbanisierung ist ungebrochen und Waldflächen sind dafür prädestiniert. Vor 10.000 Jahren sind 57 % der bewohnbaren Landoberfläche der Erde von Wäldern bedeckt, um 1700 immer noch 52 %. Allein von 1900 bis 1950 reduziert sich der Waldbestand von 48 auf 44 %. Schließlich, in 2018 beträgt der Waldbestand nur mehr 38 % der bewohnbaren Landoberfläche. 57 % der bewohnbaren Fläche bedeuten 6 Mrd. Hektar. Heute sind nur noch 4 Mrd. Hektar von Wäldern bedeckt. Die Welt hat im Holozän ein Drittel ihres Waldes verloren – eine Fläche, die doppelt so groß ist wie die Vereinigten Staaten.[43]

Marktversagen? Ja und nein – wir kommen darauf zurück.

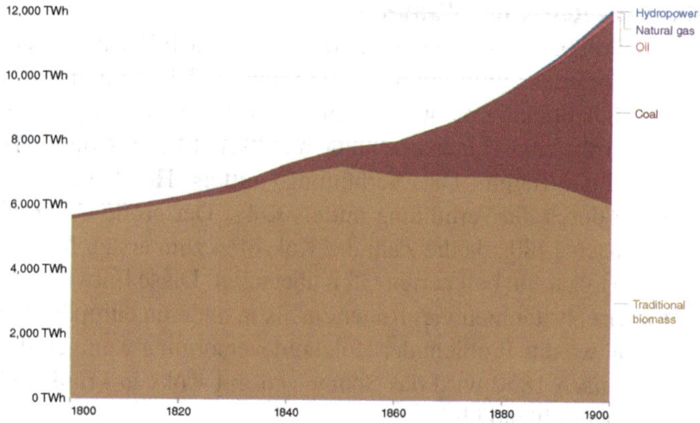

Abb. 2.3 Weltweiter Primärenergieverbrauch nach Quelle, gemessen in Terawattstunden

3 Die Enteignung der Erde

Als Person ist Flavius Iustinianus heute nur mehr jenen bekannt, die sich mit der Geschichte des Römischen Reichs befassen, insbesondere der Spätantike und jener Zeit, in der sich der Sitz des römischen Herrschers in Konstantinopel – dem heutigen Istanbul – befindet. Als Iustinianus ist er von 527 bis zu seinem Tod 565 im Alter von 83 Jahren Caesar des Römischen Reiches. Früh in seiner Regierungszeit schafft er zwei Werke, die auch heute, fast 1500 Jahre später, nachwirken.[44]

Mit dem Bau der Hagia Sophia von 532 bis 537 realisiert Caesar Iustinianus die letzte der spätantiken Großkirchen. Sie gilt in ihrer architektonischen Einzigartigkeit oft als eine Kirche ohne Vorbilder und ohne Nachahmung. Die Kuppel der Hagia Sophia bleibt mit ursprünglich 33 m Spannweite bis zum heutigen Tage die größte über nur vier Tragepunkten errichtete Ziegel-Kuppel der Architekturgeschichte. Die Hagia Sophia gilt mit den Proportionen und der besonderen Harmonie ihres Innenraums als eines der bedeutendsten Bauwerke aller Zeiten. Dass die Kirche in nur fünf Jahren entsteht, macht sie zu einer bautechnischen Meisterleistung. Für die Hagia Sophia fühlt sich Iustinianus persönlich verantwortlich. Die Bauleitung haben der Architekt Anthemios von Tralleis und der Mathematiker Isidor von Milet inne. Circa zehntausend Arbeiter erbauen diese Kirche. Die Hagia Sophia ist das sichtbare Werk, das Iustinianus hinterlässt.

C. E. Mandl, *Marktversagen*,
https://doi.org/10.1007/978-3-658-50377-2_3

Die Doktrin der res communis

Viel bedeutsamer im Kontext hier ist die Kodifikation des römischen Rechts im Auftrag Caesar Iustinianus. Federführender Kompilator ist ein gewisser Tribonianus, der bedeutendste Jurist des Herrschers und der letzte große Rechtsgelehrte der Antike. Ende 534 wird die endgültige Version des Codex Iustinianus vorgelegt. Das römische Recht, das im mittelalterlichen Europa wiederbelebt und zur Grundlage aller nachfolgenden „zivilen" Rechtssysteme in Westeuropa und Amerika sowie zur Grundlage des Rechts im Russischen Zarenreich bis 1917 wird, ist kein direktes Erbe des antiken Roms. Vielmehr geht es vollständig auf Iustinianus zurück.

Neben vielen anderen Rechtsvorschriften steht im Codex Iustinianus eine, auch heute noch anerkannte Doktrin bezüglich der sogenannten *res communis,* welche mit dem Begriff „Commons" im Englischen und „Gemeingut" im Deutschen gleichzusetzen ist. Diese Doktrin ist heute im Völkerrecht, im Common Law englischsprachiger Länder und im Umweltrecht von grundlegender Bedeutung. Die Doktrin der *res communis* im Codex Iustinianus lautet:

> Die folgenden Dinge gehören nach dem Naturrecht allen gemeinsam: die Luft, fließendes Wasser, das Meer und folglich die Meeresküste.[45]

Die Beziehung der Menschheit zur Natur ist spätestens seit der neolithischen Revolution, also seit 11.000 Jahren nicht immer friktionsfrei. Immerhin ist die Domestizierung von Pflanzen und Tieren ein mühsamer Prozess, der sich über mehr als 1000 Jahre erstreckt. Versuch und Irrtum über zig Generationen hinweg gehören unweigerlich dazu. Aber selbst nach dem letztlich gelungenen Übergang vom Jagen und Sammeln zum Pflanzenbau und zur Viehhaltung wird die Beziehung zur Natur nicht ungetrübt. Das Wetter verhält sich nicht immer so, wie es die domestizierten Pflanzen benötigen. Mal regnet es zu viel, dann wieder zu wenig. Wanderheuschrecken fressen ganze Felder leer. Mäuse delektieren sich in Getreidespeicher. Raubtiere dezimieren die Viehherden und je mehr Menschen in Städten nahe beieinander leben, desto mehr verbreiten sich Infektionskrankheiten und desto häufiger kommt es zu Epidemien. Kurzum, je weiter sich die Menschen in ihren Zivilisationen von der nicht domestizierten Natur entfernen, desto bedrohlicher, aber auch mächtiger erscheint diese.

Götter und Göttinnen repräsentieren nunmehr unterschiedliche Aspekte der Natur, die mitunter zürnen, aber auch freundlich sein können und die daher durch Geschenke sowie Verehrung gnädig gestimmt werden müssen. In der sumerischen Zeit verehren Bauern Ninkilim, die Göttin aller Wildtiere insbesondere Nagetiere, damit sie Mäuse vom Getreide fernhält.

Die Erde wird zum Untertanen

Mit vergehenden und neu entstehenden Zivilisationen in Mesopotamien verändern sich auch die verehrten Göttinnen und Götter, aber die Vielfalt an Gottheiten bleibt erhalten. Indes, vor ungefähr 3000 Jahren entstehen im östlichen Mittelmeerraum die Königreiche Israel und Juda, deren Nationalgott Jahweh[46] ist. Die frühen Israeliten sind polytheistisch und verehren Jahweh neben anderen Götter und Göttinnen, die immer mehr an Bedeutung verlieren, bis schließlich Jahweh zum Schöpfergott und einzigen anzubetenden Gott wird. In der ältesten biblischen Literatur besitzt Jahweh Eigenschaften, wie sie Wetter- und Kriegsgöttern zugeschrieben werden; er befruchtet das Land und führt die himmlische Armee gegen Israels Feinde. Was die Königreiche Israel und Juda Bleibendes hinterlassen, ist eine der ersten monotheistischen Religionen – das Judentum – und die hebräische Bibel mit der Genesis, der Schöpfungsgeschichte und um diese geht es hier.

Die Genesis als Literatur ist über einen längeren Zeitraum gewachsen und viele Personen haben daran mitgeschrieben. Schriftlich vollendet wird die Genesis wahrscheinlich 1000 Jahre vor dem Codex Iustinianus. Zu Beginn der Genesis steht über den fünften Tag der Erschaffung der Welt:

> Und Gott schuf den Menschen in seinem Bilde, im Bilde Gottes schuf er ihn; Mann und Frau schuf er sie. Und Gott segnete sie und sprach zu ihnen: Seid fruchtbar und mehret euch, und füllet die Erde und macht sie euch untertan, und bewältiget die Fische des

Meeres und das Federvieh des Himmels und alles Getier, das sich regt auf Erden.[47]

Diese Textstelle hat es in sich. Das Allererste, was Gott macht, nachdem er Mann und Frau geschaffen hat, ist, dass er ihnen einen klaren Auftrag gibt: Mehret euch, und füllet die Erde und macht sie euch untertan. Er sagt nicht etwa, dass die Menschen die Natur achten sollen oder in Frieden und im Einklang mit den Fischen, dem Federvieh und allem Getier leben sollen. Wie dem auch sei, diese Schöpfungsgeschichte, die Genesis ist zunächst außerhalb der Königreiche Israel und Juda kaum von Bedeutung und beide Königreiche enden nicht zeitgleich, aber doch vor circa 2500 Jahren.

Dies ändert sich, als im aufkommenden Christentum Texte der hebräischen Bibel in die christliche Bibel in Form des Alten Testaments übernommen werden. Ab dann ist die, in den Königreichen Israel und Juda verfasste Genesis unwiderruflich mit dem Christentum verbunden. Werden Christen im Römischen Reich zunächst verboten und mitunter blutig verfolgt, so ändert sich die Situation im 4. Jahrhundert radikal. Im Jahr 313 wird zwischen Caesar Konstantin I., dem Caesar des Westens, und Licinius, dem Caesar des Ostens, vereinbart, dass Christen und überhaupt alle Menschen frei wählen dürfen, welcher Religion sie anhängen. Schließlich wird im Jahr 380 von Theodosius I., dem letzten Caesar, der das gesamte Römische Reich regiert, das Christentum zur Staatsreligion erhoben, neben der andere Religionen (mit Ausnahme des Judentums) offiziell nicht mehr geduldet werden.

Der Auftrag Gottes an die Menschen, sich die Erde untertan zu machen, wird damit zur Staatsräson im Römischen Reich und dieser Gott, ehemals Jahweh, ein Wetter- und Kriegsgott, ist nunmehr der alleinige Gott, der verehrt werden soll und darf. Die vier Götter und Göttinnen, die bedeutsame Aspekte der Natur repräsentierten und von den Römern besonders verehrt werden, sind damit Geschichte: Ceres – Göttin des Ackerbaus, Diana – Göttin der Jagd, Neptun – Gott des Süßwassers sowie des Meeres und Vulcanus – Gott des Feuers. Der eine Gott von Christen und Juden, der Erschaffer von Himmel und Erde repräsentiert nicht mehr die Natur, er steht über ihr und übergibt diese den Menschen, auf das diese sich die Erde und mit ihr die Natur untertan machen.

So wie das römische Recht hat auch das Christentum und ihre Bibel das Römische Reich überlebt. Über den fünften Tag der Erschaffung der Welt steht im einheitlichen deutschen Bibeltext für alle katholischen Diözesen des deutschen Sprachraums nunmehr:

> Gott erschuf den Menschen als sein Bild, als Bild Gottes erschuf er ihn. Männlich und weiblich erschuf er sie. Gott segnete sie und Gott sprach zu ihnen: Seid fruchtbar und mehrt euch, füllt die Erde und unterwerft sie und waltet über die Fische des Meeres, über die Vögel des Himmels und über alle Tiere, die auf der Erde kriechen![48]

Allerdings sollen die, an das Christentum glaubenden Menschen sich die Erde nicht mehr untertan machen, wie es im Judentum heißt. Vielmehr sollen sie die Erde unterwerfen. Beide, etwas unterschiedliche Formulierungen ein und desselben Auftrags ergeben zu Beginn der sumerischen Zivilisation vor 7500 Jahren Sinn. Der (noch) nicht domestizierte Teil der Erde ist bedrohlich und muss daher von den Menschen unterworfen werden.

Voraussetzung dafür ist allerdings, dass die Frage, wem genau was gehört, geklärt und geregelt ist. Der Codex Iustinianus macht genau das, denn darin steht, dass Dinge Privateigentum sein können, manche Dinge allen gemeinsam gehören, manche öffentlich sind, manche einer Gesellschaft oder Körperschaft gehören und manche niemandem gehören. Weiters wird bestimmt, dass nur Dinge, die heilig sind, heiligen Zwecken dienen oder per Gesetz heilig sind, niemandem gehören, denn was dem göttlichen Gesetz unterliegt, ist niemandes Eigentum. Hingegen sind gemäß Codex Iustinianus alle Flüsse und Häfen öffentlich, sodass alle Personen das Recht haben, darin zu fischen.

Gemäß dem Codex Iustinianus sind Dinge und damit Alles, was greifbar, was materiell ist, rechtlich ähnlich gestellt, wie Sklaven, für die gilt, dass sie in der Macht ihrer Herren sind. Der Codex stellt somit rechtlich klar, dass die Erde den Menschen gehört und sie in der Macht der Menschheit ist. Die hebräische und die christliche Bibel unterstützt diese Sichtweise als allerersten

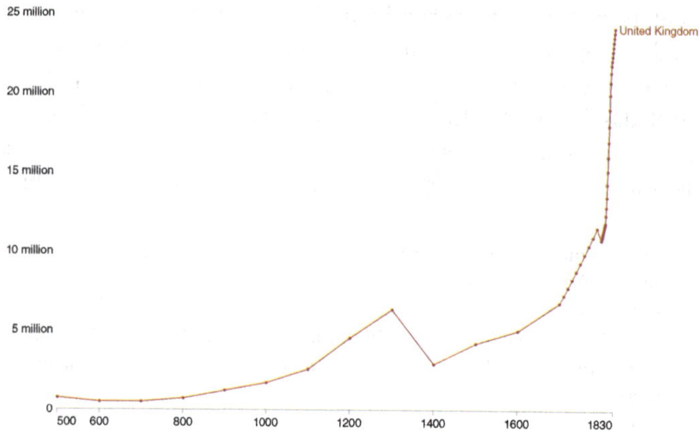

Abb. 3.1 Bevölkerung Großbritanniens, 500–1830

göttlichen Auftrag an die Menschen. Die Natur, die Erde gehört nicht mehr sich selbst, sie ist sich selbst enteignet und ist ab dem Jahr 534, dem Jahr des Erscheinens des Codex Iustinianus zur Sklavin der Menschheit degradiert. Der letzte Schritt der neolithischen Revolution ist damit unumkehrbar abgeschlossen.

Gemeingüter und deren Übernutzung

Seit der Fertigstellung des Codex Iustinianus im Jahr 534 verändert sich Vieles in Europa. Unverändert bleibt die zunehmende Nutzung der Dinge, die allen gemeinsam gehören, die Gemeingüter. Viele Jahrhunderte lang funktioniert das hervorragend. Trotz wiederkehrender Rückschläge wie Kriege, Hungersnöte und Epidemien wächst die Bevölkerung Europas prächtig, vor allem ab 1400. Großbritannien ist da keine Ausnahme, im Gegenteil (Abb. 3.1).

Ab dem 19. Jahrhundert ändert sich die Situation. Wald gibt es in Großbritannien kaum mehr, weswegen Kohle als Energieträger Brennholz und Holzkohle ablöst – siehe Kap. 2. Das Problem der Knappheit natürlicher Ressourcen bei rasant wachsender Bevölkerung verlagert sich nun hin zu Weideflächen. Das beschäftigt William Forster Lloyd, Professor für politische Ökonomie der University of Oxford. Als Lloyd 1832 seine beiden, erst im

20. Jahrhundert wirklich gewürdigten Vorlesungen hält, ahnt er nicht, wie vorausschauend seine Problembeschreibung ist.

Lloyd ist der Erste, der darlegt, was geschieht, wenn eine Weidefläche allen Bauern gemeinsam gehört, also Gemeingut ist:[49]

> Wenn ein Bauer mehr Rinder auf seine eigene Weide bringt, wird die Menge des Futters, das diese fressen, von der abgezogen, die ursprünglich zur Verfügung stand; und wenn vorher gerade noch genügend Futter vorhanden war, hat der Bauer keinen Nutzen von den zusätzlichen Rindern. Was auf eine Weise gewonnen wird, geht auf eine andere Weise verloren. Bringt er aber mehr Rinder auf eine allen gemeinsam gehörenden Weide – ein Gemeingut –, so bildet das Futter, das diese fressen, einen Abzug, der auf alle Rinder, sowohl auf die anderen als auch auf die eigenen, im Verhältnis zu deren Anzahl verteilt wird, und nur ein kleiner Teil davon wird den eigenen Rindern entzogen. Auf der eigenen Weide gibt es einen Sättigungspunkt, über den hinaus kein umsichtiger Bauer seinen Rinderbestand aufstocken wird. Auf einem Gemeingut gibt es in ähnlicher Weise einen Sättigungspunkt. Aber die Position des punkts ist in den beiden Fällen offensichtlich unterschiedlich. Würde man eine Anzahl aneinandergrenzender, bereits voll genutzter Weiden auf einmal freigeben und in ein riesiges Gemeingut umwandeln, so würde sich die Lage des Sättigungspunktes augenblicklich ändern. Der Rinderbestand würde vergrößert und die verfügbare Menge an Futter pro Rind würde verringert.

Nach Lloyds Vorlesungen wird das von ihm dargestellte Problem der Übernutzung eines Gemeinguts in die nächsten 120 Jahre nicht weiter beachtet. Erst 1954 wird das Problem des Gemeinguts von H. Scott Gordon, Professor am Department of Economics der Indiana University nunmehr bezüglich der Fischbestände wiederum aufgegriffen. Denn die Fischbestände schwinden rasch (Abb. 3.2).[50]

Der Heilbutt im Pazifik ist in den zwanziger Jahren des 20. Jahrhunderts besonders bedroht. Deshalb wird im Rahmen einer internationalen Vereinbarung zwischen den Vereinigten Staaten und Kanada in den frühen dreißiger Jahren eine feste Fanggrenze eingeführt. Die Kontrollmethode besteht darin, den Fischfang zu stoppen, wenn das Limit erreicht ist. Somit entsteht für jeden Fischer ein großer Anreiz, möglichst viele Fische vor

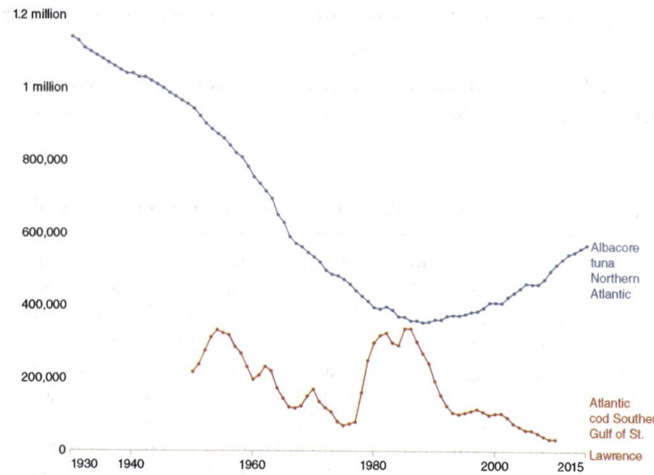

Abb. 3.2 Gesamtfischbestände gemessen an ihrer Biomasse, 1930–2015

seinen Konkurrenten zu fangen. Für diesen Wettlauf um die Fische investieren die Fischer in mehr, größere und schnellere Boote. Im Jahr 1933 dauert die Fangsaison noch mehr als sechs Monate. Im Jahr 1952 dauert es in der Region Alaska nur noch sechzig Tage, um die zulässige Höchstmenge zu fangen. Die Fischer, die sich größere und schnellere Boote leisten können, verdrängen die anderen.[51]

Gordon beschreibt damit erstmals ein grundlegendes Dilemma bei der Nutzung eines Gemeingutes, im konkreten Fall von Fischen: Lässt man dem freiem Spiel der Kräfte ihren Lauf, so kommt es zu kurzfristig höheren Fischfängen, aber zu einem abnehmenden Fischbestand. Wird hingegen der Fischfang mittels festen, jährlichen Fanggrenzen gesteuert, so ist bei optimaler Fanggrenze ein dauerhafter Fischbestand sichergestellt.[52] Allerdings kann, wie die beschriebene Vereinbarung zwischen den Vereinigten Staaten und Kanada zeigt, es dazu führen, dass diejenigen Fischer, die mehr, größere und schnellere Boote haben, die anderen Fischer verdrängen.

Tragödie der Kabeljau-Bestände
Schließlich im Jahr 1968 bekommt dieses Dilemma seinen Namen durch eine Publikation von Garrett Hardin, Professor für Humanökologie an der University of California, die bis heute nachwirkt. Hardin bezeichnete das von Lloyd dargelegte Problem als „tragedy of the commons", als Tragödie des Gemeinguts.[53] Mit dem Begriff „tragedy", der gerne mit „Tragik" übersetzt wird, meint Hardin nicht, dass die Sache tragisch ist, sondern eine Tragödie in dem Sinn, dass der Lauf der Dinge unausweichlich und jeder Versuch des Entkommens vergeblich ist, wie in einer dramatischen Tragödie des antiken Griechenlands.

Obwohl viel kritisiert, hat Hardin mit dem Begriff Tragödie im Sinne von unerbittlicher Unvermeidbarkeit den Nagel auf den Kopf getroffen. Versetzen Sie sich mal in die Lage eines Kabeljau-Fischers in den 1940ern an der Ostküste Kanadas. Wie jeder Fischer möchten Sie gut davon leben. Das wollen auch alle anderen Fischer. Die Nachfrage nach Kabeljau steigt stetig, daher erhöhen Sie Ihre Fangkapazität und investieren in entsprechende Boote. Auch alle anderen Fischer erhöhen ihre Fangkapazität. Dementsprechend nehmen die Fangmengen zu. Sie bekommen langsam ein mulmiges Gefühl, dass es nicht in alle Ewigkeit so weiter gehen wird, denn die Fangmenge ist Ihrer Meinung nach so hoch, dass der Bestand an Kabeljau schrumpft. Warnsignal dafür ist für Sie, dass der Anteil an älteren, geschlechtsreifen Kabeljaus am Fang abnimmt und immer mehr junge Kabeljaus gefangen werden. Eigentlich wäre es hoch an der Zeit, sich einzubremsen und die Fangmengen zu reduzieren, damit sich der Fischbestand wieder regenerieren kann. Aber was nützt es, wenn Sie bewusst weniger fangen, aber andere Fischer weiterhin ihre Fangmengen steigern. Dann wären Sie der Dumme und andere Fischer würden davon profitieren. Also machen Sie mit und steigern ebenfalls Ihre Fangmengen, wie die anderen auch. Das Jahr 1968 ist dann das absolute Rekordjahr. Nicht überraschend ist die Fangmenge im darauffolgenden Jahr niedriger. Womit aber weder Sie noch alle anderen Fischer gerechnet haben, ist, dass die Fangmengen bis 1978 rapide abnehmen (Abb. 3.3). Der Zusammenbruch der Fischbestände durch Überfischung ist die Ursache dieses dramati-

Abb. 3.3 Kabeljaufänge im Osten Kanadas, 1940–2019

schen Rückgangs. Davon erholen sich weder die Fischbestände noch die Fischer. Anfang der 1990er-Jahre hören die meisten Kabeljau-Fischer an der Ostküste Kanadas auf. Die Tragödie, diese scheinbar unerbittliche Unvermeidbarkeit des Zusammenbruchs der Kabeljau-Bestände an der Ostküste Kanadas hat sich erfüllt.[54]

Die Doktrin der res communis, des Gemeinguts zeitigt 1500 Jahre nach Vorliegen des Codex Iustinianus unvorhergesehene und unerwünschte Wirkungen. Ein Ding (res), das allen gemeinsam gehört, wie das Meer und die Fische des Meeres, stellt uns Menschen als Individuen vor ein Dilemma. Fängt jeder Fischer unabhängig von den anderen so viele Fische, wie er möchte, so kommt es bei wachsender Nachfrage bedingt durch die wachsende Bevölkerung früher oder später zum Zusammenbruch der Fischpopulation. Entscheiden sich hingegen einige oder gar viele Fischer, weniger Fische zu fangen, so schaden sie sich kurzfristig selbst und nutzen all jenen, die ungehemmt mehr und mehr fischen.

So wird die Tragödie des Gemeinguts zur Tragödie – auch heute noch.

Pressemitteilung der Europäischen Kommission, Dezember 2003:

Um 2004 keine Fischereien schließen zu müssen, schlägt die Kommission Maßnahmen zum stärkeren Schutz der Fischbestände vor. Damit keine Fischereien geschlossen werden müssen, hat die Europäische Kommission heute vorgeschlagen, die bereits existierenden Maßnahmen für bestimmte Kabeljaubestände zu stärken, sie auf andere gefährdete Bestände auszudehnen und die Fangmöglichkeiten für inzwischen ebenfalls als gefährdet eingestufte Bestände deutlich zu reduzieren. Auf diese Weise könnte die Fortsetzung des betreffenden Fischfangs gewährleistet werden, während dezimierte Fischbestände gleichzeitig eine Chance zur Erholung hätten und Bestände in weniger kritischer Lage besser geschützt würden. Bis langfristige Wiederauffüllungspläne verabschiedet sind, müssen kurzfristige Maßnahmen wie niedrige zulässige Gesamtfangmengen, eine direkte Beschränkung des Fischfangs (Seetage) und Kontrollmaßnahmen, um die Einhaltung der vorgeschriebenen Quoten sicherzustellen, getroffen werden. Für Bestände, für die der Internationale Rat für Meeresforschung eine „Nullrunde" empfiehlt, schlägt die Kommission drastische Kürzungen der Gesamtfangmengen und des Fischereiaufwands um 50 bis 65 % vor, unter anderem eine 50-prozentige Kürzung für den südlichen Seehechtbestand und seezunge im westlichen Ärmelkanal. Für Bestände wie Kabeljau in der Nordsee, die bereits deutliche Gesamtfangmengen-Kürzungen hinnehmen mussten, schlägt die Kommission die Übernahme der letztjährigen Quoten vor.[55]

Klar könnte eine Tragödie des Gemeinguts leicht dadurch abgewendet werden, indem die Menschen statt gegeneinander im Wettbewerb um ein Gemeingut zu stehen, miteinander kooperieren würden, um sich gemeinsam in der Nutzung eines Gemeingutes zu begrenzen und dadurch einen Zusammenbruch des Gemeingut-Bestands zu vermeiden. Das gelingt – selten aber doch, etwa bei der Nutzung von Trinkwasser in Gegenden, wo Wasser knapp ist. Allerdings gelingt es dann und nur dann, wenn alle Beteiligten Menschen sind. Ganz anders sieht die Situation aus, wenn Unternehmen, die Gewinnmaximierung anstreben, sowie deren Interessenvertretungen beteiligt sind. In einem solchen Fall entstehen Situationen wie diese, mit der sich die Europäische Kommission bezüglich Fangquoten befassen muss:

Aus verschiedener Quelle ist inzwischen belegt, dass die Mitgliedstaaten die Vorschriften über Gesamtfangmengen, Aufwandsbeschränkungen und Fangmeldungen nicht immer zufrieden-

> stellend durchsetzen. Diese mangelnde Kontrolle begünstigt Überfischung, nicht gemeldete Anlandungen, einen Rückgang der Fischpreise, größere Mengen an unverkauftem Fisch und unfairen Wettbewerb. Es muss dringend gehandelt werden, um die Einhaltung der Vorschriften zu gewährleisten. Die Kommission wird in Kürze Überwachungsmaßnahmen verabschieden, um die Durchsetzung der Vorschriften zur Wiederauffüllung der Kabeljaubestände zu garantieren.[56]

Bevölkerungswachstum zusammen mit der Doktrin der res communis unterstützt von Gottes Auftrag an Christen und Juden, die Erde zu unterwerfen, begleitet als Tragödie des Gemeinguts die Zivilisation des Römischen Reichs seit der Spätantike und ist heute weltweit präsent. Wie alle Dilemmata bietet auch die Tragödie des Gemeinguts zwei Möglichkeiten der Entscheidung, die beide zu einem unerwünschten Resultat führen, entweder unmittelbar oder langfristig.

Gilt im Codex Iustinianus für Sklaven, dass sie in der Macht ihrer Herren sind, so gilt dies auch heute noch für die Natur. Übernutzung all dessen, was die Natur den Menschen an Nützlichem zu bieten hat, ist die Folge.

Wie kann die Enteignung der Erde rückgängig gemacht, diese sich selbst wieder übergeben und die Doktrin der res communis außer Kraft gesetzt werden? Selbst wenn wir könnten, sollten wir es wollen?

4 Die unsichtbare Hand des Marktes

Wie im Kapitel *Der Markt erscheint im Holozän* (Kap. 1) dargelegt, entsteht sowohl Tausch- später Marktwirtschaft als auch Palastwirtschaft oder – wie sie heute genannt wird – Zentralverwaltungswirtschaft über viele hundert Jahre und entwickelt sich von Zivilisation zu Zivilisation weiter. Marktregeln werden umfassender, wie ein Vergleich des Codex Hammurapi mit dem 2300 Jahre später erscheinenden Codex Iustinianus zeigt. Herrscher und deren Zentralverwaltungen haben immer mehr Aufgaben, was dazu führt, dass mehr und höhere Steuern erforderlich werden. Besonders kostspielig sind Kriege mit allem was dazu gehört, wie Waffen, Schiffe und selbstverständlich Soldaten mit deren Ausrüstung. Das Römische Reich ist vielleicht der erste, aber nicht der letzte Staat, der einen substanziellen Teil der Steuereinnahmen für das Militär ausgibt.

Circa 1000 Jahre nach dem Ende des Weströmischen Reiches beginnt in Europa im 16. Jahrhundert die lange Phase des Kolonialismus, eine neue Form von Krieg. Zunächst sind die Eroberung und Unterwerfung der Bevölkerung in den Kontinenten außerhalb Europas für die Kolonialmächte kostspielig. Bald wird mit dem Konzept des Merkantilismus die Kolonialisierung zum großen Geschäft. Denn Merkantilismus ist eine Wirtschaftspolitik, die darauf abzielt, die Exporte zu maximieren und die Importe zu minimieren. England ist da forscher Vorreiter.

C. E. Mandl, *Marktversagen*,
https://doi.org/10.1007/978-3-658-50377-2_4

Die Handels- und Schifffahrtsgesetze (Acts of Trade and Navigation) dienen der Entwicklung, Förderung und Regulierung der englischen Schiffe, der Schifffahrt und des Handels mit den eigenen Kolonien sowie mit anderen Ländern. Die Gesetze beschränken ausländische – einschließlich schottische und irische – Beteiligungen am Handel mit den Kolonien. Im Jahr 1651 werden sie erstmals in Kraft gesetzt. Diese englischen Gesetze untersagen die Nutzung nicht-englischer Schiffe und schreiben vor, dass dreiviertel der Besatzungen aus Seeleuten von England und deren Kolonien bestehen müssen. Das gilt auch für die Schiffe der berühmt-berüchtigten East India Company mit Hauptsitz London, über die zu dieser Zeit die Hälfte des Welthandels abgewickelt wird. Die Gesetze schreiben des Weiteren den englischen Kolonien vor, dass der Export vieler Produkte ausschließlich nach England erfolgen muss und dass auch Importe nur über England erfolgen dürfen.

Adam Smiths Plädoyer für einen freien Markt

Kolonialismus und Merkantilismus sind auch 200 Jahre später omnipräsent. Die Wirtschaft Englands und generell in Europa ist im 18. Jahrhundert geprägt von Monopolen wie der East India Company, von Zünften, von Gilden und von hohen Zöllen. In dieser Situation wächst Adam Smith in Schottland auf und beeinflusst ihn – als Kind seiner Zeit – wesentlich in seinem Denken.[57]

Mit seinem, 1776 erstmals erschienen Hauptwerk *Eine Untersuchung über das Wesen und die Ursachen des Wohlstands der Nationen* schafft er eine bis heute nachwirkende Gegenposition zum Merkantilismus. Auch heute noch ist Adam Smith für seine Metapher der „unsichtbaren Hand" bekannt. Diese Metapher bezieht sich auf die selbstregulierende Natur des Marktes, bei der das individuelle Eigeninteresse unbeabsichtigt das Gemeinwohl fördert:

> Jeder Einzelne bemüht sich, sein Kapital soweit wie möglich zur Unterstützung der heimischen Industrie einzusetzen und diese dadurch so zu beeinflussen, dass ihre Erzeugnisse den größten Nutzen erbringen. Auf diese Weise ist jeder Einzelne bestrebt, die jährlichen Einnahmen der Gesellschaft so groß wie möglich zu ma-

> chen. Im Allgemeinen hat er weder die Absicht, das Gemeinwohl zu fördern, noch weiß er, wie sehr er es fördert. Indem er die heimische Industrie der ausländischen vorzieht, hat er nur sein eigenes Interesse im Sinn. Indem er also diese Industrie dergestalt beeinflusst, dass ihre Erzeugnisse den größten Nutzen stiften, sucht er nur seinen eigenen Vorteil, und er wird in diesem, wie in vielen anderen Fällen, von einer unsichtbaren Hand dazu geführt, einen Zweck zu fördern, der nicht Teil seiner Absicht war. Es ist auch nicht immer schlechter für die Gesellschaft, dass dieser Zweck nicht Teil seiner Absicht war. Indem er sein eigenes Interesse verfolgt, fördert er jenes der Gesellschaft oft effektiver, als wenn er es wirklich beabsichtigt.[58]

Smith argumentiert, dass Individuen, die in ihrem eigenen Interesse handeln, unbeabsichtigt zum allgemeinen wirtschaftlichen Wohlstand der Gesellschaft beitragen. Ein Bäcker produziert nicht aus Altruismus Brot, sondern um Gewinn zu erzielen. Dabei stellt er der Gemeinschaft ein wertvolles Produkt zur Verfügung. Der Wettbewerb zwischen Individuen und Unternehmen fungiert, so Smith, als natürliche Regulierung auf dem Markt. Dieser Wettbewerb hält die Preise in Schach, verbessert die Qualität und stellt sicher, dass Ressourcen effizient zugeteilt werden – alles ohne die Notwendigkeit von übermäßigen staatlichen Eingriffen. Smiths Beobachtungen führen ihn zur Kritik an der Ineffizienz staatlicher Eingriffe, die oft von den Interessen mächtiger Monopole oder Zünfte motiviert sind, anstatt dem Gemeinwohl zu dienen. Er befürwortet ein System, in dem der Markt, angetrieben durch das individuelle Eigeninteresse, sich selbst reguliert. Smith ist überzeugt, dass, obwohl Individuen ihren eigenen Vorteil suchen, ihre wirtschaftlichen Handlungen unbeabsichtigt zum Wohlergehen anderer beitragen.

Smiths Vorstellung der unsichtbaren Hand wird durch die Kritik am Merkantilismus und die Betonung der individuellen Freiheit geprägt. Er argumentiert, dass der Markt durch die Handlungen von Individuen, die ihre eigenen Interessen verfolgen, Ressourcen effizienter zuteilen und Wohlstand fördern könne als jede zentrale Autorität. Diese Idee prägt das wirtschaftliche Denken bis heute: Wirklich freie Märkte sind selbstregulierende Systeme, die wirtschaftlich optimale Ergebnisse hervorbringen, die durch staatliche Eingriffe nicht verbessert werden können. So lautet die umstrittene Argumentation heute.

Adam Smiths Plädoyer für einen freien Markt, einen freien Handel und damit Abbau von Zöllen zeigt Wirkung, allerdings nicht zu seinen Lebzeiten. Im Jahr 1849 werden die britischen Handels- und Schifffahrtsgesetze aufgehoben. Im Jahre 1874 wird die East India Company Aktiengesellschaft, die im Jahr 1600 gegründet wurde, aufgelöst. Das Pendel schwingt in die andere Richtung, wie schon früher in der vieltausendjährigen Geschichte der Marktwirtschaft, diesmal von der Zentralverwaltungswirtschaft in Form des Merkantilismus in Richtung freier Marktwirtschaft, in Form der wirtschaftlichen Laissez-faire Politik des 19. Jahrhunderts. Gemeint ist damit das staatliche Vertrauen in die unsichtbare Hand.

Die Folge des Laissez-faire ist ein stark wachsender Welthandel verbunden mit einem ebenfalls raschen Wirtschaftswachstum und steigendem Wohlstand in den Industrienationen, andererseits aber auch von Wirtschaftskrisen und der Verelendung weiter Teile der Bevölkerung. Mit dem Ausbruch des Ersten Weltkriegs endet diese radikale Form des Wirtschaftsliberalismus. Das Pendel beginnt wiederum in die andere Richtung zu schwingen, hin zu Staatsinterventionismus und zu einer Schutzzollpolitik.

Friedrich Hayeks Der Weg zur Knechtschaft

Die Blütezeit der unsichtbaren Hand scheint damit vorbei – oder vielleicht doch nicht? Ein neuer Advokat der Marktwirtschaft tritt an die Öffentlichkeit, diesmal nicht geprägt von den wirtschaftlichen Erfahrungen im Großbritannien des 18. Jahrhunderts, sondern vom Zerfall der Österreichisch-Ungarische Monarchie im Jahr 1918 und den politischen und wirtschaftlichen Wirren im Europa der 1920er- und 1930er-Jahre: Friedrich Hayek[59].

Friedrich August Edler von Hayek, wie er ursprünglich heißt, bevor Adelstitel in Österreich nach dem Zerfall der Monarchie verboten werden, kommt 1899 in Wien zur Welt. Gerade erst 15 Jahre alt, bricht der Erste Weltkrieg aus. Mit 17 Jahren meldet er sich freiwillig zur österreichisch-ungarischen Armee, wo er als Artillerieoffizier an der italienischen Front dient. Diese Zeit prägt ihn stark, da sie ihm die verheerenden Folgen von politischen

Konflikten und staatlichen Entscheidungen bewusst macht. Nach dem Ersten Weltkrieg studiert er an der Universität Wien Rechts- und Staatswissenschaften. Während dieser Zeit hört er Vorlesungen über den Liberalismus, den freien Markt und die Kritik an der sozialistischen Wirtschaftsplanung. Der Einfluss auf Hayeks eigenes Denken ist tiefgreifend.

Ende der 1920er-Jahre gründet er das Österreichische Institut für Konjunkturforschung – das heutige Österreichische Institut für Wirtschaftsforschung – und leitet es, bevor er 1931 zur London School of Economics wechselt. Bald wird Hayek als einer der führenden Wirtschaftstheoretiker der Welt anerkannt. Im Jahr 1932 argumentiert Hayek, dass private Investitionen in die Märkte ein besserer Weg zu Wohlstand in Großbritannien sind als staatliche Ausgabenprogramme. Die fast ein Jahrzehnt andauernde deflationäre Depression in Großbritannien bildet den politischen Hintergrund für Hayeks umstrittenes Engagement in der britischen Geld- und Steuerpolitik. Da Hayek nicht bereit ist, nach Österreich zurückzukehren, nachdem es 1938 durch den „Anschluss" unter die Kontrolle Nazi-Deutschlands gekommen war, bleibt er in Großbritannien.

Während seiner Zeit als Professor an der London School of Economics – zur Zeit des Aufstiegs der Autokratien in der Sowjetunion, in Italien und Deutschland – bestreitet Hayek die weit verbreitete Behauptung, der Faschismus stelle den letzten Atemzug eines gescheiterten kapitalistischen Systems dar. Dies ist Ausgangspunkt seines Buches *Der Weg zur Knechtschaft,* das im März 1944 in Großbritannien veröffentlicht wird.

Die Wirkung des Buches ist tiefgreifend. Es erscheint auf der Liste der 100 einflussreichsten Bücher aller Zeiten und steht 2006 auf Platz 1 der Top 10 Bücher, die jeder republikanische Kongressabgeordnete in den USA lesen sollte. Es ist einflussreich genug, um während der britischen Parlamentswahlen 1945 von Winston Churchill erwähnt zu werden und der davor warnte, dass ein sozialistisches System „auf irgendeine Form der Gestapo zurückgreifen müsste". Hayeks Buch ist umstritten und einflussreich. Es führt zu einer öffentlichen Debatte über die Vereinbarkeit von Demokratie und Etatismus – der Annahme, dass ökonomische, soziale und ökologische Probleme durch staatliches Handeln zu bewältigen sind, etwa durch Staatsinterventionismus und Marktregulierung.

Weshalb *Der Weg zur Knechtschaft* bis heute derart einflussreich, aber auch umstritten ist, erklärt sich aus zentralen Aussagen des Buches. Staatliche Planung, so Hayek, untergräbt die individuelle Freiheit. In einer Zeit, in der viele Intellektuelle und Politiker in Großbritannien und den USA die Idee unterstützen, dass der Staat eine aktive Rolle bei der Steuerung der Wirtschaft übernehmen sollte, stellt Hayek die Überzeugung infrage, dass staatliche Eingriffe zu mehr Freiheit und Wohlstand führen würden.

Eines der provokantesten Zitate in Hayeks Buch lautet:[60]

> Es ist falsch zu denken, dass der Nationalsozialismus nur eine Reaktion gegen die sozialistischen Tendenzen seiner Zeit war. Vielmehr ist er in vielerlei Hinsicht das Ergebnis dieser Tendenzen.

Diese Aussage impliziert, dass sozialistische Ideen, die von vielen als Reaktion auf die Ungerechtigkeiten des Kapitalismus angesehen wurden, ähnliche totalitäre Ergebnisse wie der Faschismus erzeugen könnten.

Hayek argumentiert, dass in einem System zentraler Planung die Verantwortung für persönliche Entscheidungen und Handlungen oft auf eine zentrale Autorität übertragen wird, was Grundlage für Korruption und Unterdrückung individueller Freiheit bildet:

> Die sicherste Art, die Menschen zu korrumpieren, besteht darin, sie zu ermutigen, dass sie für ihre eigenen Meinungen nicht verantwortlich sind.

Hayeks Kritik an sozialistischer Planung, seine Warnung vor der Tyrannei und seine Verteidigung der freien Märkte und der individuellen Freiheit stellen viele der in den 1930er-Jahren vorherrschenden Vorstellungen über die Rolle des Staates und der Wirtschaft in Frage. Während das Buch breite Anerkennung für seine Verteidigung der Freiheit findet, sorgt es zugleich für kontroverse Debatten, weil es die Gefahr totalitärer Entwicklungen selbst in gut gemeinten politischen Systemen aufzeigt.

Freie Märkte und individuelle Freiheit

Wiewohl Hayek in der Tradition von Adam Smith steht, geht er doch, als Kind einer anderen Zeit darüber hinaus. Hayek betont, dass freie Märkte untrennbar mit individueller Freiheit verbunden sind. Er argumentiert, dass nur in einem System freier Märkte die Menschen ihre eigenen Entscheidungen treffen und die Verantwortung für ihre wirtschaftlichen Handlungen übernehmen können.

Hayek sieht die freie Marktwirtschaft als ein System, das sich selbst organisiert und auf den spontanen Handlungen vieler Individuen basiert. Er argumentiert, dass kein zentraler Planer in der Lage ist, die Vielzahl an Informationen zu verarbeiten, die in einer komplexen Gesellschaft notwendig sind, um effiziente wirtschaftliche Entscheidungen zu treffen. Der Markt, so Hayek, löst dieses Problem durch den Preismechanismus, welcher Informationen über Knappheit, Nachfrage und Angebot dezentral verteilt. Hayek sieht den Markt als einen „Entdeckungsprozess", der den Menschen ermöglicht, durch freiwillige Kooperation und Wettbewerb Wissen zu erlangen und Ressourcen effizient zu nutzen.

Hayek argumentiert auch, dass freie Märkte der beste Weg sind, um wirtschaftlichen Wohlstand und Wachstum zu fördern. Er ist der Überzeugung, dass nur durch Wettbewerb und den freien Austausch von Waren und Dienstleistungen die Ressourcen effizient genutzt und Innovationen gefördert werden können. Ein freier Markt, so Hayek, belohnt effiziente Produktion und ermöglicht es den Menschen, von ihren Talenten und Fähigkeiten zu profitieren.

Hayek hebt auch die moralischen und sozialen Vorteile des freien Marktes hervor. Er glaubt, dass der freie Markt ein gerechtes System ist, das den Individuen ermöglicht, Verantwortung für ihr eigenes Leben zu übernehmen:

> Ein System freier Märkte erlaubt es den Menschen, das zu erreichen, was andere ihnen freiwillig zugestehen, nicht was eine zentrale Macht ihnen zuweisen möchte.

Hayek ist der Überzeugung, dass der Versuch, soziale Gerechtigkeit durch staatliche Mittel zu erreichen, zu einer

Machtkonzentration führen kann, die letztlich die individuelle Freiheit unterdrückt:

> Das Streben nach sozialer Gerechtigkeit durch den Staat führt zwangsläufig zu einer immer größeren Machtkonzentration, die am Ende jedes Individuum seiner Freiheit beraubt.

Hayek betont auch die Rolle des Gesetzes, die Freiheit des Einzelnen zu schützen, anstatt direkt soziale oder wirtschaftliche Ziele zu verfolgen:

> Es ist nicht die Aufgabe des Gesetzes, uns reicher oder moralischer oder glücklicher zu machen. Ihre Aufgabe ist es, zu verhindern, dass wir uns gegenseitig behindern, frei zu handeln.

Was heute von Hayeks Apologeten gerne unerwähnt bleibt, ist, dass er zwar gegen Regulierungen ist, welche die Freiheit einschränken, Handel zu treiben oder zu jedem Preis zu kaufen und zu verkaufen oder Mengen zu kontrollieren, jedoch den Nutzen von staatlichen Regulierungen durchaus anerkennt:

> Das Verbot, gewisse giftige Substanzen zu benutzen, oder die Forderung besonderer Vorsichtsmaßnahmen bei ihrer Verwendung, die Beschränkung der Arbeitszeit oder die Forderung bestimmter sanitärer Vorschriften ist mit der Beibehaltung des Leistungswettbewerbs durchaus vereinbar. ... Auch gewisse Schäden, die durch Abholzung, bestimmte landwirtschaftliche Anbaumethoden oder den Rauch oder Lärm der Fabriken verursacht werden, können nicht auf den Eigentümer beschränkt werden oder auf solche, die bereit sind, sich gegen eine ausbedungene Entschädigung den Schaden gefallen zu lassen. Unter solchen Umständen müssen wir irgendeinen Ersatz für die Regulierung des Preismechanismus finden.

Die unsichtbare Hand und die spontane Ordnung

Was Adam Smith noch metaphorisch als unsichtbare Hand beschreibt, entwickelt Friedrich Hayek mit dem Begriff der „spontanen Ordnung“ (spontaneous order) zu einem neuen Konzept. Spontane Ordnung bezieht sich auf die Vorstellung, dass komplexe und effiziente Ordnungen in Gesellschaften und Märkten durch das unkoordinierte, aber gleichzeitig interdependente Handeln von Individuen entstehen – ohne dass eine zentrale Planung oder Steuerung notwendig ist.[61]

Hayek beschreibt die spontane Ordnung als ein Phänomen, das durch die individuelle Handlungsfreiheit entsteht, bei der die Menschen aufgrund von Anreizen und Informationen (z. B. Preisen in einem Markt) handeln. Die großartigsten Dinge der menschlichen Gesellschaft sind, so Hayek, nicht das Ergebnis von Menschen, die wussten, was sie wollten und ein bestimmtes Ziel verfolgten, sondern das Ergebnis eines Prozesses, in dem die Einzelnen versuchten, ihre eigenen Zwecke zu verwirklichen.

Hayek beschreibt den Preismechanismus als eine spontane Ordnung, die durch die dezentralen Entscheidungen von Millionen von Menschen entsteht. Preise geben Informationen weiter, die es den Marktteilnehmern ermöglichen, ihre Pläne zu koordinieren, ohne dass eine zentrale Instanz die Details ihrer Handlungen kennt oder plant.

Ein wichtiger Aspekt von Hayeks Theorie der spontanen Ordnung ist die Rolle des Wissens. In einer komplexen Gesellschaft ist Wissen immer dezentral verteilt und keine zentrale Instanz kann alles Wissen haben, das nötig wäre, um eine Gesellschaft effektiv zu steuern:

> Das zentrale Problem der Gesellschaft ist die Verwendung des Wissens, das nicht einem einzigen Geist, sondern vielen Menschen zugänglich ist. Die spontane Ordnung nutzt dieses verteilte Wissen durch eine dezentralisierte Entscheidungsstruktur.[62]

Hayeks Konzept der spontanen Ordnung ist zentral für sein Verständnis der Funktionsweise von Märkten und Gesellschaften. Er betont, dass Ordnungen, die auf individuellen Handlungen basieren, oft effizienter und stabiler sind als solche, die durch zentrale Planung entstehen. Die spontane Ordnung erlaubt die Nutzung von verteilt vorhandenem Wissen, schafft Innovation und fördert die Anpassung an sich ändernde Umstände.

Dreißig Jahre nach dem Erscheinen von *Der Weg zur Knechtschaft* verleiht die Königlich Schwedische Akademie der

Wissenschaften den Preis für Wirtschaftswissenschaften an Friedrich Hayek:

> Die Akademie ist der Ansicht, dass von Hayeks Analyse der funktionalen Effizienz verschiedener Wirtschaftssysteme einer seiner bedeutendsten Beiträge zur Wirtschaftsforschung im weiteren Sinne ist. Seit Mitte der dreißiger Jahre beschäftigte er sich eingehend mit den Problemen zentraler Planung. Wie in allen Bereichen, in denen von Hayek geforscht hat, lieferte er eine profunde historische Darstellung der Geschichte der Lehren und Meinungen auf diesem Gebiet. Er stellte neue Überlegungen zu den grundsätzlichen Schwierigkeiten des „sozialistischen Kalküls" an und untersuchte die Möglichkeiten, mit einem dezentralen „Marktsozialismus" in verschiedenen Formen wirksame Ergebnisse zu erzielen. Sein Leitgedanke beim Vergleich verschiedener Systeme ist es, zu untersuchen, wie effizient das gesamte Wissen und die gesamte Information, die zwischen Individuen und Unternehmen verteilt sind, genutzt werden. Seine Schlussfolgerung ist, dass nur durch eine weitgehende Dezentralisierung in einem Marktsystem mit Wettbewerb und freier Preisbildung die volle Nutzung von Wissen und Information möglich ist.[63]

Von den Gegnern Friedrich Hayeks wird diese Preisverleihung bis heute scharf kritisiert, vor allem wegen Hayeks Analyse der grundsätzlichen Schwierigkeiten des „sozialistischen Kalküls". Die ebenfalls angeführte Begründung, dass Hayek gezeigt hat, dass nur ein Marktsystem mit Wettbewerb und freier Preisbildung die volle Nutzung von Wissen und Information ermöglicht, tritt dagegen in den Hintergrund.

Der Weg zur freien Weltmarktwirtschaft

Ebenso wie Gottes Auftrag in der Genesis und die Doktrin der res communis im Codex Iustinianus wird die Idee spontaner Ordnung durch eine freie Marktwirtschaft kaum in wirtschaftspolitischen Auseinandersetzungen erwähnt. Doch ist diese Idee omnipräsent, wenn es darum geht, die freie Marktwirtschaft gegen jene zu verteidigen, die bei Marktversagen nach staatlichen Interventionen rufen.

Die nicht von Hayek gegründete indes von ihm stark beeinflusste sogenannte Chicago School of Economics vertritt Hayeks

These, dass freie Märkte das effizienteste Mittel zur Ressourcenallokation und Einkommensverteilung sind. Deshalb sollten wirtschaftliche Aktivität des Staates zurückgedrängt werden. Die Chicago School of Economics ist die wichtigste Wegbereiterin der als Neoliberalismus bezeichneten Denkschule.

Angestoßen von Hayek schwingt das Pendel wirtschaftlichen Denkens wie schon in früheren Jahrhunderten nunmehr im 20. Jahrhundert vom Konzept der Zentralverwaltungswirtschaft hin zu freier, diesmal globaler Marktwirtschaft. Das General Agreement on Tariffs and Trade (GATT) von 1947 und die darauf 1995 folgende World Trade Organization (WTO) ist Ergebnis dieser Entwicklung hin zu einer freien Weltmarktwirtschaft.

Ist Adam Smiths unsichtbare Hand und Hayeks spontane Ordnung durch freie Marktwirtschaft noch zeitgemäß? Hayek, das darf nicht übersehen werden, hat *Der Weg zur Knechtschaft* als Gegenposition zu der in Deutschland, der Sowjetunion, aber auch in Großbritannien der 1930er-Jahre verbreiteten Idee einer Zentralverwaltungswirtschaft geschrieben.

Ergibt das auch heute noch Sinn? – Das wird in den folgenden Kapiteln deutlich.

5 Automarkt und die große Smog Krise

Es ist Montag, der 26. Juli 1943. Ein Sommertag kündigt sich in Los Angeles an, wie für Ende Juli typisch ist. Es ist windstill. Indes, etwas ist ungewöhnlich und alarmierend. Ein dichter, graubrauner Smog – „smoky fog“ – legt sich über Los Angeles, so dicht, dass die Sichtweite in einigen Teilen der Stadt auf weniger als drei Häuserblocks reduziert ist. Bewohner klagen über Augenreizungen, Halsschmerzen, Atembeschwerden und Kopfschmerzen. Spekulationen über die Ursache verbreiten sich rasch. Ein fehlgeschlagenes militärisches Chemiewaffenexperiment, ein großer Industrieunfall, ein chemischer Angriff durch Japan, denn der Zweite Weltkrieg tobt, – alles durchaus plausibel, aber nichts ist bewiesen. Die schlechte Sicht bringt den Verkehr in Los Angeles nahezu zum Stillstand. Viele Menschen beginnen, Masken oder Tücher über ihren Gesichtern zu tragen, oder bleiben überhaupt zu Hause.[64]

Die Untersuchungen konzentrieren sich anfänglich auf lokale Ölraffinerien, Fabriken und Chemiewerke als möglichen Verursachern. Maßnahmen wie die Einschränkung der Produktion lokaler Fabriken werden ergriffen jedoch ohne nennenswerte Auswirkungen. Ganz im Gegenteil werden Smog-Episoden häufiger. Atemwegserkrankungen nehmen zu.

C. E. Mandl, *Marktversagen*,
https://doi.org/10.1007/978-3-658-50377-2_5

Des Rätsels Lösung

Circa 10 Jahre vergehen, ohne nennenswerte Fortschritte bei der Ursachenfindung zu erzielen bis schließlich Arie Haagen-Smit die Lösung des Rätsels findet. Haagen-Smit wird im Jahr 1900 in der niederländischen Stadt Utrecht geboren. Dort, an der Universität Utrecht studiert er organische Chemie. Nach seinem Studium bleibt er zunächst an der Universität Utrecht, aber Ende der 1930er-Jahre schafft er den Sprung über den Atlantik und wird Professor am Caltech – California Institute of Technology. Diese Universität liegt unweit des Zentrums von Los Angeles, weshalb Haagen-Smit die Smog Krise hautnahe miterlebt. So beginnt er 1948 seine Forschungen zur Luftverschmutzung. Einige Jahre später gelingt es Haagen-Smit zu zeigen, dass unverbrannte Kohlenwasserstoffe und Stickoxide, die hauptsächlich aus Autoabgasen und einigen industriellen Quellen stammen, in einer photochemischen Reaktion durch Sonnenlicht „gekocht" werden und bodennahes Ozon bilden – ein Atemwegsreizstoff, der die bekannten gesundheitlichen Probleme in Los Angeles verursacht.

Bald wird klar, dass nicht die Ölindustrie, sondern die rasch wachsende Anzahl Autos in der Region Ursache für das Smogproblem ist. 1954 legen die zwei Millionen Autos in Los Angeles täglich 80 Mio. Kilometer zurück. Immer wieder kommt es zu Phasen dichten Smogs. Einmal beeinträchtigt der Smog die Sicht so stark, dass sich an einem einzigen Tag 2000 Autounfälle ereignen. Protestierende Bürger fordern lautstark Maßnahmen.

Mitte der 1950er-Jahre werden Haagen-Smits Erkenntnisse über den Zusammenhang zwischen Autos und Smog in Los Angeles in wissenschaftlichen Kreisen weithin akzeptiert – in den meisten Kreisen der Automobilindustrie mehrt sich Widerstand. Zunächst besteht die Industrie auf einem endgültigen Beweis, dass Autos die Ursache für den Smog sind. General Motors legt noch 1953 dar, dass Studien in Los Angeles darauf hindeuten, dass Abgase „ein Faktor sein könnten, der zum Smog beiträgt", andere Städte jedoch dieses Problem nicht hätten. Ford-Vertreter wiederum vertreten die Ansicht, dass sich Autoabgase „schnell in der Atmosphäre auflösen und kein Luftverschmutzungsproblem darstellen". Deshalb sei die Notwendigkeit einer Vorrichtung „zur effektiveren Reduzierung von Abgasen nicht erwiesen".

Die Zweifel der Autoindustrie

Noch 1955 vertreten die Autohersteller die Ansicht, dass es keine Beweise dafür gebe, dass Autoabgase Smog und dessen schädliche Auswirkungen auf Mensch und Ernteertrag verursachen. Nichtsdestotrotz verabschiedet 1959 Kalifornien Gesetze, wodurch es als erster Bundesstaat der USA Luftqualitätsstandards auf der Grundlage der Auswirkungen von Smog auf die öffentliche Gesundheit festlegt. Doch die Fortschritte gehen nur langsam voran. Im selben Jahr wird in Los Angeles an 187 Tagen über Augenreizungen berichtet; 1962 sind es bereits 212 Tage. Die Autoindustrie leistet weiterhin Widerstand. In einer Erklärung vor dem Kongress Ende Februar 1960 räumt die Automobile Manufacturers Association – AMA ein, dass der Smog in Los Angeles durchaus von Autos herrühren könne, er jedoch nicht auf Autoabgase an sich zurückzuführen sei, sondern vielmehr durch die einzigartige Topografie und Meteorologie des Los-Angeles-Beckens verursacht werde.

Der Widerstand der amerikanischen Autohersteller ist indes nicht von Dauer. Dafür sorgt eine, nicht neue, aber bislang kaum beachtete technische Neuerung, der Katalysator. Bereits in den 1950er-Jahre meldet Eugène Houdry, Experte für katalytische Ölraffination, Patente für Katalysatoren für Benzinmotoren an, die sich auf die Reduzierung von Kohlenmonoxid und unverbrannten Kohlenwasserstoffen konzentrierten. Im Jahr 1954 beginnt Houdrys Firma Oxy-Catalyst mit der Entwicklung und Vermarktung der ersten Katalysatoren zur Reduzierung von Fahrzeugemissionen. Versuche, diese Technologie für den breiten Einsatz bereitzustellen, scheitern, da verbleites Benzin diese Katalysatoren zerstört.

In den 1960er-Jahren nimmt der öffentliche und auch politische Druck auf die Autoindustrie und die Ölindustrie stetig zu. 1963 verabschiedet der US-Kongress den Clean Air Act und 1967 wird in Kalifornien das California Air Resources Board gegründet, um die Luftverschmutzung zu regulieren und die Luftqualität zu verbessern.

Der Staat interveniert

In den 1970er-Jahre tritt die Einführung von Katalysatoren in den USA in ihre entscheidende Phase. Zunächst verabschiedet 1970 der US-Kongress Änderungen zum Clean Air Act, die erstmals nationale Vorschriften zur Reduzierung von Fahrzeugemissionen festlegen. Diese Vorschriften zielen darauf ab, Schadstoffe wie Kohlenmonoxid, Kohlenwasserstoffe und Stickoxide zu reduzieren. Ein großes Hindernis für die Verwendung von Katalysatoren ist verbleites Benzin, das die Katalysatormaterialien vergiftet und sie unwirksam macht. Daraufhin verfügt 1973 die US Environmental Protection Agency – EPA die Einführung von bleifreiem Benzin, um die künftige Nutzung von Katalysatoren zu ermöglichen.

Unter den neuen Vorschriften der EPA werden Autohersteller verpflichtet, ab dem Modelljahr 1975 Katalysatoren in Autos einzubauen. 32 Jahre nach der ersten großen Smog Krise in Los Angeles ist der Wendepunkt erreicht, da Millionen Autos nun mit Katalysatoren ausgestattet werden, um den neuen Emissionsstandards zu entsprechen. Seitdem gehen in Los Angeles die Klagen der Bewohner über Augenreizungen, Halsschmerzen, Atembeschwerden und Kopfschmerzen stetig zurück.

Während die ersten Katalysatoren Kohlenmonoxid und Kohlenwasserstoffe effektiv reduzieren, beseitigen sie keine Stickoxide, die ebenfalls zur Smogbildung und zu saurem Regen beitragen. So kommt es zur Entwicklung des Dreiwege-Katalysators, der gleichzeitig die drei Hauptschadstoffe Kohlenmonoxid, Kohlenwasserstoffe und Stickoxide reduziert. 1981 schließlich wird der Dreiwege-Katalysator als Antwort auf strengere EPA-Vorschriften zur Reduzierung von Stickoxide-Emissionen in den USA eingeführt. Diese neue Technologie wandelt alle drei Schadstoffe in weniger schädliche Substanzen wie Stickstoff, Wasserdampf und Kohlendioxid um. Der Widerstand der US-Autoindustrie ist gebrochen.

Und Europa?

Nun, hier ticken die Uhren etwas anders. Um die Geschichte des Katalysators in der Europäischen Union besser einzuordnen, muss vorausgeschickt werden, dass in den USA ab dem Modelljahr 1975 alle importierten Autos, ebenso wie die im Inland produzierten Fahrzeuge, mit einem Katalysator ausgestattet sein müssen. Diese Vorschrift geht auf die Änderungen des Clean Air Act von 1970 zurück. Gleichzeitig beginnt in den USA die Abschaffung von verbleitem Benzin, da dieses die Katalysatoren beschädigt. Somit verlieren Autos, die nur mit verbleitem Benzin fahren können, in den USA in den 1970er-Jahren rasch an Wert.

Die Geschichte des Katalysators in Europa beginnt erst als die Sache in den USA längst gelaufen ist und entzündet sich nicht am Smog, sondern am Waldsterben. Ab 1979 warnen Forstwissenschaftler vor allem in den deutschsprachigen Ländern vor einem bevorstehenden bzw. stattfindenden Waldsterben und fordern eine Verbesserung der Luftreinhaltung. Massenmedien greifen diese Warnungen auf; eine Spiegel-Titelgeschichte im November 1981 bringt dem Thema enorme öffentliche Aufmerksamkeit. Als Hauptursache wird saurer Regen identifiziert, wie er auch durch katalysatorlose Autoabgase entsteht.[65]

Autos mit Katalysatoren werden nicht freiwillig gekauft

Nachdem eine Zeitlang die Schuld am sauren Regen zwischen Betreibern thermischer Kraftwerke und Autofahrern hin und her geschoben wird und keine konkreten Maßnahmen nach dem Vorbild der USA ergriffen werden, ruft der Allgemeine Deutsche Automobil-Club – ADAC seine Mitglieder dazu auf, dass die Initiative zur Einführung eines umweltfreundlichen Autos von den Autofahrern selbst ausgehen solle. Diese Idee, dass die Autofahrer freiwillig ausschließlich Autos mit Katalysatoren kaufen, die erhältlich, aber teurer sind, verläuft im Sande. Die Idee ist bei den ADAC-Clubmitgliedern durchaus mehrheitsfähig, nur kommt es nicht zu einem entsprechend geänderten Kaufverhalten.

Im März 1983 reagiert Deutschland auf die Waldsterben-Debatte und beschließt die Einführung des umweltfreundlichen Autos. Danach steht fest, dass in Deutschland ab dem 1. Januar 1986 US-Abgasgrenzwerte gelten sollen. Dieser Beschluss hat direkte Folgen für die Automobilindustrie und die Mineralölwirtschaft. Sie müssen bis zu diesem Datum Pkw mit Katalysatoren und bleifreien Kraftstoff auf den Markt bringen, denn beide Technologien sind für die Einhaltung der US-Grenzwerte erforderlich. Mit dieser Entscheidung bricht der Konsens zwischen Industrie und Umweltpolitikern auf. Beide Seiten hatten zuvor stets die Einführung von Katalysatortechnologie und bleifreiem Benzin als für Europa ungeeignet bezeichnet.

Die deutsche Automobilindustrie äußert sich dahingehend, dass sie sich nicht gegen die Einführung des Katalysator-Autos in Deutschland sperrt. Doch sei es ihr nicht möglich, bis zum Stichtag 1. Januar 1986 eine ausreichende Zahl an Katalysator-Autos auf den Markt zu bringen. Erst mit einem zeitlichen Vorlauf von vier bis fünf Jahren könne die gesamte Autoproduktion auf Katalysator-Pkw umgestellt werden. In diesem Punkt sind sich die deutschen Hersteller einig. Während also in der Automobilindustrie eine Umstellung der Produktion nicht problemlos möglich ist, trifft dies für die Mineralölindustrie nicht zu. Die Mineralölindustrie beginnt drei Kraftstoffsorten anzubieten: bleihaltiges Normal- und Superbenzin für die auf bleihaltigen Kraftstoff angewiesenen Pkw sowie bleifreies Normalbenzin für Katalysator-Autos.

Deutschland als Vorreiter in der Europäischen Union

Die Einführung neuer Schadstoffgrenzwerte in Deutschland birgt erhebliches Konfliktpotenzial innerhalb der Europäischen Union. Denn in Deutschland ist die Ausgangslage aufgrund der ökologischen Belastung der Waldbestände und der für Umweltschutz sensibilisierten Bevölkerung weitaus günstiger als in Großbritannien, Frankreich und Italien. In Großbritannien liegt aufgrund seiner Insellage nur eine niedrige Schadstoffbelastung durch Autoemissionen vor und Waldsterben wird weder als zentrales ökologisches noch als politisches Problem thematisiert. Folglich ist in Großbritannien der Handlungsdruck auf die politischen Entscheidungsträger ungleich niedriger als in Deutschland. Indes treten britische Politiker für die Einführung des bleifreien Kraftstoffs ein, da Blei als gesundheitsgefährdender Schadstoff erkannt und auch im öffentlichen Diskurs thematisiert wird. Die Regierungen Frankreichs und Italiens wiederum widersetzen sich der Einführung rigoroser Abgasgrenzwerte und der Katalysatortechnologie, da von der Bevölkerung kein umweltpolitischer Handlungsdruck ausgeht. Auch ökonomische Interessen sprechen gegen die Einführung des umweltfreundlichen Autos. Der verpflichtende Einbau eines kostspieligen Katalysators würde den

Verkaufspreis der von französischen und italienischen Herstellern vorrangig produzierten kleineren Pkw vergleichsweise stark ansteigen lassen, sodass ein Absatzeinbruch droht.

Trotz dieser unterschiedlichen Ausgangslagen in den Mitgliedstaaten der Europäischen Union gelingt es, bis zum März 1985 einen Kompromiss auszuhandeln. Diese Vereinbarung schreibt innerhalb der EU je nach Automobilklasse unterschiedliche Abgasgrenzwerte fest. Diese unterschiedlichen Grenzwerte für die jeweiligen Wagenklassen zeigen, dass die französische, italienische und britische Regierung Deutschland bei den Schadstoffgrenzwerten für Fahrzeuge mit größerem Hubraum entgegenkamen und ihrerseits einen Verhandlungserfolg bei Autos mit kleinem Hubraum erzielten. Der Kompromiss legt demnach die Pkw-Abgasgrenzwerte nicht auf der Basis des technisch möglichen fest. Vielmehr handelt es sich um einen politischen Kompromiss, durch den die EU-weite Einführung der Katalysatorpflicht für Neuwagen ab dem Jahr 1993 festgeschrieben wird – 18 Jahre nach den USA.

Und der saure Regen?

Nun, die pH-Werte im Niederschlag in Deutschland zeigen im Untersuchungszeitraum einen deutlichen Anstieg (Abb. 5.1).

Der Regen ist heute also deutlich weniger sauer als zu Beginn der 1980er-Jahre. Damit befinden sich die heutigen pH-Werte im Bereich der natürlichen, ohne menschliche Beeinflussung in Mitteleuropa zu erwartenden Werte.[66]

Die Durchsetzung des Katalysators in den USA und der EU ist zweifellos eine Erfolgsgeschichte, die Adam Smiths unsichtbare Hand kaum zuwege gebracht hätte. Hingegen hat sich Friedrich Hayeks Hinweis bewährt, dass das Verbot, gewisse giftige Substanzen zu benutzen, mit der Beibehaltung des Leistungswettbewerbs durchaus vereinbar ist, und dass unter solchen Umständen ein Ersatz für die Regulierung des Preismechanismus zu finden ist. Nichtsdestotrotz hat die Katalysator-Technologie ein zunächst weniger im Fokus stehendes Problem aller Verbrennungsmotoren aufgeschoben, aber nicht aufgehoben: Die Emission von Kohlendioxid als Resultat des Verbrennens kohlenstoffhaltiger Substanzen wie Diesel und Benzin.

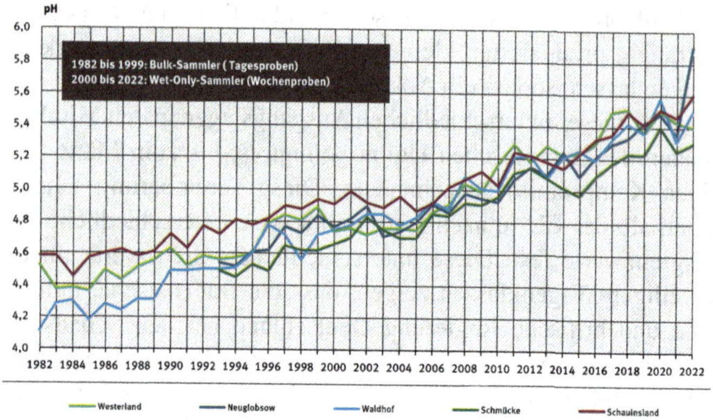

Abb. 5.1 Entwicklung des pH-Wertes im Niederschlag an den Messstationen

Elektroautos sind im Begriff, Verbrenner abzulösen und damit die, 1886 mit dem Benz Patent-Motorwagen Nummer 1 begonnene weltweite Erfolgsgeschichte des Personenkraftwagens mit Verbrennungsmotor zu beenden. Die chinesische Provinz Hainan verbietet ab dem 1. März 2019 den Verkauf von Diesel- und Benzinfahrzeugen. Die kleinste Provinz Chinas ist damit die erste, die ein solches Verbot durchsetzt. Am 19. April 2023 beschließt das Europäische Parlament und der Rat ein Emissionsreduktionsziel von 100 % ab 2035 sowohl für Personenkraftwagen als auch für leichte Nutzfahrzeuge.

Ob Verordnungen oder der freie Markt dem Elektroauto zum Durchbruch verhelfen, wird sich erst zeigen. Nicht auszuschließen ist, dass rein aus wirtschaftlichen Gründen Elektroautos Verbrenner vom Markt verdrängen. Dabei kann sein, dass Verbraucher Verbrenner nicht mehr kaufen, sondern mit einem Pkw-Neukauf warten, bis Elektroautos in gewünschter Qualität und mit gewünschtem Preis auf dem Markt verfügbar sind.

So oder so wird dadurch die globale Erwärmung nicht mehr aufgehalten und kaum verlangsamt – doch davon mehr im Kap. 9.

6 Kühlschrankmarkt und das Ozonloch

Im Mai 1985 setzen drei Wissenschaftler, Joseph Farman, Brian Gardiner und Jonathan Shanklin, die beim British Antarctic Survey, dem britischen Polarforschungsprogramm, arbeiten, eine ungeahnte und erstaunliche Entwicklung in Gang. Sie entdecken das später so benannte Ozonloch.[67] Rasch findet diese Entdeckung auch internationale Aufmerksamkeit. So steht in der New York Times unter dem Titel *Low Ozone Level Found Above Antarctica* am 7. November 1985 zu lesen:

> 1980 kam ein Ausschuss der National Academy of Sciences zu dem Schluss, dass der prognostizierte Ozonabbau durch erhöhte UV-Strahlung Hautkrebs begünstigen, die Ernteerträge verringern und die Larven einiger Meeresorganismen zerstören könne.

Indes, die Geschichte des Ozonlochs und wie mit dieser Bedrohung für Mensch und Natur in einer Marktwirtschaft umgegangen wird, beginnt viel früher. Sie beginnt mit – Kühlschränken.

1913 werden die ersten elektrischen Kühlschränke für den Hausgebrauch in den USA erfunden und produziert. Der erste weit verbreitete Kühlschrank ist der 1927 eingeführte „Monitor-Top"-Kühlschrank von General Electric. Über eine Million Einheiten werden davon produziert. Als Kühlmittel wird entweder Schwefeldioxid verwendet, das ätzend auf die Augen wirkt und zu Sehverlust sowie schmerzhaften Verbrennungen und Hautläsionen führen kann, oder Methylformiat, das leicht entzündlich

C. E. Mandl, *Marktversagen*,
https://doi.org/10.1007/978-3-658-50377-2_6

und augenschädigend ist und beim Einatmen oder Verschlucken giftig wirkt.

Die Frigidaire-Abteilung von General Motors beginnt deshalb, eine ungiftige, nicht entzündliche Alternative zu diesen Kühlmitteln zu entwickeln. Der Chemieingenieur Thomas Midgley synthetisiert schließlich den ersten Fluorchlorkohlenwasserstoff (FCKW), den er Freon nennt. Um die Bedeutung seiner Entwicklung zu untermauern, inhaliert er bei einer Demonstration vor der American Chemical Society im Jahr 1930 eine Lunge voll Freon und bläst damit eine Kerze aus, um zu zeigen, dass dieses Gas weder brennbar noch giftig ist.

Das Wunder-Kühlmittel

FCKW gilt in jeder Hinsicht als perfekt. Hersteller von Kühl- und Klimaanlagen sowie ihre Kunden betrachten FCKW sogar als „Wundergas". Freon und andere FCKW ersetzen bald weitgehend andere Kühlmittel, finden aber auch andere Anwendungen etwa als Treibmittel in Aerosolprodukten und Asthmainhalatoren. Für die Erfindung von Freon verleiht die American Chemical Society ihre höchste Auszeichnung, die Priestley-Medaille an Thomas Midgley. Schließlich wird er auch zum Präsidenten der American Chemical Society gewählt. Wenige Jahre später indes, im Alter von 51 Jahren erkrankt er an Kinderlähmung und ist von nun an schwerbehindert. Nun entwickelt er ein ausgeklügeltes System von Seilen und Flaschenzügen, das ihn ohne fremde Hilfe aus dem Bett und in den Rollstuhl heben sollte. Im Alter von erst 55 Jahren stirbt er, als er sich in den Seilen dieser Vorrichtung verheddert und selbst stranguliert.

Doch zurück zu FCKW: Bis 1935 verkauft Frigidaire und seine Konkurrenten über 8 Mio. Kühlschränke mit dem neuen Wunder-Kühlmittel. Da Fluorchlorkohlenwasserstoffe weitgehend ungiftig sind, werden sie auch zum Kühlmittel der Wahl in Klimaanlagen. Die Gesundheitsvorschriften in Städten werden dahingehend überarbeitet, dass ausschließlich Fluorchlorkohlenwasserstoffe als Kühlmittel in öffentlichen Gebäuden verwendet werden dürfen. Das Wachstum bei FCKW setzt sich in den folgenden Jahrzehnten fort und führt zu einem Umsatz von über 1 Mrd. US$ pro Jahr, wobei jährlich mehr als 1 Mio. Tonnen produziert werden – eine Erfolgsgeschichte sondergleichen, könnte man meinen. Aber es kommt ganz anders.

Ernüchterung und Hiobsbotschaften

Im Jahr 1927 kommt Sherwood Rowland in Delaware, Ohio auf die Welt. Aufgrund seiner Hochbegabung kann er die High School bereits einige Wochen vor seinem 16. Geburtstag abschließen. In den Sommern während seiner High School-Karriere wird er mit der Leitung der örtlichen Wetterstation betraut. So kommt es zu Rowlands erstem Kontakt mit systematischen Experimenten und Datenerhebungen. Er erwirbt 1951 seinen Master of Science und 1952 seinen Doktortitel, beides an der University of Chicago. Schließlich wird er 1964 Professor für Chemie an der University of California, Irvine.

Mit Mario Molina stoßt 1973 ein neuer Postdoktorand zum Labor von Rowland – ein Glücksfall, wie sich herausstellen wird. Molina ist gebürtiger Mexikaner. Er besucht die Grundschule als auch die Primarschule in Mexiko. Schon vor dem Besuch der High School entwickelt Molina ein tiefes Interesse an Chemie. Als Kind baut er ein Badezimmer in seinem Haus in sein eigenes kleines Labor um, indem er Spielzeugmikroskope und Chemiebaukästen verwendet. Im Alter von 11 Jahren wird er auf ein Internat in der Schweiz geschickt, wo er Deutsch lernt. Ursprünglich will er professioneller Geiger werden, doch sein Interesse an Chemie obsiegt. Seinen Bachelor-Abschluss in Chemieingenieurwesen macht Molina an der Universidad Nacional Autónoma de México. Anschließend studiert Molina zwei Jahre lang an der Universität Freiburg bevor er an der University of California, Berkeley promoviert.

Im Labor von Rowland setzt Molina jene Forschung Rowlands fort, die sich mit den chemischen Eigenschaften von Atomen beschäftigt, welche aufgrund radioaktiver Prozesse überschüssige Energie aufweisen. Diese Studie führt bald zur Erforschung von Fluorchlorkohlenwasserstoffen (FCKW), bis dato als harmlos angesehene Gase, die in Kühlmitteln, Aerosolsprays und bei der Herstellung von Kunststoffschäumen verbreitet verwendet werden. Allerdings ist zu diesem Zeitpunkt bereits bekannt, dass FCKW sich in der Atmosphäre anreichert. Die Frage, die sich

Molina daher stellt, lautet: Welche Folgen hat es, wenn FCKW sich in der Atmosphäre anreichert?

Als Ergebnis ihrer Forschungen verfassen Molina und Rowland 1974 gemeinsam einen Artikel in der Zeitschrift Nature, in dem sie die Bedrohung der Ozonschicht in der Stratosphäre durch FCKW hervorheben. Sie schreiben:

> Fluorchlormethane werden der Umwelt in immer größeren Mengen zugeführt. Diese Verbindungen sind chemisch inert und können 40–150 Jahre lang in der Atmosphäre verbleiben, und es ist zu erwarten, dass die Konzentrationen das 10- bis 30-fache der heutigen Werte erreichen. Bei der Photodissoziation der Chlorfluormethane in der Stratosphäre entstehen erhebliche Mengen an Chloratomen, die zur Zerstörung des atmosphärischen Ozons führen.

Die These von Molina und Rowland sorgt für erhebliches Aufsehen. Die Medienberichterstattung über die Pressekonferenz von Molina und Rowland führt zu Schlagzeilen in den US-Medien wie „Tod für Ozon" und „Aerosol-Sprühdosen können Weltuntergangsgefahr bergen". Viele Verbrauchergruppen fordern ein Verbot der Verwendung von FCKW in Aerosolen. Im Dezember 1974 hält das US-Repräsentantenhaus eine Anhörung zu einem Vorschlag ab, die Nationale Akademie der Wissenschaften zu beauftragen, FCKW zu untersuchen, und die US-Umweltschutzbehörde zu ermächtigen, FCKW zu verbieten, wenn sie als schädlich eingestuft werden. Zu diesem Zeitpunkt sind die USA der größte Verbraucher und Produzent von FCKW mit 35 % der weltweiten Gesamtmenge.

Wie die chemische Industrie reagiert

Die chemische Industrie in den USA reagiert äußerst defensiv. Die Hersteller von FCKW und die Industrien, die FCKW verwenden, beginnen eine energische Verteidigung. Sie weisen darauf hin, dass Hunderttausende von Arbeitsplätzen mit einer Lohnsumme von Milliarden Dollar von der Herstellung und Verwendung von FCKW in der Industrie abhängen. Sie bezeichnen die Theorie des Ozonabbaus durch FCKW als höchst spekulativ. Sie argumentieren, dass die USA das Problem ohnehin nicht allein lösen können, ohne dass auch andere Nationen mitwirken.

Einseitige Regulierungsmaßnahmen der USA in Bezug auf FCKW würden dem Land nur einen Wettbewerbsnachteil auferlegen, ohne das Problem zu lösen. Die Regierungen Kanadas und der nordischen Länder Norwegen, Dänemark, Schweden und Finnland sind bereit, rechtliche Schritte einzuleiten. UNEP, die Umweltorganisation der Vereinten Nationen, ist die naheliegende Institution, um die Zusammenarbeit in dieser Frage zu fördern.

Im April 1976 schließlich fordert der Verwaltungsrat der UNEP den Exekutivdirektor auf, ein Treffen der entsprechenden staatlichen und nichtstaatlichen Organisationen einzuberufen, um alle Aspekte der Ozonschicht zu überprüfen, damit verbundene laufende Aktivitäten und zukünftige Pläne zu identifizieren und sich auf eine Arbeitsteilung und einen Koordinierungsmechanismus zu einigen. So kommt es im März 1977 zum ersten internationalen Expertentreffen in Washington, DC. Experten aus 32 Ländern sowie internationaler Organisationen wie der FAO, der WHO und der Internationalen Handelskammer nehmen an diesem ersten Treffen teil.

Der empirische Beweis wird übersehen und dann doch gefunden

Indes sammelt NASA seit 1979 Satellitendaten über die Ozonwerte in der Antarktis. Dabei kennzeichnet sie Beobachtungen als anomal, wenn diese unter 180 Dobson-Einheiten liegen. Dieser Wert wird gewählt, weil er viel niedriger ist als alle Messungen vor den frühen 1980er-Jahren. Deshalb gilt er als angemessener Schwellenwert zum Erkennen von Instrumentenproblemen, falls eine der täglichen Messungen mal unter 180 Dobson-Einheiten liegt. Ungewöhnlich niedrige Werte, die zunehmend häufiger vorkommen, werden routinemäßig überprüft, indem diese mit anderen verfügbaren Daten verglichen werden. Diese anderen Daten der NASA zeigen stets Ozonwerte von 300 Dobson-Einheiten, sodass angenommen wird, dass der Satellitensensor, der die Ozonwerte in der Antarktis misst, eine Fehlfunktion hat. Die Häufung von gemessenen Ozonwerten in der Antarktis von unter 180 Dobson-Einheiten wird deshalb konsequent als irrelevant abgetan.

Obwohl also die rasch sinkende Ozon-Konzentration in der Antarktis seit den frühen 1980er-Jahren gemessen wird, belegt erst die Veröffentlichung im Mai 1985 durch die drei Wissenschaftler des britischen Polarforschungsprogramms, dass die 11 Jahre früher von Molina und Rowland behauptete Zerstörung des atmosphärischen Ozons nicht nur eine erörterungswürdige Hypothese, sondern messbare Gewissheit ist.[68]

Die Messungen der drei Wissenschaftler ergeben einen Ozonverlust im Frühjahr, der viel größer ist, als theoretisch vermutet. Während die Atmosphärenforscher die Ergebnisse zunächst mit Schock und Überraschung betrachten, werden diese nun auch durch die bislang negierten, scheinbar fehlerhaften Daten der NASA bestätigt. Das gemessene „Ozonloch" ist die wissenschaftliche Sensation des Jahres 1985 und lenkt die Aufmerksamkeit aller auf das Problem des Ozonabbaus.

Die Atmosphäre hat ein Loch

Der Begriff „Ozonloch" wird nun erstmals in wissenschaftlichen und öffentlichen Diskussionen verwendet. Dieser Ausdruck ist metaphorisch gemeint, da es sich nicht um ein vollständiges Fehlen von Ozon handelt, sondern um eine Region mit stark reduzierten Ozonwerten. Die Anschaulichkeit des Begriffs trägt dazu bei, die Schwere des Problems der breiten Öffentlichkeit zu verdeutlichen. „Ozonloch" wird sowohl in der wissenschaftlichen Kommunikation als auch in den Medien ein Schlüsselbegriff, der entscheidend dazu beiträgt, das Bewusstsein für die Notwendigkeit internationaler Maßnahmen zu schärfen.

Gordon McBean, Vorsitzender des Kuratoriums der Canadian Foundation for Climate and Atmospheric Sciences, merkt hierzu an:

> Lassen Sie mich aus meiner persönlichen Erfahrung kommentieren. Eine Tatsache ist, dass wir Probleme vereinfachen müssen, um politische und öffentliche Aufmerksamkeit zu erregen. Mitte der 1970er Jahre war ich Vorsitzender des wissenschaftlichen Ausschusses von Environment Canada für den Ferntransport von Luftschadstoffen. Dies erregte in der Öffentlichkeit überhaupt keine Aufmerksamkeit, und beim damaligen Minister auch nicht viel mehr. Aber als man beschloss, es „sauren Regen" zu nennen, schoss das Interesse der Leute in die Höhe. Es ging um dasselbe Problem, aber wir bekamen einen ausgefallenen Titel. Ich bin nicht

> sicher, ob jemand bewusst nachgedacht hat, als er das Ozonloch erwähnte, aber Tatsache ist, dass man Aufmerksamkeit erregt, wenn man eine so dramatische Formulierung verwendet.

Die Haltung der Industrie ändert sich nun erheblich. Bislang argumentierten Hersteller und Anwender von FCKW, dass weitere Regulierungen nicht erforderlich seien, bis die Wissenschaft die Theorie des Ozonabbaus bewiesen habe. Im September 1986 ändert die Allianz für verantwortungsvolle FCKW-Politik der Industrie ihre Position und erklärt, sie werde eine vernünftige globale Begrenzung der künftigen Wachstumsrate der Produktionskapazität für FCKW unterstützen. Im selben Monat veröffentlicht der führende FCKW-Hersteller DuPont eine eigene Erklärung, in der er eine Begrenzung der weltweiten FCKW-Emissionen fordert, die unter der Schirmherrschaft des UNEP ausgehandelt werden soll. Zu diesem Zeitpunkt besitzt DuPont 25 % des FCKW-Weltmarktes und erzielt einen Gesamtjahresumsatz von 300 Mio. US$.

Der Wettlauf gegen die Zeit

Ab nun verstärken die US-Hersteller den Druck für ein internationales Protokoll, da sie eine Situation vermeiden wollen, in der die USA FCKW im Inland reguliert, der Rest der Welt jedoch nicht. DuPont gibt bekannt:

> Die Entwicklung von Alternativen wird in einem Tempo erfolgen, das dem ausgeübten Druck entspricht. Derzeit gibt es keinen wirtschaftlichen oder regulatorischen Anreiz, nach anderen Wegen zu suchen.

Im April 1987 findet eine weitere Sitzung in Genf statt. An dem Treffen nehmen Vertreter aus 34 Ländern, der OECD, der Europäischen Wirtschaftsgemeinschaft, Industrieverbänden, dem Environmental Defense Fund, dem Natural Resources Defense Council und dem World Resources Institute teil. Dabei kommt es zu einer entscheidenden Einigung, einem echten Durchbruch, über den die New York Times am 5. Mai 1987 berichtet:

> Die Verhandlungen, die unter der Schirmherrschaft von UNEP stattfanden, führten zu einer vorläufigen Vereinbarung, die Produktion von Fluorchlorkohlenwasserstoffen ab 1990 auf dem Niveau von 1986 einzufrieren und die Produktion dieser Chemikalien, die nach wissenschaftlichen Erkenntnissen die Ozonschicht in der oberen Atmosphäre zerstören, zwei Jahre später um 20 % zu senken.

Das Ozonabkommen ist ein Meilenstein, denn es ist das erste Mal, dass die internationale Gemeinschaft ein Umweltproblem in den Griff bekommt, bevor es auftritt. Umweltschützer erklären, das Ozonabkommen könne ein Präzedenzfall für andere Abkommen sein, beispielsweise für eines zur Bewältigung der Erwärmung der Erdatmosphäre.

Das Montreal-Protokoll schreibt Geschichte

Das Genfer Meeting ist ein wichtiger Meilenstein, aber letztlich doch nur Vorbote zur bahnbrechenden *Konferenz der Bevollmächtigten über das Protokoll über Fluorchlorkohlenwasserstoffe zum Wiener Übereinkommen zum Schutz der Ozonschicht* welche vom 14. bis 16. September 1987 in Montreal stattfindet. Am Ende dieser Konferenz billigen alle Delegierten das Abkommen zum Schutz der Ozonschicht und setzen damit einen Meilenstein in der internationalen Zusammenarbeit zum Schutz der Umwelt: das Montreal-Protokoll.

Im Rahmen des Abkommens verpflichten sich die teilnehmenden Länder zunächst den Verbrauch weit verbreiteter Chemikalien, die Ozonmoleküle in der oberen Atmosphäre zerstören, einzufrieren und später zu reduzieren.

Das Montreal-Protokoll gilt als historisch bedeutsamstes internationales Umweltabkommen. Zum ersten Mal hat die internationale Gemeinschaft Kontrollen bei der Produktion eines wirtschaftlich wertvollen Rohstoffs eingeleitet, bevor es greifbare Beweise für Schäden gibt.

24 Nationen und die Europäische Gemeinschaft unterzeichnen am 16. Dezember 1987 das Protokoll. Weitere 49 Länder unterzeichnen ein Dokument, in dem sie die Maßnahmen des Treffens billigen, aber unterzeichnen das Protokoll selbst nicht, in vielen Fällen, weil die Delegierten nicht die Befugnis dazu haben.

Vertreter der Industrie schätzen, dass die jährliche Weltproduktion von FCKW 1987 circa 2,2 Mrd. $ beträgt, aber dass die Industrien, die sie für Klimaanlagen und Kühlgeräte, Aerosolsprays, Schaumstoffisolierungen, Verpackungen und Lösungsmittel verwenden, Jahresumsätze von vielen Milliarden Dollar erzielen.

Die wichtigsten Bestimmungen des Protokolls lauten:

- Wenn das Protokoll 1989 in Kraft tritt, müssen die beteiligten Staaten den Einsatz von Fluorchlorkohlenwasserstoffen auf dem Niveau von 1986 einfrieren.
- Bis 1994 muss der Verbrauch um 20 % gesenkt werden.
- Bis 1999 muss der Verbrauch um weitere 30 % gesenkt werden, also insgesamt um 50 % des Niveaus von 1986.
- Der Einsatz von Halonen, Chemikalien, die als Feuerlöschmittel verwendet werden, muss bis 1994 auf dem Niveau von 1986 eingefroren werden, eine Reduzierung ist jedoch nicht erforderlich.

Während alle Industrieländer den Verbrauch von FCKW begrenzen und dann wieder zurückfahren müssen, gestattet das Protokoll den Entwicklungsländern, ihren Verbrauch zu erhöhen, wenn es ihrer wirtschaftlichen Entwicklung förderlich ist. Um den möglichen Bedarf ärmerer Länder zu decken, könnten die Erzeugerländer ihre jährliche Produktion von FCKW in den nächsten zehn Jahren um bis zu 10 % pro Jahr steigern.

Die US-Industriegruppe *Alliance for Responsible CFC Policy* bezeichnet das Abkommen als bedeutenden Schritt, sagt jedoch auch, dass der Zeitplan für die Einhaltung der Vorschriften zu eng sei und dass die Industrie das Abkommen genau prüfen müsse, um zu sehen, ob es den USA gleiche Wettbewerbsbedingungen auf den Weltmärkten gewähre.

Drei Nobelpreise und das Ende des Wunder-Kühlmittels

Trotz dieser Vorbehalte und Einschränkungen sind das Montreal-Protokoll und die, in den Jahren danach folgenden Änderungen, ein voller Erfolg. Die Emissionen nehmen bereits ab 1989 rapide ab (Abb. 6.1).

Mit entsprechender zeitlicher Verzögerung nimmt die Konzentration von Ozon in der Stratosphäre langsam wieder zu (Abb. 6.2), auch wenn es noch Jahrzehnte brauchen wird, bis die ursprüngliche, d. h. vor der Nutzung von FCKW, bestehende Ozon-Konzentration wieder erreicht sein wird. Langsam, sehr langsam

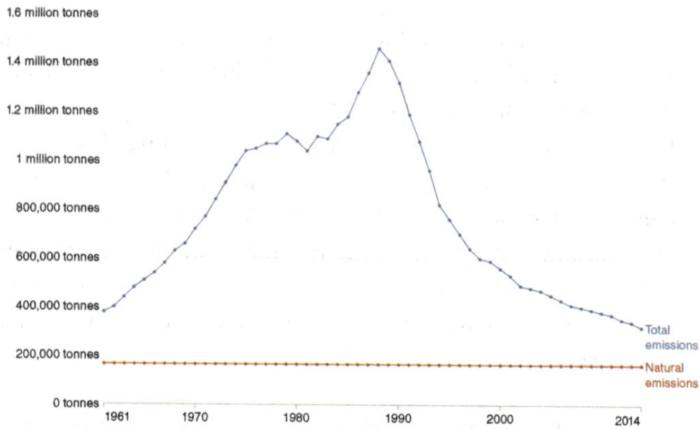

Abb. 6.1 Emissionen von Ozon abbauenden Stoffen, 1961–2014

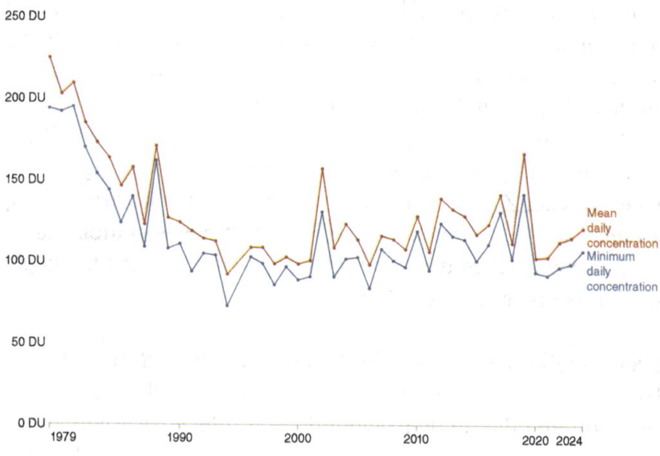

Abb. 6.2 Konzentration von Ozon in der Stratosphäre gemessen in DU (Dobson-Einheiten)

schließt sich das Ozonloch. Die Natur operiert in anderen Zeiteinheiten als unsere gegenwärtige Zivilisation.

Im Oktober 1995 wird Mario Molina, Sherwood Rowland und Paul Crutzen der Nobelpreis für Chemie verliehen. Aus der Begründung der Königlich Schwedische Akademie der Wissenschaften:

> Diese drei Wissenschaftler haben bahnbrechende Beiträge zur Erklärung der Entstehung und Zersetzung von Ozon durch chemische Prozesse in der Atmosphäre geleistet. Vor allem haben sie damit gezeigt, wie empfindlich die Ozonschicht auf den Einfluss anthropogener Emissionen bestimmter Verbindungen reagiert. Die dünne Ozonschicht hat sich als Achillesferse erwiesen, die durch scheinbar moderate Veränderungen der Zusammensetzung der Atmosphäre ernsthaft beschädigt werden kann. Durch die Erklärung der chemischen Mechanismen, die die Dicke der Ozonschicht beeinflussen, haben die drei Forscher zu unserer Rettung vor einem globalen Umweltproblem beigetragen, das katastrophale Folgen haben könnte.

Am 16. September 2009 unterzeichnet Osttimor als letzter UN-Mitgliedsstaat das Montreal-Protokoll. Damit ist es das erste Vertragswerk in der Geschichte der Vereinten Nationen, das von allen Mitgliedsstaaten ratifiziert wurde.

7 Wertpapiermarkt und die Weltfinanzkrise

Im Jahr 1966 wird ein junger Wirtschaftswissenschaftler namens George Akerlof, der gerade sein Doktoratsstudium am MIT abgeschlossen hat, Assistenzprofessor an der University of California, Berkeley. Ihn beschäftigt die Frage, wie in einem Markt ein Preis zustande kommt. Zu diesem Zeitpunkt ist schon längst bekannt, dass in einer freien Marktwirtschaft der Marktpreis sich so einpendelt, dass ein Gleichgewicht zwischen angebotener und nachgefragter Menge besteht. Wenn zu viel angeboten wird, gehen die Anbieter mit dem Preis herunter, wenn zu viel nachgefragt wird, gehen die Anbieter mit dem Preis hinauf. Dieses „Spiel", ein zumindest temporäres Gleichgewicht zwischen angebotener und nachgefragter Menge über den Preis herzustellen, gibt es wohl, seitdem es Geld gibt – in welcher Form auch immer – also einige Tausend Jahre.

Auf einem Marktplatz in Mesopotamien funktioniert diese Form der Preisbildung auch bestens. Käufer können von einem Stand zum nächsten gehen, vergleichen, über den Preis verhandeln und sich entscheiden, bei welchem Stand sie was zu welchem ausverhandelten Preis kaufen. Verkäufer wiederum können ihre Preise hinaufschrauben, wenn sie den Eindruck haben, ihre Ware wird stärker nachgefragt als vorhanden. Sie können aber auch den Preis senken, wenn sie merken, dass Käufer vermehrt bei einem anderen Stand kaufen. So pendelt sich durch das Verhandeln vieler Verkäufer mit Käufern ein Preis ein, der sich aber

C. E. Mandl, *Marktversagen*,
https://doi.org/10.1007/978-3-658-50377-2_7

auch ändern kann, wenn die Ware knapp wird oder Verkäufer ihre Ware rasch loswerden wollen.

Wie aber sieht die Sache aus, wenn, wie in einer modernen Marktwirtschaft, die Qualität eines Produktes nicht so ohne weiteres erkennbar ist? Diese Frage beschäftigt George Akerlof. Wenn ein Pferdebesitzer ein Pferd verkaufen will, soll man es dann wirklich kaufen? Weiß vielleicht der Verkäufer etwas über das Pferd, dass der Käufer nicht weiß?

Nobelpreisverdächtige Erkenntnisse über den Gebrauchtwagenmarkt

Eine solche Fragestellung ist für den Pferdemarkt von grundlegender Bedeutung, aber für den Gebrauchtwagenmarkt noch viel mehr, denn dieser ist wesentlich größer als der Pferdemarkt – jedenfalls in den USA im Jahre 1966.

In seinem bahnbrechenden Artikel über den amerikanischen Gebrauchtwagenmarkt – market for 'lemons' – lädt Akerlof zu folgendem Gedankenexperiment[69] ein:

Angenommen, potenzielle Käufer können nicht zwischen einem Gebrauchtwagen ohne versteckten Mangel und einem Gebrauchtwagen mit verstecktem Mangel unterscheiden. Dann sind sie nur noch bereit, jenen Preis für einen Gebrauchtwagen zu zahlen, der dem durchschnittlichen Wert der angebotenen Gebrauchtwagen entspricht. Verkäufer hingegen wissen, welche ihrer Gebrauchtwagen einen versteckten Mangel haben und welche nicht. Da der Preis, den Käufer zu zahlen gewillt sind, unter dem Wert eines Gebrauchtwagens ohne versteckten Mangel liegt, werden die Verkäufer vor allem Gebrauchtwagen mit verstecktem Mangel und eher keine Gebrauchtwagen ohne versteckten Mangel verkaufen. Wenn demnach immer weniger Gebrauchtwagen ohne versteckten Mangel zum Kauf angeboten werden, sinkt der Preis, den Käufer zu zahlen gewillt sind, da die durchschnittliche Qualität der Autos auf dem Markt sinkt. Das führt dazu, dass noch weniger Gebrauchtwagen ohne versteckten Mangel zum Kauf angeboten werden. Somit führt der sinkende Preis, den Käufer zu zahlen gewillt sind, zu einer negativen Selektion, welche die Gebrauchtwagen ohne versteckten Mangel vom Markt verdrängt. Letztlich werden Gebrauchtwagen ohne versteckten Mangel nicht mehr angeboten und Käufer sind nicht mehr gewillt, Gebrauchtwagen zu kaufen. Wegen asymmetrischer Informationen bezüglich Qualität zwischen bestens informierten Verkäufern einerseits und zu wenig informierten Käufern andererseits, verdrängt das Schlechtere das Bessere und in der Folge bricht der Markt der Gebrauchtwagen zusammen.

2001 erhält Akerlof gemeinsam mit Michael Spence und Joseph Stiglitz den Alfred-Nobel-Gedächtnispreis für Wirtschaftswissenschaften für ihre Analyse von Märkten mit asymmetrischer Information mit folgender Begründung:

> Die diesjährigen Nobelpreisträger legten in den 70er Jahren das Fundament zu einer allgemein gültigen Theorie über Märkte mit asymmetrischer Information, die eine Zahl von wohlbekannten – aber scheinbar wesensfremden – Phänomenen erklären kann. Seitdem hat es zahllose Anwendungen gegeben und sie erstrecken sich von traditionellen Agrarmärkten bis zu modernen Finanzmärkten. Der Beitrag der Preisträger ist der Kern der modernen Forschung über Information und Märkte. George Akerlof zeigte, wie ein Markt, in dem die Verkäufer bessere Informationen über die Qualität der Waren haben als die Käufer, zu einer negativen Auswahl von Waren mit geringer Qualität schrumpfen kann. Er zeigt auch auf, dass Informationsprobleme weitverbreitet und wichtig sind.[70]

In seinem Nobelpreis-würdigen Artikel weist Akerlof auch darauf hin, dass Unehrlichkeit im Geschäftsleben in Entwicklungsländern ein ernstes Problem darstellt und dass Kreditmärkte in Entwicklungsländern häufig die geschilderte Dynamik von Gebrauchtwagenmärkten aufweisen. Indes, 42 Jahre später, genau genommen am 15. September 2008 bricht der Kreditmarkt zusammen, aber nicht in einem Entwicklungsland, sondern in den USA mit massiven Folgen für den Weltfinanzmarkt.

Wie konnte das passieren?

Sinn und Bedeutung von Terminkontrakten

Bevor wir uns mit dieser Frage und somit dem im 21. Jahrhundert bislang teuersten Marktversagen befassen, ist es notwendig, noch einmal weit in die Vergangenheit zurückzugehen, zum Ursprung von Marktwirtschaft, Geld und Preis. Mit zunehmender

Arbeitsteilung und zunehmenden Möglichkeiten, Waren über größere Entfernungen zu transportieren, entwickelt sich der Fernhandel. Bereits die Sumerer importieren Lapislazuli aus dem Norden des heutigen Afghanistans, wie diese Augen der 4500 Jahre alten Statuette des Ebiḫ-Il (Abb. 7.1).

Abb. 7.1 Statuette des Ebiḫ-Il

Das benötigt Zeit. Selbst mit den heute verfügbaren Straßen beträgt die Distanz 3400 km. Zu Fuß wäre man 3 Monate unterwegs und dabei kann viel Unwegsames geschehen. Das Risiko des Fernhandels ist enorm. Auch die Phönizier, die vor 2500 Jahren mit ihren Schiffen im Mittelmeer einen blühenden Handel betreiben, sind vor solchen Transportrisiken des Fernhandels nicht gefeit.

Aus dem Bedürfnis heraus, solche unvermeidbaren Fernhandelsrisiken zwischen Verkäufer und Käufer zu klären und abzusichern, bevor die Ware auf ihre Reise geschickt wird, entstehen erste Verträge in Form unbedingter Termingeschäfte, also eine in der Zukunft liegende vertragliche Verpflichtung zwischen Verkäufer und Käufer. Wesentliches Kriterium ist das zeitliche Auseinanderfallen von Vertragsabschluss und Erfüllung. Solche Terminkontrakte, heute Derivate genannt, beinhalten das Recht oder die Verpflichtung, einen Basiswert zu einem bei Geschäftsabschluss vereinbarten Preis zu einem zukünftigen Zeitpunkt zu kaufen oder zu verkaufen.

Terminkontrakte bewähren sich und verbreiten sich daher mit zunehmender Marktwirtschaft und vermehrtem Handel. Da der Zeitpunkt, zu dem die vereinbarte Ware geliefert und zum vereinbarten Preis bezahlt wird, in der Zukunft liegt, gewinnen Verkäufer als auch Käufer neue Handlungsmöglichkeiten. So kann der Verkäufer den Terminkontrakt verkaufen, falls er diesen nicht selbst erfüllen will. Auch der Käufer kann den Terminkontrakt verkaufen, falls er die Ware nicht zum vereinbarten Termin benötigt, aber ein anderer Käufer schon. Ein neuer Markt entsteht, bei dem nicht Waren gehandelt werden, sondern Terminkontrakte.

Dieser Markt der Terminkontrakte unterscheidet sich grundlegend vom Markt der Waren. Beim Handel mit Terminkontrakten geht es nicht mehr nur darum, eine bestimmte Ware zu einem vereinbarten Preis an einem festgesetzten Zeitpunkt zu kaufen oder zu verkaufen. Es geht vielmehr um den Handel mit Terminkontrakten selbst.

Die Zeitkomponente dieser Verträge bietet die bislang ungekannte Möglichkeit, damit zu spekulieren. Spekulation nennt man die mit einem Risiko behaftete Ausnutzung von Preisunterschieden innerhalb eines bestimmten Zeitraums zum Zwecke der

Gewinnmitnahme. Ohne an der Ware selbst interessiert zu sein, kann nun ein Terminkontrakt gekauft werden und zu einem späteren Zeitpunkt, aber vor dem Lieferzeitpunkt der Ware wieder verkauft werden.

Mit der Möglichkeit von Terminkontrakten entkoppelt sich die Marktwirtschaft der Waren von der Marktwirtschaft der Terminkontrakte. Gehandelt kann nunmehr mit Terminkontrakten jeglicher Art, solange sich der Terminkontrakt auf eine Sache bezieht, die selbst wiederum in Geld beziffert ist. Der Handel mit Derivaten, also mit Terminkontrakten entwickelt sich nicht nur, weil trotz zunehmendem Fernhandel das Risiko geregelt und damit kalkulierbar wird, sondern auch, weil mit Derivaten mehr und mehr spekuliert wird. Immer mehr unterschiedliche Derivate entstehen, denn es ist ein freier, ein unregulierter Markt. Während bereits vor 3800 Jahren mit dem Codex Hammurapi – siehe Kap. 1 – erste Ansätze zur Regulierung des Handels mit Waren erkennbar sind, bleibt der Handel mit Derivaten unreguliert. Erst als der steigende Handel mit Terminkontrakten durch spekulative Investoren zum Missbrauch dieses Finanzinstrumentes führt, erlässt 1863 die Chicago Board of Trade erste Regeln zur Steuerung des Handels. Diese Regeln begründen standardisierte Verträge, die unter anderem die Laufzeit und Lieferbedingungen festlegen. Durch die Standardisierung der Verträge wächst der Handel mit Terminkontrakten munter weiter.

Nunmehr werden nicht nur die Preis- und Lieferrisiken unterschiedlichster Waren, wie Agrarprodukte, Energieprodukte und Rohstoffe mittels Derivaten finanziell abgesichert, auch Devisen, Aktien, Anleihen sowie Investmentzertifikate werden als Basiswert unterschiedlichsten Derivaten zugrunde gelegt. Doch die Gretchenfrage des Handels mit Derivaten bleibt lange Zeit unbeantwortet: Zu welchem Preis soll denn ein Derivat gehandelt werden? Wenn eine Bank einem Kunden ein Derivat verkauft, was ist ein fairer Preis?

Das Black-Scholes-Modell und wieder ein Nobelpreis

Beim Handel mit Waren können Preise verglichen sowie Herstellungskosten ermittelt werden und ein Preis, der Angebot mit Nachfrage in Einklang bringt, pendelt sich ein. Der Handel mit

Derivaten funktioniert so nicht, da zukünftige Entwicklungen bei der Preisgestaltung berücksichtigt werden müssen.

Da kommt die Arbeit der beiden Wirtschaftswissenschaftler Fischer Black und Myron Scholes gerade recht, als sie zu dieser Preisfrage im Jahr 1973 einen Artikel publizieren, in dem sie das nach ihnen später so benannten Black-Scholes-Modell vorstellen. Diese mathematische Formel der Dynamik eines Finanzmarktes, der derivative Anlageinstrumente enthält, ermöglicht nun erstmals eine theoretische Schätzung des Preises. Die Formel führt zu einem Boom im Handel mit Derivaten und verleiht diesen Handelsaktivitäten weltweit mathematische Legitimität. Dazu trägt auch wesentlich bei, dass Merton und Scholes (Fischer Black war verstorben) 1997 den Alfred-Nobel-Gedächtnispreis für Wirtschaftswissenschaften für „eine neue Methode zur Bestimmung des Wertes von Derivaten“ erhalten.

Was 1997 nach einer der herausragenden zivilisatorischen Erfolgsgeschichten seit der Erfindung von Terminkontrakten klingt, stellt sich zehn Jahre später in der Rückschau als eine der Ursachen der Weltfinanzkrise, der schwerwiegendsten weltweiten Wirtschaftskrise seit dem Wall-Street-Crash im Jahr 1929, heraus.

Ein Markt, in dem der Preis mittels einer komplizierten mathematischen Formel errechnet werden muss, die nur mehr von mathematisch äußerst versierten Personen verstanden wird, erfüllt jedenfalls den Tatbestand eines marktes mit asymmetrischer Information. Damit beginnt im Jahr 2006 die Tragödie des Versagens des globalen Marktes von Derivaten.[71]

Die Tragödie nimmt ihren Lauf

Genau genommen beginnt die Geschichte aber bereits 1999 und mit den besten Absichten. In diesem Jahr kündigt zunächst der US-Minister für Wohnungsbau und Stadtentwicklung Maßnahmen zur Bereitstellung von Hypothekendarlehen im Wert von 2400 Mrd. US$ für bezahlbaren Wohnraum für 28,1 Mio. Familien an. Daraufhin lockert die staatsnahe Hypothekenbank namens Fannie Mae die Kreditanforderungen, um Banken zu ermutigen, Hypothekendarlehen an Personen zu vergeben, deren Kreditwürdigkeit nicht ausreicht, um für konventionelle Kredite infrage zu kommen.

Zur derselben Zeit erhalten die USA große Mengen ausländischer Gelder aus schnell wachsenden Volkswirtschaften in Asien und Öl exportierenden Ländern. Dieser Zufluss von Mitteln in Verbindung mit niedrigen US-Zinssätzen von 2002 bis 2004 trägt zu lockeren Kreditbedingungen bei. Kredite sind leicht zu bekommen und die Verbraucher nehmen eine beispiellose Schuldenlast auf sich.

Mehr und mehr Hypothekenbanken gewähren Kreditnehmern in den USA Kredite, ohne deren Zahlungsfähigkeit sorgfältig zu prüfen. Mehr und mehr Kreditnehmer nehmen Kredite auf, die höher sind, als sie sich leisten können, in der Erwartung, dass sie ihre Häuser später zu einem höheren Preis verkaufen oder refinanzieren werden. Sowohl kreditnehmende Privatpersonen als auch kreditgebende Finanzinstitute erhöhen ihre Schulden und damit ihr potenzielles Risiko deutlich.

Finanzinstitute haben die Möglichkeit, von ihnen vergebene Hypothekendarlehen zu bündeln und in Derivate, also in Terminkontrakte namens „hypothekenbesicherte Wertpapiere" umzuwandeln. Ein hypothekenbesichertes Wertpapier ist durch eine Hypothek oder eine Sammlung von Hypotheken abgesichert. Die Hypotheken werden zusammengefasst und an eine staatliche Behörde oder Investmentbank verkauft, die die Kredite verbrieft oder zu einem Wertpapier bündelt, das Anleger kaufen können und deren Wert sich aus Hypothekenzahlungen und Immobilienpreisen ableitet.

Die rasch steigende Nachfrage nach Immobilien wird nun mit solchen hypothekenbesicherten Wertpapieren finanziert, die höhere Zinssätze (also bessere Renditen) als Staatspapiere bieten und zudem über attraktive Risikoeinstufungen der Ratingagenturen verfügen. Allerdings beinhalten diese hypothekenbesicherten Wertpapiere mit der Zeit immer mehr risikoreiche Kredite an Kreditnehmer mit geringer Kreditwürdigkeit. Dies wird als vernachlässigbares Risiko angesehen, weil ja alle Kredite letztlich durch eine Hypothek abgesichert sind. Auch die Ratingagenturen sehen es so und bescheinigen diesen Derivaten ihre hohe Bonität.

Bewertet mithilfe des, durch den Nobelpreis legitimierten Black-Scholes-Modells[72] und versehen mit erstklassigen Ratings durch Ratingagenturen bei gleichzeitig höheren Zinssätzen als bei Staatspapieren werden hypothekenbesicherte Wertpapiere an Investoren auf der ganzen Welt verkauft, denn diesen wird glaubwürdig versichert, dass diese Wertpapiere mündelsicher sind.

Ein positiver Kreislauf nimmt rasch zunehmend Fahrt auf. Je mehr Menschen Hypothekendarlehen erhalten, desto mehr steigt die Nachfrage nach Immobilien, desto mehr steigen die Immobilienpreise, desto risikoloser erscheint es, ein Hypothekendarlehen aufzunehmen, desto attraktiver ist es, Hypothekendarlehen zu vergeben und sie zu hypothekenbesicherten Wertpapieren zu bündeln, die weltweit mehr und mehr nachgefragt werden.

Der Kollaps und seine Folgen

In Erwartung immer rascher steigender Immobilienpreise, denn das Angebot übersteigt seit Jahren die Nachfrage, boomen nicht nur die hypothekenbesicherten Wertpapiere, sondern auch der Wohnungsbau. Doch 2006 erreicht dieser Bauboom seine Grenzen. Es kommen mehr Häuser auf den Markt als gekauft werden. Das Angebot beginnt die Nachfrage zu übersteigen. Bis 2005 beschleunigt sich über viele Jahre das Wachstum der Immobilienpreise. Ab 2006 schwächt es sich erstmals ab, um schließlich in den folgenden fünf Jahren um beinahe 19 % auf das Niveau von 2004 zurückzusinken (Abb. 7.2). Die Immobilienblase platzt und die Druckwellen dieses Platzens sind auf der ganzen Welt spürbar.

Für sich allein wäre der Rückgang der Immobilienpreise nicht desaströs. In einer Marktwirtschaft kommt es immer wieder zu temporären Ungleichgewichten zwischen Nachfrage und Angebot. Aber die, zu hypothekenbesicherten Wertpapieren gebündelten Kredite, mit denen der Bauboom finanziert wurde, initiieren einen Teufelskreis.

Eine Zunahme von Kreditanreizen wie günstige Anfangskonditionen und ein langfristiger Trend steigender Immobilienpreise ermöglicht auch Kreditnehmer mit geringer Bonität, Hypotheken aufzunehmen, in der Erwartung, sie können diese schnell zu günstigeren Konditionen refinanzieren. Als die Zinsen zu steigen beginnen und die Immobilienpreise moderat zu fallen beginnen, können Kreditnehmer ihre Schulden nicht mehr refinanzieren. Zahlungsausfälle und Zwangsvollstreckungen nehmen drama-

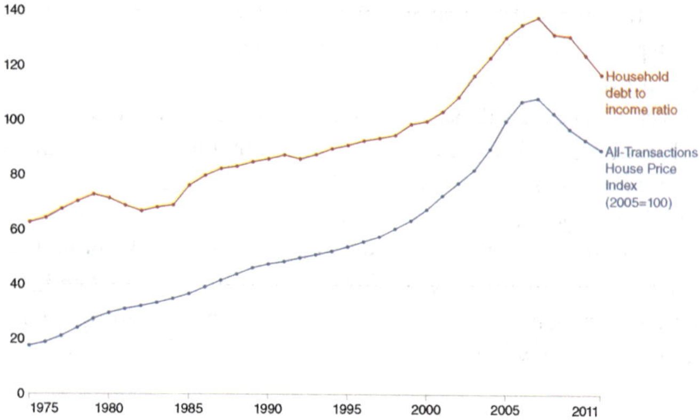

Abb. 7.2 Verhältnis von Haushaltsschulden zu Einkommen und die Immobilienpreise, USA 1975–2011

tisch zu, als die günstigen Anfangskonditionen auslaufen, die Immobilienpreise fallen und die Zinssätze für Hypotheken mit variablem Zinssatz ansteigen.

Diese Zahlungsausfälle und Zwangsvollstreckungen führen dazu, dass die scheinbar garantierten hohen Zinszahlungen an die Eigentümer der hypothekenbesicherte Wertpapiere stark zurückgehen. In Verbindung mit fallenden Immobilienpreisen verflüchtigt sich die weltweite Nachfrage der Anleger nach hypothekenbesicherte Wertpapieren. Es kommt zu einer Kaskade von Verkäufen dieser Wertpapiere, die rasch und immer rascher an Wert verlieren. Erst jetzt wird weltweit für die Inhaber dieser Wertpapiere erkennbar, dass vermeintlich mündelsichere Wertpapiere hochspekulative und risikoreiche Derivate sind.

Aus einer nationalen Baukrise wird eine weltweite Finanzkrise. Mit dem rapiden Werteverlust hypothekenbesicherter Wertpapiere kommen Anleger nicht nur in den USA, sondern auch in Europa in finanzielle Schwierigkeiten. Denn viele, vor allem institutionelle Anleger hatten hohe Summen in diese Wertpapiere investiert, weil diese hohe Zinsen bei gleichzeitig geringem Risiko erwarten ließen – ideal für Unternehmen, aber auch für Gemeinden, Städte und Staaten, die über liquide Mittel verfügten und diese risikolos sowie mit guter Verzinsung anlegen wollten.

Alle diese Institutionen stehen nun vor einem finanziellen Scherbenhaufen. Als erstes trifft es besonders hart Finanzinstitute wie Investmentbanken und Hedgefonds.

Der Konkurs von Lehman Brothers als Brandbeschleuniger

Von allen Finanzinstituten ragt die New Yorker Investmentbank Lehman Brothers heraus. Lehman Brothers ist ein 1850 gegründetes amerikanisches globales Finanzdienstleistungsunternehmen. Bevor Lehman 2008 Insolvenz anmeldet, ist es die viertgrößte Investmentbank der USA mit 25.000 Mitarbeitern weltweit. Das Unternehmen ist im Investmentbanking sowie im Verkauf und Handel von Derivaten tätig.

Lehman ist eines der ersten Wall-Street-Unternehmen, das in das Hypothekengeschäft einsteigt. Die Bank wird schnell zu einem bedeutenden Faktor auf dem Markt hypothekenbesicherter Wertpapiere. Bis 2008 verfügt Lehman über Vermögenswerte im Wert von 680 Mrd. $. Noch im Februar 2007 erreicht der Aktienkurs von Lehman Brothers ein Rekordhoch von 86 US$. Zu diesem Zeitpunkt beträgt die Marktkapitalisierung von Lehman Brothers 60 Mrd. US$.

Um ihre Investitionen zu finanzieren, leiht sich Lehman in den Jahren vor ihrer Insolvenz beträchtliche Summen. Ein erheblicher Teil dieser Investitionen fließt in wohnungsbezogene Vermögenswerte, wodurch die Bank anfällig für einen Abschwung auf diesem Markt wird. Im Laufe des Jahres 2008 häufen sich bei hypothekenbesicherten Wertpapieren enorme Verluste an. Im ersten Halbjahr 2008 verliert die Lehman-Aktie 73 % ihres Wertes, da sich der Kreditmarkt weiter verschärft.

Das Vertrauen der Anleger schwindet weiter, als die Lehman-Aktie allein am 9. September 2008 ungefähr die Hälfte ihres Wertes verliert. Der Dow Jones büßt am selben Tag fast 300 Punkte ein, da sich die Anleger um die Sicherheit von Lehman sorgen. Die US-Regierung kündigt an, Lehman nicht zu unterstützen, falls diese in finanzielle Schwierigkeiten geraten sollte.

Am 14. September 2008 treffen sich die Führungskräfte der großen Wall-Street-Banken, um den schnellen Zusammenbruch der Bank doch noch zu verhindern. Die angedachte Beteiligung der Bank of America wird indes gestoppt, als die Bundesaufsichtsbehörde deren Forderung nach staatlicher Beteiligung am Verkauf von Lehman ablehnt. Danach verbreitet sich die Nachricht vom bevorstehenden Untergang Lehmans wie ein Lauffeuer und viele Mitarbeiter kommen in die Zentrale, um ihre Büros zu räumen. Am Montag, dem 15. September 2008 meldet Lehman Brothers Insolvenz an. Der Antrag ist nach wie vor der größte Konkursantrag in der Geschichte der USA, da Lehman über 600 Mrd. $ an Vermögenswerten besaß.

Unmittelbar nach der Insolvenzanmeldung beginnt für den bereits angeschlagenen Finanzmarkt eine Phase außergewöhnlicher Volatilität, in der der Dow Jones seinen größten Tagesverlust als auch seinen größten Tagesgewinn verzeichnet. Was folgt, ist ein perfekter Sturm wirtschaftlicher Krisenfaktoren und schließlich ein 700 Mrd. $ schweres Rettungspaket, das vom Kongress genehmigt wird. Der Dow Jones schließt am 20. November 2008 auf einem neuen Sechsjahrestief und fällt bis März 2009 weiter.

Die Pleite von Lehman hat auch starke Auswirkungen auf kleine Privatanleger sowie Anleihegläubiger. Infolge der Insolvenz sind Lehman Brothers Aktien wertlos. Ab diesem Tag, den 15. September 2008 ist nicht nur das Vertrauen in Banken, sondern auch in Derivate schlagartig weg mit davor ungeahnten Verwerfungen nicht nur des globalen Finanzmarktes, sondern auch vieler anderer Märkte.

Regierungen retten was zu retten ist – mit Steuergeldern und Verschuldung

Die Verluste der Finanzinstitute bei ihren hypothekenbesicherten Wertpapieren beeinträchtigen ihre Kreditvergabefähigkeit und verlangsamen die Wirtschaftstätigkeit. Die Interbankenkredite versiegen als erstes und in Folge sind auch Kredite an nichtfinanzielle Unternehmen betroffen. Zentralbanken ergreifen Maßnahmen und stellen Mittel bereit, um die Kreditvergabe zu fördern und das Vertrauen in die Wertpapiermärkte wiederherzustellen. Regierungen retten wichtige Finanzinstitute und übernehmen erhebliche finanzielle Verpflichtungen. Die Auswirkungen der Krise auf die globalen Aktienmärkte sind dramatisch. Zwischen Januar und Oktober 2008 verlieren Aktien weltweit durchschnittlich 40 % ihres Wertes und die Wirtschaft

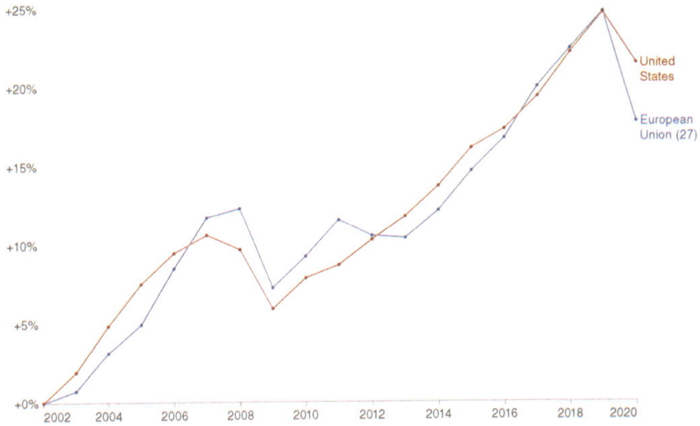

Abb. 7.3 Bruttoinlandsprodukt pro Kopf, relative Veränderung 2002–2020

schrumpft dramatisch. Erst durch die Maßnahmen in der Corona-Pandemie 12 Jahre später schrumpft die Wirtschaft noch stärker (Abb. 7.3).

Die unsichtbare Hand versagt

Der Internationale Währungsfonds schätzt, dass amerikanische und europäische Banken von 2007 bis 2010 durch den Werteverlust hypothekenbesicherter Wertpapiere und durch uneinbringliche Hypothekendarlehen mehr als 2800 Mrd. $ verlieren.

Vom amerikanischen Gebrauchtwagenmarkt der 1960er Jahre, den George Akerlof analysierte und aus dem er seine Theorie über Märkte mit asymmetrischer Information entwickelte, unterscheidet sich der Derivaten-Markt der 2000er Jahre in zwei Aspekten, die dazu führten, dass aus einem vergleichsweise kleinen Marktversagen bei Gebrauchtwagen eine Weltfinanzkrise wird.

Seit Beginn der 1980er Jahre nimmt der internationale Warenaustausch enorm zu (Abb. 7.4). Die internationalen Kapitalströme werden hierdurch erheblich beeinflusst. Die Globalisierung der Finanzmärkte ist Folge der sich verstärkenden weltweiten ökonomischen Verflechtung. Dadurch erst wird ermöglicht, dass auch Anleger in Europa und Asien hypothekenbesicherte Wertpapiere aus den USA erwerben.

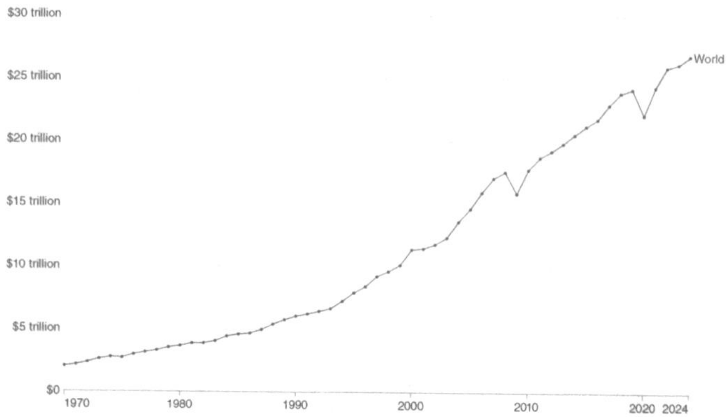

Abb. 7.4 Wert der exportierten Waren und Dienstleistungen, 1970–2024

Die Globalisierung der Finanzmärkte erklärt, wieso ein rapider Werteverlust von hypothekenbesicherten Wertpapieren aus den USA die gesamte Finanzwelt und deren Kunden erschüttert. Der entscheidende Unterschied zwischen einem Gebrauchtwagenmarkt und einem Markt von Derivaten ist indes, dass sich für einen Käufer eines Gebrauchtwagens sehr bald nach dem Erwerb herausstellt, ob der Wagen von guter oder geringer Qualität ist. Falls der Anteil verkaufter Gebrauchtwagen mit geringer Qualität hoch ist, sinken die Preise rasch und wird der Anteil angebotener Gebrauchtwagen mit geringer Qualität noch höher, wodurch die Preise noch rascher sinken.

Im Fall der hypothekenbesicherten Wertpapiere entfaltet sich dieser Teufelskreis nicht unmittelbar nach deren Erwerb, sondern, je nach Zeitpunkt des Wertpapierkaufs erst nach Monaten oder sogar Jahren. In dieser „Latenzzeit" erhalten die Wertpapierbesitzer die vereinbarten hohen Zinsen und steigt auch der Marktwert dieser Wertpapiere. Für den Käufer, aber auch für den Verkäufer verborgen bleibt das zunehmende Risiko, dass die Hypothekenbesicherung immer weniger wert ist, weil die Immobilienpreise sich ihrem Plafond nähern und danach zu sinken beginnen. Die Information ist daher nicht wie beim Gebrauchtwagenmarkt asymmetrisch, sie ist unvollständig und trifft für den Käufer zu, kann aber auch den Verkäufer betreffen.

Während beim Gebrauchtwagenmarkt der Verkäufer sich über die Qualität des Wagens informieren kann, ist dies bezüglich des Risikos hypothekenbesicherten Wertpapiere auch für den Verkäufer praktisch nicht möglich. Darüber hinaus kann sich das Risiko quasi über Nacht unbemerkt verändern, was bei einem Gebrauchtwagen bezüglich dessen Qualität nicht passieren kann. Ein weiterer Teufelskreis kommt dabei ins Spiel: Je mehr hypothekenbesicherte Wertpapiere nachgefragt werden, desto mehr steigt deren Marktpreis, desto mehr Hypothekendarlehen können beziehungsweise müssen vergeben werden, desto ungeprüfter werden diese Darlehen vergeben, desto mehr zweitklassige Schuldner erhalten solche Darlehen, desto risikoreicher werden die Wertpapiere – alles ohne, dass die Verkäufer und die Käufer es merken. Denn die Ratingagenturen bescheinigen unverändert die Bestnote AAA (Triple A), weil die Darlehen durch Hypotheken besichert sind.

So kommt es über mehrere Jahre hinweg zur raschen weltweiten Verbreitung dieser scheinbar so attraktiven und sicheren Geldanlage. Als schließlich die Immobilienblase platzt, die Immobilien an Wert verlieren, die hypothekenbesicherte Wertpapiere an Wert verlieren und durch den Konkurs von Lehman Brothers das Vertrauen in die hypothekenbesicherte Wertpapiere versiegt, will niemand mehr diese nun als toxisch angesehenen Wertpapiere mehr kaufen, weshalb deren Marktpreis weltweit gegen Null geht.

Eine solche Entwicklung hat weder Adam Smith mit seiner unsichtbaren Hand noch Friedrich Hayek mit seiner spontanen Ordnung vorhergesehen. Schon bei anderen Märkten, Holzmärkten, Automärkten, Kühlschrankmärkten zeigte sich, dass Märkte versagen können. Aber kein Marktversagen war in seinen Auswirkungen so global und hatte einen derartigen Schneeballeffekt wie die Weltfinanzkrise. Im Gegensatz zu einem Markt im dynamischen Gleichgewicht, der in Adam Smiths unsichtbarer Hand wurzelt, sind Märkte mit unvollständiger Information instabil. Neue auftauchende Informationen können einen Marktzusammenbruch verursachen, indem sie die Nachfrage zum Erliegen bringen.

8 Netzwerkeffekt, digitale Marktplätze und globale Monopole

Seitdem es Palast- und Tempelwirtschaft gibt, sind Monopole ein immer wiederkehrendes Phänomen, aus gutem Grund. Infrastruktur, also öffentliche Einrichtungen, wie Getreidespeicher, Marktplätze und Bewässerungsanlagen entstehen so. Staatsmonopol heißt es heute, aber die Sumerer haben dafür kein Wort. Es ist einfach zweckmäßig, Aufgaben, die ein einzelner Haushalt nicht bewerkstelligen kann, von einer zentralen Stelle durchzuführen.

Was neu ist, sind immer wieder entstehende und auch wieder verschwindende Marktmonopole, also Märkte, auf denen es nur einen einzigen Anbieter einer bestimmten Ware oder Dienstleistung gibt. Ein solches Monopol zeichnet sich dabei dadurch aus, dass es keinen Wettbewerb bei einer bestimmten Sache gibt. Seit wann solche Monopole auftreten, wissen wir nicht. Indes, vor 2400 Jahren taucht der Begriff „Monopol" erstmals in Aristoteles' staatsphilosophischer Schrift auf:

> Dies alles ist für die, welche die Bereicherungskunst hochschätzen, von Nutzen. Ein Beispiel dafür ist das, was man von dem Milesier Thales erzählt. Es ist zwar eine zur Bereicherungskunst gehörende Spekulation, allein man schreibt sie seiner Weisheit zu, da sie etwas Allgemeines enthält. Als man ihn nämlich wegen seiner Armut verspottete, die Philosophie also zu Nichts nütze, so soll er, wie man sagt, vermöge der Astrologie erkannt haben, dass die Ölbäume eine reiche Ernte geben würden, obgleich es noch Winter war und er soll mit dem wenigen Gelde, was ihm zu Gebote gestanden, als Handgeld, sämtliche Olivenpressen in Miletos und

C. E. Mandl, *Marktversagen*,
https://doi.org/10.1007/978-3-658-50377-2_8

> Chios für einen geringen Preis gepachtet haben, weil Niemand ihn überbot. Als nun die Erntezeit herankam und plötzlich und auf einmal viele Pressen gebraucht wurden, so vermietete er sie so hoch, wie es ihm beliebte, sammelte viel Geld und zeigte so, dass es den Philosophen ein Leichtes sei, reich zu werden, wenn sie wollten, aber, dass Reichtum nicht das sei, um was sie sich mühten. Auf diese Weise soll Thales den Wert der Weisheit bewiesen haben. Es ist dies indes, wie gesagt, ein allgemeiner Satz der Bereicherungskunst, insofern Jemand vermag sich ein Monopol zu verschaffen. Deshalb benutzen auch manche Staaten dieses Mittel, wenn es ihnen an Gelde fehlt; sie machen dann den Weinhandel zu ihrem Monopol.[73]

Jahrtausende später, im Jahr 1600 wird die East India Company gegründet, um im Indischen Ozean und in China Handel zu treiben. Für einen Zeitraum von zunächst 15 Jahren erhält sie von Königin Elisabeth I. das Monopol auf den englischen Handel mit allen Ländern östlich des Kap der Guten Hoffnung und westlich der Magellanstraße. Im 18. Jahrhundert kontrolliert die East India Company dank ihres Monopols die Hälfte des Welthandels und beträchtliche Gebiete in Indien. Die persönliche Erfahrung damit beeinflusst Adam Smith in seinem Denken und bringt ihn zur Überzeugung, dass nur ein freier Markt ohne gesetzlich verankerte Monopole dem Gemeinwohl am besten dient, denn in einem wirklich freien Markt sorgt die unsichtbare Hand schon dafür, dass keine Monopole zum Nachteil aller anderen entstehen. Diese Auffassung wird auch immer wieder empirisch bestätigt und von Friedrich Hayek vehement vertreten bis, ja bis die Marktteilnehmer ein neues Phänomen, den Netzwerkeffekt erfahren. Um diesen zu verstehen, gehen wir ins Jahr 1876, dem Jahr in dem das Telefon seinen Siegeszug um die Welt beginnt.

Das Telefon verbreitet sich

Zur anfänglichen Verbreitung des Telefons trägt die Telegrafie nicht unwesentlich bei. Ab den 1840er Jahren werden dringende Nachrichten mittels elektrischer Telegrafie übermittelt. In der zweiten Hälfte des 19. Jahrhunderts verfügen die meisten Industrienationen bereits über Telegrafenleitungen. Hauptnutzer sind Postämter, Bahnhöfe, Ministerien, Börsen, landesweit ver-

Abb. 8.1 Telefonzentrale

breitete Zeitungen, große Unternehmen und wohlhabende Privatpersonen. Allerdings sind die Telegrafen fest verdrahtet und können nur mit einem einzigen anderen Telegrafen kommunizieren. Diese bestehenden Telegrafenleitungen werden von Telefonen zunehmend genutzt, aber deren Nutzen bleibt dementsprechend bescheiden, weil von jedem Telefonapparat nur ein einziger anderer Telefonapparat erreichbar ist.

Erst durch die Erfindung der Telefonvermittlung (Abb. 8.1) startet der Siegeszug des Telefons. Nun muss nicht mehr für jede Verbindung eine eigene Leitung gelegt werden, sondern alle Leitungen laufen in einem Gebäude zusammen, wo dann beliebige Telefon-zu-Telefon-Verbindungen manuell hergestellt werden. Die ersten Telefonvermittlungsstellen werden 1877 in Boston und in Friedrichsberg bei Berlin eröffnet. Ab jetzt beschleunigt sich die Entwicklung rasch. So hat das öffentliche Fernsprechnetz in Berlin im Jahr seiner Eröffnung 1881 lediglich 94 Teilnehmer. Nur 12 Jahre später sind dagegen schon 20.949 Haushalte angeschlossen. Ein neuer Beruf für Frauen entsteht. In Deutschland arbeiten im Jahr 1897 circa 4000 Frauen als Telefonvermittlerinnen. Zehn Jahre später sind es schon 16.000.[74]

Der Netzwerkeffekt

Im Jahr 1876 erblickt also der Telefonapparat das Licht der Welt. Gegenüber einem Telegrafenapparat ist das schon eine tolle Erfindung. Wenn man zwei Telegrafen, die mit einem Kabel verbunden sind, durch zwei Telefone ersetzt, muss man nicht mehr mühsam mittels Morsealphabet miteinander kommunizieren, sondern kann miteinander reden. Gesprächspartner kann nur eine Person sein, mit deren Telefon eine direkte Kabelverbindung vom eigenen Telefon besteht. Es gäbe selbstverständlich bereits andere Telefonbesitzer, aber die sind unerreichbar, weil keine Kabelverbindung besteht. Dementsprechend bescheiden ist der Nutzen dieser Telefonapparate. Eine weitere Verbindung zu einem anderen Telefon herzustellen, geht nur, indem ein weiteres Kabel zu diesem Telefon verlegt wird. Das ist nicht gerade billig und schränkt somit die Verbreitung des Telefons stark ein.

Erst mit der Erfindung der Fernsprech-Handvermittlungseinrichtung, dem sogenannten Klappenschrank, ändert sich die Situation entscheidend. Vorausgesetzt das eigene Telefon ist mittels Kabel mit einem Klappenschrank verbunden, kann man nun mit allen Personen ein Telefongespräch führen, deren Telefone mit demselben Klappenschrank verbunden sind. Das Verlegen eines eigenen Kabels für jede Telefon-zu-Telefon-Verbindung entfällt. Mit jedem weiteren Telefon, das mit dem Klappenschrank verbunden wird, gewinnt das eigene Telefon an Attraktivität. Je mehr Telefone mit einer Telefonvermittlung verbunden sind, desto nützlicher wird es.

Das ist der Netzwerkeffekt: Der Nutzen, den ein Benutzer vom Telefon hat, hängt von der Anzahl der Benutzer von Telefonapparaten ab. Jedes weitere Telefon erhöht den Nutzen für alle anderen Benutzer und steigert die Motivation von Nichtbenutzern, sich ebenfalls ein Telefon anzuschaffen. Ein sich selbst verstärkender kausaler Kreislauf entsteht. Je mehr Telefonanschlüsse, desto mehr Nutzen für jeden Telefonbenutzer, desto mehr Telefonanschlüsse und so weiter und so fort. Aller Anfang ist zunächst schwer. Denn solange es nur wenige Nutzer gibt, ist der Zusatznutzen eines weiteren Nutzers eher bescheiden. Die Attraktivität ist gering. Wie in der Kerntechnik auch, so wird erst mit dem Erreichen einer kritische Masse, also einer kritischen Anzahl an Benutzern, der Netzwerkeffekt als Kettenreaktion von immer rascher immer mehr Benutzer in Gang gesetzt. Beim Telefon sind es die Telefonvermittlungsstellen, die solch eine Kettenreaktion bewirken.

Ein bemerkenswerter Aspekt unterscheidet Märkte mit Netzwerkeffekt von allen anderen Märkten. Zu Beginn, also mit den ersten Telegrafen, den ersten Telefonen, den ersten Faxgeräten, ist die Marktentwicklung äußerst zäh, denn die Attraktivität des Gerätes hängt ja davon ab, wie viele ein solches bereits nutzen. Aber wenn eine kritische Menge an Benutzern überschritten wird, dann ist das weitere Wachstum kaum zu stoppen, weil der individuelle Nachteil, der durch Nichtbenutzung entsteht, zu groß wird – anders als bei all jenen Geräten, deren Nutzen unabhängig davon ist, wie viele andere ein solches Gerät nutzen.

Mit den ersten Telefonvermittlungsstellen 1877 tritt der Netzwerkeffekt erstmals in der Geschichte des Marktes auf. Davor gibt es keine Produkte, die umso wertvoller oder nützlicher werden, je mehr dasselbe Produkt von anderen genutzt wird. Der Besitz von Nahrungsmittel wird nicht nützlicher, wenn andere diese Nahrungsmittel auch besitzen. Einen eigenen Kühlschrank zu besitzen, bietet für alle anderen Kühlschrankbesitzer keinerlei Vorteile. Bei Autos ist sogar das Gegenteil eines Netzwerkeffektes zu beobachten. Je mehr Menschen ein Auto besitzen, desto geringer ist dessen Nutzen, weil Parkraum immer knapper wird und Straßen mehr und mehr verstopft sind.

Netzwerkeffekt und Urbanisierung

Für Produkte stimmt, dass mit den Telefonvermittlungsstellen der Netzwerkeffekt erstmals in der Geschichte des Marktes auftritt. Marktplätze, wie es sie seit 4000 Jahren gibt, verdanken ihre Entstehung und graduelles Wachstum auch einem Netzwerkeffekt. Ersetzt man gedanklich die zwei mittels Kabel verbundenen Telefone und deren Benutzer durch einen Verkäufer und einen Käufer sowie die Telefonvermittlungsstelle durch einen Marktplatz, so lässt sich erahnen, wie und weshalb die ersten Marktplätze vor 4000 Jahren entstehen.

Die Erfindung des Geldes ermöglicht, dass Waren nicht nur getauscht – etwa eine Ziege gegen Handhacken –, sondern dass diese verkauft sowie gekauft werden – etwa Ziegen gegen Schekel Silber. Tauschen, das ist schon in Kap. 1 beschrieben, findet vor allem zwischen zwei Personen statt. Mit Geld, egal ob es sich um Gerste, Silber oder Münzen handelt, können auch mehr als zwei Personen kaufen und verkaufen. Da ist es schon praktisch, wenn man sich nicht nur zu zweit trifft, sondern wenn Alle, die etwas verkaufen oder kaufen oder beides wollen, sich zur selben Zeit am selben Ort zu treffen. Naheliegend ist, sich in der Nähe des Tempels oder des Getreidespeichers an bestimmten Tagen zu treffen, um Waren zu verkaufen und zu kaufen. Die Sache spricht sich herum. Je mehr Verkäufer kommen, desto mehr Käufer kommen, desto mehr Verkäufer kommen und so weiter. Der Marktplatz wächst. Mehr und mehr Verkäufer, die handwerkliche Waren anbieten, siedeln sich in der Nähe eines Marktplatzes an. Tempel, Getreidespeicher und später Marktplätze sind der Nukleus der Urbanisierung.

Der Netzwerkeffekt sorgt dafür, dass sich die Urbanisierung beschleunigt (Abb. 8.2). Mit der Schaffung eines gut ausgebauten Straßennetzes und großen Marktplätzen entstehen die ersten Großstädte, wie Babylon, Theben und Rom. Allerdings kann der Netzwerkeffekt sich auch in sein Gegenteil verkehren. Wenn eine Zivilisation verfällt, Verkehrswege verkommen, Geld als Tauschmittel rar wird und Marktplätze in Folge veröden, dann wird der Netzwerkeffekt zum Teufelskreis. Je weniger Verkäufer ihre Waren am Marktplatz anbieten, desto weniger Käufer kommen, desto weniger Verkäufer kommen, desto geringer die Attraktivität des Marktplatzes für alle Beteiligten und so fort. In der umliegenden Wohn- und Arbeitsgegend kehrt sich der Zustrom in Abwanderung um, aus Landflucht wird Stadtflucht.

Wenn die Bevölkerung in einer Region wächst, dann wirkt der Netzwerkeffekt über die Zeit als Beschleuniger von Wachstum, kann phasenweise auch als Beschleuniger von Schrumpfung wirken, wie es nach dem Zusammenbruch des Römischen Reichs in Italien der Fall ist.

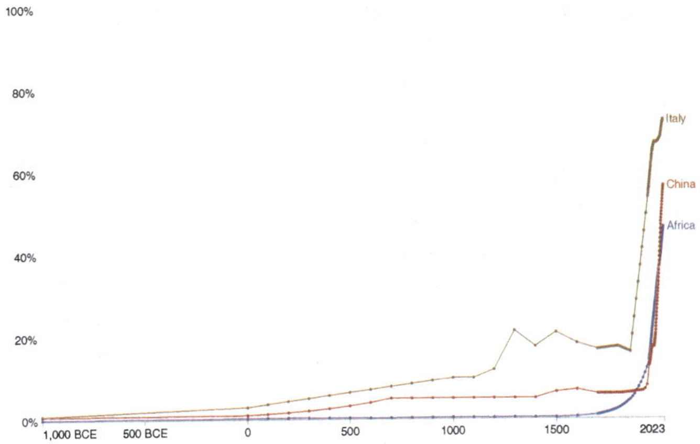

Abb. 8.2 Anteil der in urbanen Gebieten lebenden Bevölkerung, 1000 v. Chr. – 2023

Seitdem es Marktplätze gibt, sind sie aus Marktwirtschaften und Städten nicht mehr wegzudenken. In verschiedenen Zivilisationen entstehen Marktplätze ganz unabhängig voneinander. Souk bedeutet Marktplatz im Arabischen, Basar im Persischen und tianquiztli bei den Azteken. Marktplätze sind die sichtbarste Manifestation der unsichtbaren Hand, denn sie sind sowohl für Verkäufer, als auch für Käufer, als auch für die gesellschaft insgesamt enorm nützlich.

Ein Marktplatz braucht, wie der Name schon sagt, Platz. Zunächst, also vor 4000 Jahren, nimmt sich jeder Verkäufer einen Platz in der Nähe anderer Verkäufer. In dem Maße, in dem der Netzwerkeffekt dafür sorgt, dass die Zahl der Verkäufer und damit auch der Käufer immer rascher wächst, jedoch der Platz selbst nicht unbeschränkt weiter wachsen kann, entsteht die Notwendigkeit, den Platz selbst zu bewirtschaften. Wie bereits bei Getreidespeichern und Bewässerungsanlagen der Fall, übernimmt eine zentrale Verwaltung diese Aufgabe. Sie wird Eigentümerin des Marktplatzes und regelt, wer wann wieviel Platz zugeteilt bekommt und wieviel das kostet. Damit erhält die Verwaltung die alleinige Verfügungsgewalt über den Marktplatz – also das Monopol – mit allen damit verbundenen Vorteilen. Unliebsamen Verkäufern können schlechte Örtlichkeiten zugeteilt werden oder sie können gänzlich ausgeschlossen werden. Wenn die Stadt mehr Geld benötigt, können die Preise für das Aufstellen und Anbieten von Waren einfach erhöht werden. Solange der Marktplatz im Besitz der Stadtverwaltung, also städtisches Monopol ist, werden diese Vorteile nicht ausgereizt. Ein florierender Markt ist schließlich für Alle gut, auch für die Stadtverwaltung. Das Ausschließen von Verkäufern kann für Unmut sorgen und wird daher tunlichst vermieden.

Mit zunehmender Urbanisierung und immer besseren Verkehrswegen verflüchtigt sich die Monopolstellung von Marktplätzen, dafür gibt es nun zu viele und zu nahe beieinander. Endgültig verschwindet das Marktplatz-Monopol mit dem Kaufhaus. Das erste zuverlässig datierte Kaufhaus ist Harding, Howell & Co, das 1796 in der Pall Mall in London eröffnet wird. Damit beginnt eine Phase der Marktwirtschaft, in der der Platz zum Anbieten von Ware nicht mehr monopolistisch verwaltet wird, sondern ebenfalls marktwirtschaftlich verfügbar ist. dies ändert sich radikal in den 1990ern mit dem Internet, dem Mobiltelefon und was daraus in Folge entsteht.

Internet und Netzwerkeffekt

Die Geschichte der digitalen Marktplätze und globalen Monopole beginnt nicht mit dem Internet – das gibt es schon früher, aber nur für Computerkundige –, sondern mit dem Browser. Der 1993 veröffentlichte Mosaic-Browser ist der erste, der allgemeine Popularität erlangt. Seine grafische Benutzeroberfläche macht das World Wide Web einfach benutzbar und damit für Computerlaien zugänglich. So beginnt der Internetboom. Die führenden Entwickler von Mosaic gründen dann die Netscape Corporation, die 1994 den Netscape Navigator veröffentlicht, der zum meistverwendeten Browser wird. Ein Jahr später, 1995 bringt Microsoft den Internet Explorer heraus, der mit dem Windows-Betriebssystem gebündelt und ohne Zusatzkosten ausgeliefert wird. Damit erlangt Microsoft für einige Jahre eine beherrschende Stellung auf dem Browsermarkt.

In Verbindung mit einem Modem können nun Personal Computer via Browser das Internet nutzen. Die Stunde digitaler Marktplätze, von Amazon.com und anderen ist gekommen. Das Unternehmen wird von Jeff Bezos gegründet, um – in seinen eigenen

Worten – nicht zu bereuen, nicht versucht zu haben, mit seinem eigenen Startup am aufkommenden Internet teilzunehmen. 1994 gibt Bezos seinen Job als Vizepräsident bei einer Wall Street-Firma auf und zieht nach Seattle, wo er beginnt, an einem Geschäftsplan für das zu arbeiten, was später Amazon.com werden sollte. Am 5. Juli 1994 gründet Bezos Amazon.com im Bundesstaat Washington. Bezos entscheidet sich für den Namen „Amazon“, weil es ein „exotischer und anderer“ Ort ist, genau wie er es sich für sein Internetunternehmen vorstellt. Der Amazonas, so bemerkt er, sei der größte Fluss der Welt, und er plane, sein Geschäft zum größten Buchladen der Welt zu machen. Außerdem bevorzugt er einen Namen, der mit „A“ beginnt, weil er wahrscheinlich ganz oben in einer alphabetischen Liste stehen würde. Bezos legt großen Wert auf seinen Vorsprung beim Aufbau einer Marke, weil er der Überzeugung ist, dass Markennamen online noch wichtiger sind als in der realen Welt.

Ende 2024 ist Amazon das, gemessen am Börsenwert fünftwertvollste Unternehmen weltweit[75] und damit auch der wertvollste digitale Marktplatz. Bereits 1996 erzielt das Unternehmen einen Umsatz von 16 Mio. US$, der sich bis 2024 auf 638.000 Mio. bzw. 638 Mrd. US$ erhöhte. Das entspricht dem Bruttoinlandsprodukt (BIP) von Schweden in 2024. Trotz dieser Größe hat Amazon kein Marktplatz-Monopol im Internet, gibt es doch für unterschiedliche Produkte auch spezielle digitale Marktplätze.

Für Käufer wie für Verkäufer ist ein solcher digitaler Marktplatz von Nutzen. Nichtsdestotrotz hat Amazon so wie die Verwaltungen von Marktplätzen in den letzten 4000 Jahren, die Möglichkeit, Verkäufer in der Liste von Anbietern ganz vorne oder weit hinten zu platzieren, oder diese auszuschließen. Auch die Provision bzw. Handelsspanne kann Amazon nicht monopolistisch, aber doch höher ansetzen als wenn es ähnlich große Mitbewerber zu Amazon gäbe. Der Netzwerkeffekt sorgt dafür, dass es nur einen megagroßen digitalen Marktplatz für Konsumgüter gibt und sonst vergleichsweise kleine, eher länder- oder produktspezifische.

Auch bei anderen digitalen Marktplätzen wie Airbnb, eBay, Uber ist dasselbe Phänomen zu beobachten: Einem riesigen, global agierenden Marktplatz stehen viele kleine, lokal agierende digitale Marktplätze gegenüber. Im Unterschied zu realen Marktplätzen, bei denen die Anfahrtszeit zum Marktplatz eine wesentliche und das Wachstum eines Marktplatzes beschränkende Rolle hat, gibt es solche Anfahrtszeiten bei digitalen Marktplätzen nicht. Aus stets lokal verankerten realen Marktplätzen werden im Internet globale Marktplätze. Es gibt keinen örtlichen Beschränkungen, die Distanz zum digitalen Marktplatz ist für alle dieselbe – ein Mausklick.

Solch eine ungleiche GrößenVerteilung heißt Pareto-Verteilung, benannt nach dem Ökonom Vilfredo Pareto, der diese Verteilung erstmals bei der Analyse der Einkommensverteilung Italiens 1897 beschreibt. Diese Verteilung ist überall zu beobachten, wo der Netzwerkeffekt eine Rolle spielt (Abb. 8.3).

Die Pareto-Verteilung hat weder Adam Smith noch Friedrich Hayek vorhergesehen, als sie sich für eine freie Marktwirtschaft aussprachen. Und doch ist es so: Der Netzwerkeffekt sorgt dafür, dass im Internet äußerst unterschiedlich große Marktplätze entstehen. Dabei sind nicht unbedingt die besten digitalen Marktplätze diejenigen, die am stärksten wachsen, sondern diejenigen, die als erster eine kritische Menge an Nutzern erreichen.

Soziale Netzwerke und Netzwerkeffekt

Mit dem World Wide Web wird nicht nur die technische Möglichkeit für digitale Marktplätze als Alternative für reale Marktplätze und Kaufhäuser geschaffen, es sind dadurch auch die Voraussetzungen geschaffen, die Dienste von Telefon, Telefax und Briefpost miteinander zu verbinden, zu erweitern und zu beschleunigen. Im Jahr 2003 ist es dann so weit. Das erste weltweit erfolgreiche soziale Netzwerk namens Myspace wird geschaffen.

Myspace gewinnt ursprünglich Benutzer, weil es die Kommunikation mit anderen Benutzern so einfach macht. Vor dem Debüt von Myspace kommunizieren viele Menschen online über Instant Messaging. Innerhalb kurzer Zeit löst Myspace in den USA Instant Messaging zum Versenden von Nachrichten ab. Bis 2009 ist Myspace die größte soziale Netzwerksite der Welt. Im Juni 2006 überholt es Yahoo und Google und wird zur meistbesuchten Website der USA. Auf seinem Höhepunkt im April 2008 hat Myspace 115 Mio. Besucher pro Monat. Zu diesem Zeitpunkt hat das ge-

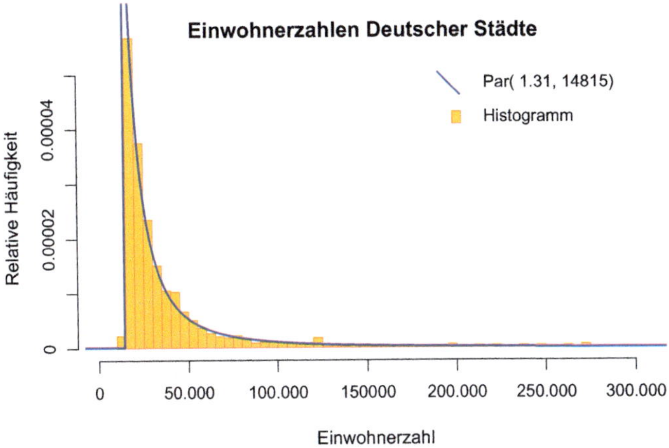

Abb. 8.3 Pareto-Verteilung der Einwohnerzahlen Deutscher Städte

rade entstandene Facebook genauso viele Besucher, aber etwas mehr internationale Benutzer als Myspace. Im Mai 2009 überholt Facebook Myspace hinsichtlich der Zahl der Besucher aus den USA. Seitdem sinkt die Zahl der Myspace-Nutzer kontinuierlich. Im Jahr 2019 hat Myspace sieben Millionen monatliche Besucher.

Was Myspace nicht schafft, nämlich zu einem wirklich globalen sozialen Netzwerk aufzusteigen, gelingt Facebook. Die Mitgliedschaft ist zunächst auf Studenten der Harvard University beschränkt. Innerhalb des ersten Monats sind mehr als die Hälfte aller Harvard-Studenten bei dem Dienst registriert. Im März 2004 wird Facebook auf Stanford, Columbia und Yale ausgeweitet. Diese Expansion wird fortgesetzt, als Facebook für alle Ivy-League-Universitäten und Universitäten im Großraum Boston geöffnet wird. Nach und nach erreicht es die meisten Universitäten in den USA und Kanada. Im September 2005 wird eine High-School-Version der Website gestartet. Die Teilnahmeberechtigung wird auf Mitarbeiter mehrerer unternehmen ausgeweitet, darunter Apple Inc. und Microsoft. Am 26. September 2006 wird Facebook für alle Personen ab 13 Jahren mit einer gültigen E-Mail-Adresse geöffnet. Im Juli 2010 gibt das Unternehmen bekannt, dass es 500 Mio. Nutzer hat. Die Hälfte der Mitglieder nutzt Face-

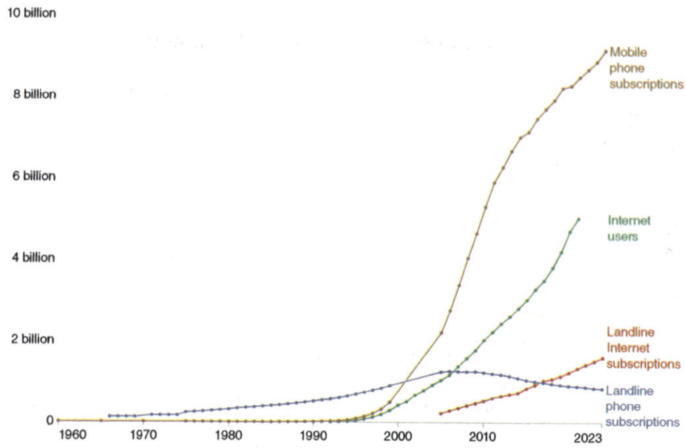

Abb. 8.4 Einführung von Kommunikationstechnologien, Welt

book täglich, durchschnittlich 34 min lang, während 150 Mio. Nutzer die Website von mobilen Geräten aus zugreifen.

Im Juni 2007 kommt das erste Smartphone mit Internetzugang, das iPhone auf den Markt. Damit wird erstmals die Möglichkeit einer Internetverbindung auf Mobilgeräten geschaffen. Kein anderes Gerät davor hat es je geschafft in so kurzer Zeit weltweit so verbreitet zu sein. Per 2024 gibt es weltweit 8,9 Mrd. Mobiltelefon-Abonnements bei einer Gesamtbevölkerung von 8,1 Mrd. (Abb. 8.4). Es gibt somit um 800 Mio. mehr Mobiltelefon-Abonnements als Menschen.

Facebook reagiert rasch. Bereits ab 2007 bietet Facebook eine Version an, die das Surfen auf Geräten mit kleineren Bildschirmen erleichtert. Im November 2010 überholt Facebook eBay und ist nach Google und Amazon das drittgrößte amerikanische Webunternehmen. Anfang Oktober 2012 gibt Zuckerberg bekannt, dass Facebook eine Milliarde aktive Nutzer monatlich hat, darunter 600 Mio. Mobilnutzer, 219 Mrd. hochgeladene Fotos und 140 Mrd. friend-Verbindungen. Im Januar 2014 sind über eine Milliarde Benutzer über ein Mobilgerät verbunden. Im April 2016 meldet Facebook den Anstieg der monatlich aktiven Benutzer um

15 % auf 1,65 Mrd. Im Juni 2017 erreicht Facebook 2 Mrd. aktive Nutzer monatlich.

Dieses explosionsartige Wachstum von Facebook wäre ohne den Netzwerkeffekt nicht vorstellbar, ebenso wenig ein globales Monopol eines sozialen Netzwerks. Selbstverständlich ist kein Monopol von Dauer, obwohl dasjenige, gegen das Adam Smith anschrieb, die East India Company Aktiengesellschaft immerhin von 1600 bis 1874 existierte. Ob auch Facebook einmal Geschichte sein wird? Im Januar 2018 meldet Facebook erstmals in den USA und Kanada einen Verlust an täglichen Nutzern. Weltweit steigt die Zahl der Menschen, die Facebook täglich nutzen, im Vergleich zum Vorjahr um 14 %, sinkt jedoch in den USA und Kanada erstmals um 700.000 Personen.

Das Neuartige des Netzwerkeffektes, wie er seit der Erfindung der Telefonvermittlung 1877 immer häufiger und nunmehr global auftritt, ist ja nicht die Tatsache, dass es Monopole gibt – das gab es schon vor 2400 Jahren im antiken Griechenland –, sondern dass solche Monopole in freien, also nicht reglementierten Märkten quasi von selbst entstehen. Die Therapie von Adam Smith und Friedrich Hayek versagt angesichts des Netzwerkeffektes, schlimmer noch, diese Therapie bewirkt genau das Gegenteil von dem, was beabsichtigt ist.

Globale, unreglementierte Märkte mit Netzwerkeffekt erzeugen monopolistische Strukturen mit all den Nachteilen, die Monopole mit sich bringen.

Soziale Netzwerke und Werbung

Per Ende 2024 ist Facebook – nunmehr umbenannt in Meta – nach Apple, Nvidia, Microsoft, Alphabet (vormals Google) und Amazon das weltweit sechstwertvollste Unternehmen gemessen am Börsenwert[76] bei einem Jahresumsatz von 164,5 Mrd. US$. Im Unterschied zu Amazon ist nicht offensichtlich, wie Facebook Umsatz erwirtschaftet, denn die Nutzung von Facebook ist kostenlos.

Ein Blick zurück in die Geschichte des Marktes ist angebracht. Mit dem Aufkommen von Zeitungen und Zeitschriften im 16. und 17. Jahrhundert nimmt die moderne Werbung Gestalt an. Fast von Anfang an wird in den Zeitungen Werbung geschaltet, die zu den

Druck- und Vertriebskosten beiträgt. Die ersten Anzeigen dienen vor allem der Werbung für Bücher und Zeitungen, die mit den Fortschritten des Buchdrucks immer erschwinglicher werden, sowie für Medikamente.

Ab Mitte des 19. Jahrhunderts beginnt die Werbung im öffentlichen Raum, vor allem in Mitteleuropa, mit dem Aufstellen von Annoncier-Säulen, den sogenannten Litfaßsäulen, benannt nach dem Berliner Drucker Ernst Litfaß, der für die Aufstellung seiner Säulen ein bis 1865 gültiges Monopol von der Stadt Berlin erhält. Dieses Monopol ist mit der Auflage verbunden, auch die neuesten Nachrichten an den Säulen zu publizieren. 1855 werden die ersten 100 Litfaßsäulen in Berlin aufgestellt. Im Jahr 2019 stehen in Berlin weiterhin 2500 Litfaßsäulen, einige von diesen sogar denkmalgeschützt.

Infolge der Industrialisierung nimmt die Werbung enorm zu. Im Jahr 1919 beträgt sie 2,5 % des Bruttoinlandsprodukts in den USA. In den frühen 1920er Jahren werden die ersten Radiostationen gegründet. Einzelhändler und Konsumgüterhersteller vor allem in den USA erkennen schnell das Potenzial des Radios, die Verbraucher in ihren Wohnungen zu erreichen. Mit der Verbreitung des Fernsehers ab der zweiten Hälfte der 1950er Jahre hält die Werbung auch in diesem Medium Einzug. Anders als in den USA sind Radio und Fernsehen in Mitteleuropa zunächst gebührenpflichtige staatliche Monopole, die auf Werbeeinnahmen nicht wesentlich angewiesen sind oder Werbespots gar nicht senden dürfen. Erst ab den 1980er Jahren werden neben dem öffentlich-rechtlichen Rundfunk auch Privatradio und Privatfernsehen zugelassen. Nach dem Vorbild USA finanzieren sich diese Sender vor allem durch Werbung.

All diese Erweiterungen der Medienlandschaft reduzieren sukzessive den Anteil der Zeitungen und Zeitschriften am Kuchen der Werbeausgaben. Vor allem die Bewerbung von Marken verlagert sich hin zu Privatradio und Privatfernsehen. Was den Zeitungen hingegen bleibt, sind Anzeigen, die ausschließlich lokale Bedeutung haben, wie Wohnungsanzeigen, oder Anzeigen, die eine bestimmte Leserschaft ansprechen sollen, wie Stellenausschreibungen für bestimmte Bildungsschichten oder Anzeigen von Dienstleistungen und Produkten, für die Werbespots in Radio oder Fernsehen einfach zu teuer sind.

So stellt sich die Situation Ende des 20. Jahrhunderts dar. Doch dann kommt Google und verändert die Situation am Werbemarkt grundlegend und nachhaltig. Auf der Suche nach einem Dissertationsthema erforscht Larry Page, einer der späteren Gründer von Google, die mathematischen Eigenschaften des World Wide Web und dessen Linkstruktur.[77] Larry Page konzentriert sich auf das Problem, herauszufinden, welche Webseiten auf eine bestimmte Seite verlinken. Die existierenden Suchmaschinen ordnen die Ergebnisse im Wesentlichen nur danach, wie oft der Suchbegriff auf einer Seite vorkommt. Indes sind jene Seiten mit den meisten Links von anderen hochrelevanten Webseiten zu ihnen die relevantesten Seiten. Um diese Backlink-Daten in ein Maß für die Wichtigkeit umzuwandeln, entwickeln Larry Page und Sergey Brin den PageRank-Algorithmus. Die erste Version der Suchmaschine Google, die auf PageRank basiert, wird im August 1996 auf der Stanford University Website veröffentlicht.

Ende 1998 verfügt Google über einen Index von 60 Mio. Seiten. Dass die Suchergebnisse von Google besser sind als die der Konkurrenten, spricht sich herum. Zwar gilt unter Insidern, dass Google technologisch sehr innovativ ist, aber als reine Suchmaschine gehört sie nicht zu jenen Portalseiten, die von Anlegern an der Börse als „Zukunft des Webs" angesehen werden.

Deshalb und auch weil sowohl Brin als auch Page gegen die Verwendung von Werbe-Pop-ups in ihrer Suchmaschine und damit gegen ein „werbefinanziertes Suchmaschinen"-Modell sind, ist die weitere Finanzierung von Google nicht gewährleistet. Anfang 1999 beschließen Brin und Page daher, Google zu verkaufen. Dem CEO von Excite, einem Internetportal mit Suchmaschine und eigenem Webverzeichnis, bieten sie an, das Unternehmen für 1 Mio. $ zu verkaufen. Er lehnt das Angebot ab. Die beiden reduzieren auf 750.000 $, aber Excite lehnt auch dieses Angebot ab.

Die Zahl von Internetnutzern, die Google als Suchmaschine bevorzugen, wächst rasant, aber erst im Jahr 2000 beginnt Google mit dem Verkauf von Anzeigen für die dringend benötigten Einnahmen. Das Neuartige dabei ist, dass diese Anzeigen in Verbin-

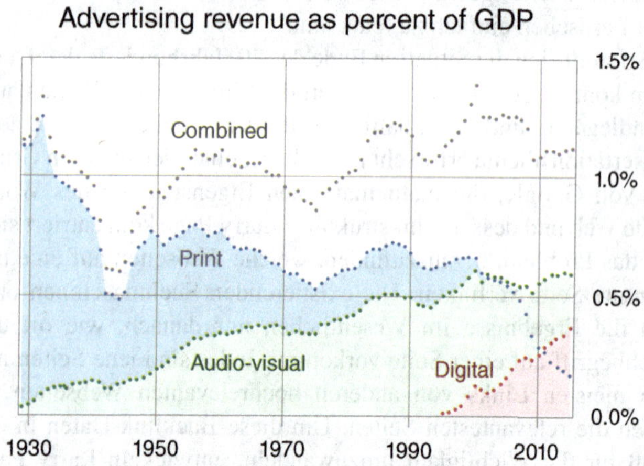

Abb. 8.5 Werbeeinnahmen in Prozent des Bruttoinlandsprodukts, USA

dung mit Suchbegriffen geschalten werden. Die Anzeigen sind textbasiert, um ein übersichtliches Seitendesign zu erhalten und die Ladegeschwindigkeit der Seite zu maximieren. Die Schlüsselwörter werden auf der Grundlage einer Kombination aus Gebotspreis und Klickrate verkauft, wobei die Gebote bei 0,05 $ pro Klick beginnen. Dieses Modell des Verkaufs von Schlüsselwortwerbung ist der Durchbruch von Google und schafft ein neuartiges Geschäftsmodell für soziale Netzwerke.

Im World Wide Web kann nunmehr Alles an Werbung angeboten werden, das bislang auf Zeitungen, Zeitschriften, Radio und Fernsehen aufgeteilt war – von regionalen Kleinanzeigen bis weltweiten Werbespots ist jede Kontextualisierung möglich. Nachdem aber die Werbeeinnahmen nicht stärker wachsen als die Wirtschaft insgesamt, kommt es zu massiven Verschiebungen hin zum World Wide Web. Die Werbeeinnahmen der Printmedien stürzen ab, und die Werbeeinnahmen von Radio und Fernsehen stagnieren (Abb. 8.5).

Dynamik von Märkten mit Netzwerkeffekt
Die bislang in der Werbung gebräuchliche Messgröße der Medienreichweite, also der Anzahl Personen, die in einem bestimmten Zeitraum mindestens einmal das jeweilige Medium konsumieren, wird ersetzt durch die neue Messgröße „aktive Benutzer". Diese Kennzahl gibt die Anzahl der aktiven Interaktionen von Nutzern innerhalb eines Zeitraums (täglich, wöchentlich und monatlich) an. So beträgt die Anzahl monatlicher aktiver Benutzer von Facebook im April 2024 circa 3 Mrd., von Instagram 2 Mrd. sowie von Twitter 0,6 Mrd.

Zeitungen und Fernsehen können da nicht mithalten. Zum Vergleich verkauft die Bild-zeitung, die auflagenstärkste Tageszeitung Deutschlands, im vierten Quartal 2024 circa 1 Mio. Exemplare. Die Nachrichtensendung ZDF heute hat im Jahr 2024 eine durchschnittliche Reichweite von 3,6 Mio. Zuschauern.

Facebook, das mit Abstand größte soziale Netzwerk, finanziert sich zu 97 % von Werbeeinnahmen. Je mehr aktive Benutzer desto mehr Werbeeinnahmen gehen an soziale Netzwerke, desto mehr Geld steht für Weiterentwicklung zur Verfügung, desto attraktiver werden die angebotenen Dienstleistungen, desto mehr aktive Benutzer und so weiter und so fort. Das Resultat ist eine ausgeprägt ungleiche Verteilung der globalen Werbeeinnahmen auf die Werbeträger. Schätzungen besagen, dass die weltweiten Werbeausgaben 2024 circa 900 Mrd. US$ betragen, von denen Facebook einen Anteil von 18 % einnimmt. Das Gesamtbudget des deutschen öffentlich-rechtlichen Rundfunks, des umsatzstärksten öffentlich-rechtlichen Rundfunksystems der Welt, beträgt dagegen vergleichsweise geringe 10 Mrd. EUR.

Die globale Wirtschaftsstruktur, die seit dem Beginn des World Wide Web durch den Netzwerkeffekt in der Medienlandschaft, und in der Werbewirtschaft entstanden ist, ähnelt einem Oligopol mit monopolistischen Elementen. Während es aber in der herkömmlichen Medienlandschaft nationale Kontrollorgane wie den Presserat gibt, entziehen sich soziale Netzwerke weitestgehend solcher Kontrollen. Soziale Netzwerke bestimmen selbst, welches Benutzerkonto gesperrt oder gelöscht wird, welche Webinhalte gelöscht werden und welche Werbeinhalte unzulässig sind. Durch die oligopolistische Struktur ist auch der Hauptsitz der überschaubaren Zahl an global operierenden sozialen Netzwerke auf wenige Länder konzentriert. Von den 15 größten sozialen Netzwerken haben acht ihren Hauptsitz in den USA, sechs in China und eines in den Vereinigten Arabischen Emiraten.[78]

Der Netzwerkeffekt wirkt wie die Gravitationskraft bei der Entstehung eines schwarzen Lochs. Das ist ein massives, kompaktes astronomisches Objekt, das so dicht ist, dass seine Gravitation alles am Entweichen hindert, selbst Licht und damit auch jegliche Information. Ein schwarzes Loch entsteht, wenn die Masse eines Sterns eine kritische Dichte überschreitet, denn dann reichen die Gegenkräfte nicht mehr aus, um die Gravitation zu kompensieren. Ein Gravitationskollaps ist die Folge. Die Gravitationskraft steigt schneller an als die durch Abstoßung der Teilchen resultierenden Gegenkräfte. Dadurch beschleunigt sich der Prozess selbst. Da schwarze Löcher alles am Entweichen hindern, sind sie besonders stabil im Unterschied zu Sternen, denn letztere strahlen Energie und Masse ab und verändern sich daher kontinuierlich. Schwarze Löcher sind extrem langlebig – sie können theoretisch weit länger existieren als das aktuelle Alter des Universums. Ob soziale Netzwerke länger existieren als das aktuelle Alter der Marktwirtschaft ist eine offene Frage. Sicher ist indes, dass der Netzwerkeffekt dafür sorgt, dass das globale Oligopol von sozialen Netzwerken wesentlich stabiler ist als in einem Markt, in dem es keinen Netzwerkeffekt gibt.

9 Markt fossiler Brennstoffe und Gletscherschwund

Genau genommen hat Kohle die Menschheit davor bewahrt, die Erde komplett zu entwalden. Ende des 18. Jahrhunderts ist, wie bereits in Kap. 2 beschrieben, Großbritannien weltweiter Vorreiter der Nutzung von Kohle. Mit der genialen Idee von James Watt, den Fliehkraftregler zu nutzen, um die Arbeitsgeschwindigkeit der Dampfmaschine konstant zu halten, beginnt 1788 die industrielle Revolution. Eine völlig neue Dimension der Nutzung von Energie eröffnet sich, denn Wärmeenergie kann nunmehr in Kraft und Arbeit umgewandelt werden. Mechanische Arbeit von Menschen, Pferden und Ochsen wird mehr und mehr von Maschinen übernommen. Muskelkraft, welche seit Jahrtausenden unabdingbar für zivilisatorische Errungenschaften war, verliert nach und nach an Bedeutung.

Kohle löst Holz ab

Das Verbrennen von Holz und Holzkohle dient nun nicht mehr nur dem Beheizen von Behausungen und dem Erzeugen von Eisen, Glas und Ziegel, sondern auch dem Antrieb von Maschinen. Die industrielle Revolution nimmt unaufhaltsam ihren Lauf. Dafür reicht Holz bei weitem nicht. Ein völlig neuer Markt entsteht: Kohle.

Ganz neu ist Kohle im 18. Jahrhundert in Großbritannien ja nicht. Bereits in der ersten Hälfte des 14. Jahrhunderts beginnt man, Kohle zur Hausheizung zu nutzen. König Eduard III. erlässt

C. E. Mandl, *Marktversagen*,
https://doi.org/10.1007/978-3-658-50377-2_9

Verordnungen zur Regulierung des Kohlehandels und erlaubt den Kohleexport nach Calais. Die Nachfrage nach Kohle steigt im 15. Jahrhundert in Großbritannien stetig an. Mitte des 16. Jahrhunderts beginnen die Holzvorräte in Großbritannien zu verknappen, weswegen die Nutzung von Kohle als Brennstoff rasch zunimmt. Im 17. Jahrhundert werden zahlreiche Fortschritte in der Bergbautechnik erzielt, dazu zählen Probebohrungen zur Suche nach geeigneten Lagerstätten und von Wasserrädern angetriebene Kettenpumpen zur Entwässerung der Zechen.

Holzverkäufer widersetzen sich der Umstellung von Holz auf Kohle. Sie nennen den neuen Brennstoff unter anderem „Teufelskot" – eine bei Kohle mit hohem Schwefelgehalt durchaus treffende Beschreibung. Kohle setzt sich zunehmend gegenüber Holz durch, denn Kohle gibt es genügend und es hat darüber hinaus den enormen Vorteil, dass es heißer als Holz verbrennt und dass die Energiedichte, also der Energieinhalt je Kilogramm, bei Kohle deutlich höher ist als bei Holz.

Das ist nicht überraschend, denn bekanntermaßen ist Kohle nichts anderes als sehr lange unter Luftabschluss gelagertes Holz. Steinkohle besteht aus Bäumen, die vor 300 Mio. Jahren abgestorben und im Sumpf versunken sind. Braunkohle ist deutlich jünger, so zwischen 2 und 65 Mio. Jahre. Diese uralten Bäume ermöglichen nicht nur die industrielle Revolution, sie haben mit ihrem Verschwinden von der Erdoberfläche vor zig Millionen Jahren auch dazu beigetragen, dass die atmosphärische Konzentration von Kohlendioxid stetig abgenommen hat, indem sie beim Wachsen Kohlenstoff binden und Sauerstoff freisetzen. Kohle ist nun mal aus der Atmosphäre entnommener und unter der Erdoberfläche gespeicherter Kohlenstoff.

Mit der industriellen Revolution expandiert der internationale Kohlehandel exponentiell, denn mehr und mehr kohlebetriebene Dampfmaschinen für Eisenbahnen und Dampfschiffe kommen zum Einsatz. Durch die wachsende Nachfrage wird Kohle billiger als Holzbrennstoff. Da England reich an Kohle ist, entstehen zahlreiche Bergwerke. Mit fortschreitender industrieller Revolution verlagert sich der Abbau vom Tagebau zum Tiefbau. Als Dampfschiffe aus den europäischen Industrieländern beginnen, nach Übersee zu fahren, wird ihr Bedarf an Kohle zum Auslöser für den

Beginn des Kohlebergbaus an verschiedenen Standorten weltweit.

Der Beginn des Maschinenzeitalters

Im 19. Jahrhundert ist die, mit Kohle betriebene Dampfmaschine die zentrale Errungenschaft, um die industrielle Revolution voranzutreiben. Indes eine andere Entwicklung bahnt sich an. 1876 gelingt es den beiden Erfindern Nikolaus Otto und Eugen Langen, den ersten Verbrennungsmotor zu konstruieren, der das Kraftstoffgemisch bestehend aus Leichtbenzin und Luft vor der Verbrennung komprimiert und damit einen weitaus höheren Wirkungsgrad erreicht als alle bis dahin gebauten Motoren. Darauf aufbauend entwickeln Gottlieb Daimler und Wilhelm Maybach 1883 den ersten schnellllaufenden Ottomotor. Im Jahr 1885 produziert Karl Benz ein Automobil mit Viertaktmotor, das als erstes Automobil gilt. Noch ist die Nützlichkeit dieses Automobils sehr fraglich.

Deshalb beschließt die Ehefrau von Karl Benz, die 39-jährige Bertha Benz mit ihren zwei Söhnen am 5. August 1888 mit diesem Automobil von Mannheim nach Pforzheim zu fahren – ohne behördliche Erlaubnis. Diese Pionierfahrt umfasst eine Strecke von 106 km. Damit will sie ihrem Mann, der mit der Vermarktung seiner Erfindung mäßig erfolgreich ist, beweisen, dass das Automobil, in das sie beide viel investiert hatten, ein finanzieller Erfolg werden würde, sobald es sich als nützlich für die breite Öffentlichkeit erweist.

Sie verlässt Mannheim im Morgengrauen. Ohne Tank und mit nur 4,5 L Leichtbenzin im Vergaser muss sie während der Fahrt Leichtbenzin – bekannt als Waschbenzin – in Apotheken besorgen. Unterwegs reinigt sie eine verstopfte Kraftstoffleitung mit ihrer Hutnadel. Einmal muss ein Schmied helfen, eine Kette zu reparieren. Als die Holzbremsen versagen, lässt Bertha Benz von einem Schuster Leder einbauen – die damit ersten Bremsbeläge der Welt. Die zwei Gänge des Wagens reichen nicht aus, um Steigungen zu bewältigen, und ihre beiden Söhne müssen das Gefährt hinaufschieben. Schließlich erreicht sie Pforzheim kurz nach Einbruch der Dunkelheit und teilt ihrem Mann per Telegramm ihre erfolgreiche Reise mit. Die Reise erhält, wie von ihr gewünscht, große Aufmerksamkeit und ist ein Schlüsselereignis für die weltweite Verbreitung des Automobils mit Benzinmotor.

Parallel zur Erfindung des Ottomotors arbeitet der Absolvent der Technischen Hochschule München, Rudolf Diesel an der Entwicklung eines Verbrennungsmotors, der den maximal möglichen thermischen Wirkungsgrad erreichen soll. Als ausgebildeter Maschinenbauingenieur versteht Diesel die Thermodynamik und die theoretischen sowie praktischen Einschränkungen der Kraftstoffeffizienz. Deshalb weiß er, dass bis zu 90 % der im Heizkessel gespeicherten Energie in einer Dampfmaschine ungenutzt verpuffen. Der von ihm schließlich entwickelte Kompressionsmotor ist kleiner und wiegt weniger als Dampfmaschinen gleicher Leistung. Der erste erfolgreiche Dieselmotor wird 1897 offiziell getestet. Weil Dieselmotoren sich besonders für Schwerlastanwendungen eignen, ersetzen sie mit der Zeit die Dampfmaschinen in Schiffen, Lokomotiven und bei Antriebsmotoren in der Industrie. Wesentlich für den Erfolg des Dieselmotors ist, dass dieser nur Kraftstoff benötigt, dessen Herstellung weniger Raffination als Benzin erfordert, wodurch Dieselmotoren im Betrieb besonders kostengünstig sind. Kohle hat damit nicht ausgedient, aber die bedeutendste Energiequelle der industriellen Revolution wird in der ersten Hälfte des 20. Jahrhunderts Benzin und Diesel und damit Erdöl. Dazu trägt auch die große Smog-Katastrophe in London bei.

Die große Smog-Katastrophe in London und ihre Folgen

Eine Periode ungewöhnlich kalten Wetters im Dezember 1952 veranlasst die Londoner, deutlich mehr Kohle als üblich zu verbrennen, um sich warm zu halten. Während hochwertige Kohle vorwiegend exportiert wird, um die Schulden aus dem Zweiten Weltkrieg zu begleichen, erhöht billigere, schwefelhaltige Braunkohle den Schwefeldioxidgehalt im Rauch. Zahlreiche Kohlekraftwerke im Großraum London verfeuern solche Braunkohle. Am 4. Dezember 1952 legt sich ein Hochdruckgebiet über das windstille London und verursacht eine Temperaturinversion, bei der relativ kühle, stehende Luft unter einer Schicht wärmerer Luft eingeschlossen ist. Der entstehende Nebel, vermischt mit Rauch aus Haus- und Industrieschornsteinen, Partikeln aus Autoabgasen und Schwefeldioxid, bildet einen hartnäckigen Smog, der am folgenden Tag die Hauptstadt einhüllt. Die Sichtweite reduziert sich auf wenige Meter. Der öffentliche nahverkehr wird, mit Ausnahme der Londoner U-Bahn, eingestellt, und auch der Rettungsdienst muss eingestellt werden. Konzerte und Filmvorführungen werden abgesagt oder abgebrochen, da Bühnen und Leinwände von den Sitzen aus nur mehr schlecht zu erkennen sind. Nachts wird die Situation noch schlimmer, da die Straßenlaternen kein, den Smog durchdringendes Licht abgeben, sodass Fußgänger kaum ihre eigenen Füße sehen können.

Statistiken medizinischer Dienste ergeben, dass der Nebel 4000 Menschen das Leben gekostet hat. Viele der Opfer sind sehr jung oder alt oder leiden unter Atemwegs- oder Herz-Kreislauf-Problemen. Der führende britische Umweltexperte stellt fest, dass zusätzlich zu den ursprünglich gezählten, 8000 weitere Todesfälle hinzukamen, sodass sich die Gesamtzahl auf 12.000 beläuft. Die meisten Todesfälle wurden durch Infektionen der Atemwege durch den Smog verursacht. Als Folge der Smog-Katastrophe wird der Clean Air Act 1956 beschlossen. In Folge werden offene Kohlefeuer durch Alternativen, wie Gasheizöfen ersetzt, und die Nachfrage nach Kohle geht zurück (Abb. 9.1).

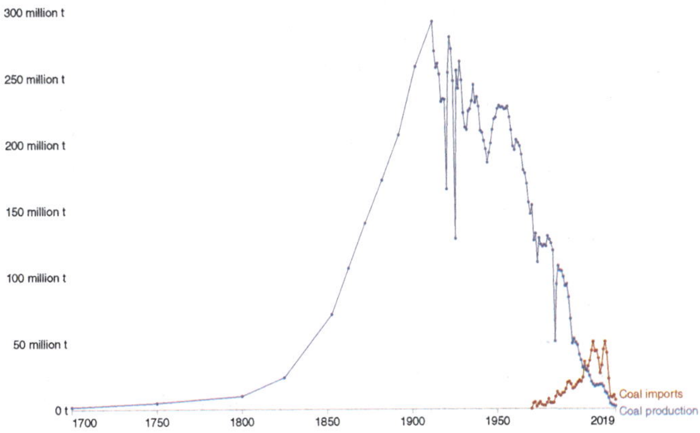

Abb. 9.1 Kohleproduktion und -importe in Großbritannien pro Jahr

Kohle und Stadtgas

Doch die Zeit für Kohle ist nicht vorbei. Sie wird im 19. Jahrhundert zum Rohstoff für Stadt- bzw. Leuchtgas. Das ist ein ab der Mitte des 19. Jahrhunderts zunehmend genutztes Brenngas, das zumeist in Ballungszentren eingesetzt und durch Kohlevergasung hergestellt wird. Zunächst dient es zur Beleuchtung von Straßen und Wohnungen, später auch zum Betreiben von Gasherden und Gasdurchlauferhitzern. Das erste kommerzielle Gaswerk entsteht 1812 in London, deren Kohlegase durch Holzrohre zur Westminster Bridge geleitet werden und seit 1813 Gaslampen versorgen. Bis 1870 gibt es bereits über 340 Gaswerke in Deutschland.

Die Verwendung von Leuchtgas hat weitreichende gesellschaftliche Effekte. Zunächst betrifft es die Industrie, deren Werke in der Mitte des 19. Jahrhunderts beleuchtet werden und eine deutliche Verlängerung der Arbeitszeiten ermöglichen, bis hin zu durchgehenden Nachtschichten. Über Druckgasleitungen beleuchten Gaswerke die Städte, was einen erweiterten städtischen Verkehr ermöglicht. Mit der Erfindung des Gaszählers in den späten 1880ern wird Stadtgas auch in Privathaushalten üblich und ermöglicht das Lesen von Büchern auch abends, mit der Zeit auch das Kochen und das Heizen mit Gas.

Indes, Stadtgas ist giftig. Es einzuatmen führt zu Kohlenmonoxidvergiftung und zu zahlreichen Todesfällen. Deshalb und auch in Folge der Entdeckung der Erdgasvorkommen in Europa, vor allem in der Nordsee, und für Mitteleuropa auch in Folge der Errichtung von Gaspipelines aus fernab liegenden Lagerstätten, etwa aus Russland, wird in den 1960er Stadtgas durch Erdgas ersetzt. In Deutschland wird Stadtgas heute nicht mehr hergestellt. In China, einem Land mit großen Kohlevorkommen und ohne größere Erdgasvorkommen wird es weiterhin in Haushalten genutzt.

Die Elektrifizierung der Welt

Zu Beginn des 20. Jahrhunderts sind die Straßen der meisten Städte Nordamerikas und Europas noch mit Gaslicht beleuchtet, und auch die meisten Bahnsteige sind mit Gaslicht ausgestattet. Ab 1880 wird die Gasbeleuchtung von Straßen und Bahnhöfen allmählich durch elektrische Beleuchtungssysteme ersetzt. Damit kommt es zur erdumspannenden Elektrifizierung, die bis heute andauert. Die Stromerzeugung in zentralen Kraftwerken beginnt in New York mittels einer Dampfmaschine, die einen elektrischen Generator antreibt, der die öffentliche Beleuchtung der Pearl Street in New York mit Strom versorgt.

Die neue Technologie wird schnell von vielen Städten weltweit übernommen, die ihre gasbetriebenen Straßenlaternen auf elektrischen Strom umstellen. Bald darauf wird elektrisches Licht in öffentlichen Gebäuden, Unternehmen und im öffentlichen Nahverkehr wie Straßenbahnen und Zügen eingesetzt. Die ersten Kraftwerke zur Stromerzeugung nutzen Wasserkraft oder Kohle. In den 1880er Jahren steigt die Popularität der Elektrizität mit der Einführung der Glühbirne massiv an. Innovationen, wie Kühlschrank, Waschmaschine, Geschirrspüler, Staubsauger führen dazu, dass immer mehr Elektrizität von Haushalten nachgefragt wird.

Mit dem technologischen Fortschritt steigen auch Produktivität und Effizienz der Stromerzeugung. Erfindungen wie die, vor allem mit Erdgas, Erdöl oder Kohle betriebene Dampfturbine haben einen massiven Einfluss auf die Effizienz der Stromerzeugung, aber auch auf deren Wirtschaftlichkeit. Die Elektrifizierung von Haushalten beginnt in Europa und Nordamerika in den 1920er Jahren in Großstädten und Ballungsräumen. Die weltweite Nachfrage nach Strom nimmt stetig zu, wobei Kohle, Erdöl und Erdgas auch heute noch zu über 60 % zur Stromerzeugung beitragen (Abb. 9.2).

Das Jevons-Paradoxon

Der Markt fossiler Brennstoffe funktioniert seit der Erfindung der Dampfmaschine perfekt. Rasch steigende Nachfrage nach fossilen Brennstoffen steht ein ebenso rasch wachsendes Angebot an fossilen Brennstoffen gegenüber. Zu temporären Verknappungen kommt es eher aus politischen Gründen, wie die Ölpreiskrisen 1973 und 1979/1980, als dadurch, dass das Angebot nicht mit der rasch steigenden Nachfrage mithalten kann. Durchaus vergleichbar mit dem Netzwerkeffekt kommt es im Markt fossiler Brennstoffe zu einem Effekt, der das Wachstum beschleunigt, dem sogenannten Jevons-Paradoxon.

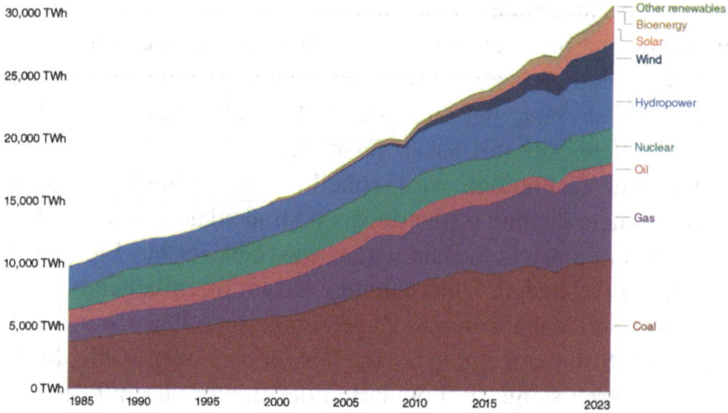

Abb. 9.2 Elektrizitätserzeugung nach Quellen, weltweit

Im Jahr 1865 beschreibt der englische Ökonom William Jevons das Phänomen, dass, nachdem James Watt seine Dampfmaschine auf den Markt brachte, Englands Kohleverbrauch sprunghaft anstieg, obwohl deren Wirkungsgrad gegenüber früheren Konstruktionen deutlich höher war. Wenn die benötigte Kohlemenge wegen des höheren Wirkungsgrades sinkt, sollte der Gesamtkohleverbrauch abnehmen. Das Gegenteil war der Fall. Jevons erklärt dieses Paradoxon damit, dass bessere Brennstoffeffizienz die Nutzung von Dampfmaschinen für immer mehr Anwendungen wirtschaftlich macht und dadurch den Brennstoffverbrauch erhöht. Jede Verbesserung des Wirkungsgrades von Kohle erhöht die Geschwindigkeit, mit der die Nachfrage nach Kohle zunimmt. Diese Wachstumsbeschleunigung der Nachfrage nach fossilen Brennstoffen macht das Jevons-Paradoxon auch heute noch gültig.

Die Erfindungen von Motor, Generator und Turbine schaffen im 20. Jahrhundert völlig neue, globalisierte Märkte. Sie befreien uns Menschen weitestgehend von den Mühen körperlicher Schwerarbeit. Sie machen aber auch ganze Berufsgruppen obsolet, wie Spinner, Weber und Fuhrmann. Mit der Notwendigkeit, Energie zu den Verbrauchern zu transportieren, entsteht neue Infrastruktur zum Transport von Stadtgas später Erdgas sowie zum Transport von Elektrizität. Das benötigt fossile Brennstoffe, deren

Nachfrage exponentiell wächst. Der Goldrausch des 19. Jahrhunderts wird durch den Rohölrausch im 20. Jahrhundert abgelöst (Abb. 9.3).

Die Wurzeln des multinationalen Öl- und Gaskonzerns ExxonMobil reichen bis in das Jahr 1866 zurück. Im Jahr 2007 gehören die Öl- und Gaskonzerne ExxonMobil, Gazprom, Royal Dutch Shell sowie BP zu den weltweit zehn wertvollsten Unternehmen. Ohne fossile Brennstoffe hätte es die industrielle Revolution nicht gegeben oder bestenfalls solange, bis alle Wälder verheizt worden wären.

Die bahnbrechende Erkenntnis von Svante Arrhenius
Schon zu Beginn der industriellen Revolution ist bekannt, dass zum Verbrennen von Holz oder Kohle Sauerstoff notwendig ist und dass bei diesem Verbrennungsprozess Kohlendioxid entsteht. Diese Erkenntnis verdanken wir dem französischen Adligen und Chemiker Antoine-Laurent de Lavoisier, der eine zentrale Rolle in der chemischen Revolution des 18. Jahrhunderts spielt. Lavoisier ist vor allem für seine Entdeckung der Funktion von Sauerstoff bei der Verbrennung bekannt. Er erkennt Sauerstoff als Element und gibt 1777 diesem Element den Namen „Oxygène". Mit seinen Experimenten bestätigt Lavoisier auch das Prinzip der Massenerhaltung. Vor ihm war die Massenerhaltung wegen des

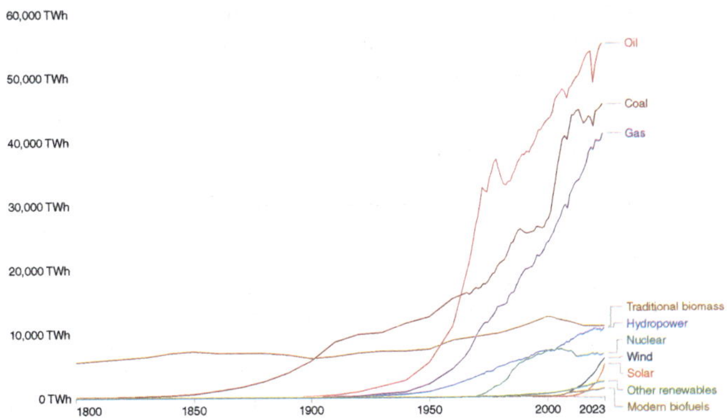

Abb. 9.3 Weltweiter jährlicher Primärenergieverbrauch nach Quellen

Auftriebseffekts der Erdatmosphäre auf das Gewicht von Gasen unerkannt. Deswegen ist es nicht allgemein bekannt, dass Kohlendioxid schwerer ist als der fossile brennstoff, durch dessen Verbrennung es entsteht. Aus 1 t Kohle wird beim Verbrennen circa 2,8 t Kohlendioxid.

Verbrennen von fossilen Brennstoffen ist somit stets ein Prozess, bei dem Sauerstoff der Atmosphäre entnommen, Kohlendioxid der Atmosphäre wieder zugeführt und Energie in Form von Wärme frei wird. Dass Kohlendioxid beim Betreiben von Verbrennungsmotoren und Dampfmaschinen entsteht, ist also bereits zu Beginn der industriellen Revolution bekannt. Diesem chemischen Fakt wird nicht weiter Beachtung geschenkt, bis der schwedische Chemiker und Nobelpreisträger Svante Arrhenius beginnt, sich mit der Frage zu beschäftigen, welche Auswirkungen die Zunahme von Kohlendioxid in der Atmosphäre haben könnte.

Arrhenius will herausfinden, ob Treibhausgase zur Erklärung der Temperaturschwankungen zwischen Eiszeiten und Zwischeneiszeiten beitragen können. Bei der Entwicklung einer Theorie zur Erklärung der Eiszeiten nutzt Arrhenius 1896 als Erster grundlegende Prinzipien der physikalischen Chemie, um Schätzungen darüber anzustellen, in welchem Ausmaß ein Anstieg des atmosphärischen Kohlendioxids die Oberflächentemperatur der Erde durch den Treibhauseffekt erhöhen wird. Diese Berechnungen führen ihn zu dem Schluss, dass die vom Menschen verursachten Kohlendioxid-Emissionen aus der Verbrennung fossiler Brennstoffe und anderer Verbrennungsprozesse groß genug sind, um die globale Erwärmung zu verursachen. Diese Schlussfolgerung wurde umfassend geprüft und hat sich einen Platz im Zentrum der modernen Klimawissenschaft erobert:

> Ein Sinken der Kohlensäuremenge der Luft auf die Hälfte ihres jetzigen Betrages würde die Temperatur um ungefähr 4° herabsetzen; ein Sinken auf ein Viertel um etwa 8°. Andererseits würde eine Verdoppelung des Kohlensäuregehaltes der Luft die Temperatur der Erdoberfläche um 4, eine Vervierfachung sie um 8° erhöhen. Dabei würde ein Sinken des Kohlensäuregehaltes die Temperaturunterschiede zwischen den verschiedenen Teilen der Erde verschärfen, eine Erhöhung sie wieder ausgleichen. Der Kohlensäuregehalt der Luft ist so unbedeutend, daß die jährliche Kohlenverbrennung, die jetzt ungefähr 900 Mio. t (1904) erreicht und rasch anwächst, der Atmosphäre etwa

> ein Siebenhundertstel ihres Kohlensäuregehaltes zuführt. Es ist daher wahrscheinlich, daß der Kohlensäuregehalt der Luft ziemlich rasch zunimmt.
> Man hört oft Klagen darüber, daß die in der Erde angehäuften Kohlenschätze von der heutigen Menschheit ohne Gedanken an die Zukunft verbraucht werden. Doch kann es vielleicht zum Trost gereichen, daß es hier wie so oft keinen Schaden gibt, der nicht auch sein Gutes hat. Durch Einwirkung des erhöhten Kohlensäuregehaltes der Luft hoffen wir uns allmählich Zeiten mit gleichmäßigeren und besseren klimatischen Verhältnissen zu nähern, besonders in den kälteren Teilen der Erde.[79]

Im Lichte der Entwicklung nach 1904 unterschätzte Arrhenius die Beschleunigung, die die Nachfrage nach fossilen Brennstoffen erfuhr (Abb. 9.4).

Die Keeling Kurve der Kohlendioxidkonzentration

Obgleich die CO_2-Emissionen sehr genau gemessen werden können, ist die genaue Auswirkung dieser Emissionen auf die Konzentration von Kohlendioxid in der Atmosphäre noch einige Jahrzehnte nach der bahnbrechenden wissenschaftlichen Erkenntnis von Arrhenius unbekannt. Man weiß selbstverständlich, dass mehr CO_2-Emissionen auch zu höherer Konzentration von CO_2 in

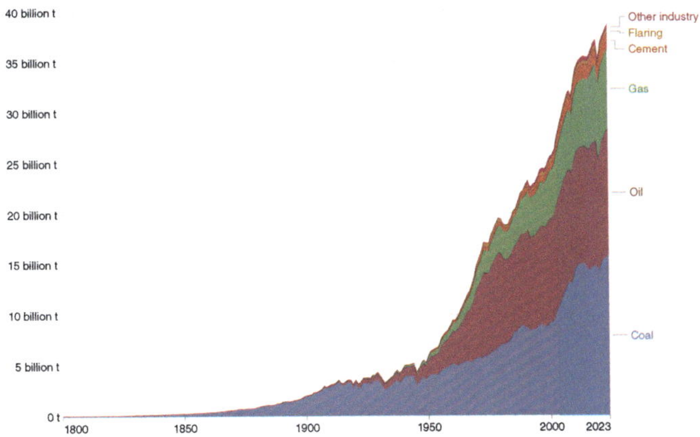

Abb. 9.4 Jährliche weltweite Kohlendioxid-Emissionen nach Brennstoff bzw. Industrietyp

der Atmosphäre führen. Allerdings ist auch bekannt, dass ein erheblicher Teil dieser Emissionen von den Ozeanen und den Pflanzen der Atmosphäre wiederum entzogen wird. Erst Charles Keeling, Professor für Ozeanographie an der Scripps Institution of Oceanography, gelingt es, mit seinen Kohlendioxidmessungen am Mauna-Loa-Observatorium den stetig steigenden Kohlendioxidgehalt zu dokumentieren und damit die Theorie von Svante Arrhenius zu erhärten. Seine Messungen beginnen im Jahr 1958 und werden seitdem ununterbrochen durchgeführt. Die grafische Darstellung des globalen Konzentrationsverlaufs von Kohlendioxid in der Erdatmosphäre wird deshalb Keeling-Kurve genannt. Die Konzentration von Kohlendioxid in der Atmosphäre wird in Teilen pro Million (parts per million – ppm) gemessen. Die Werte vor 1958 werden mithilfe von konservierten Luftproben aus Eisbohrkernen hochauflösend gemessen (Abb. 9.5).

Die globale Erwärmung wird fassbar

Die rasche und sich beschleunigende Zunahme der Kohlendioxidkonzentration in der Atmosphäre im 20. Jahrhundert wird erst ab den 1960er Jahren genauer analysiert. Mithilfe von Computern werden anspruchsvollere Versionen der Berechnungen von Arrhenius entwickelt. Im Jahr 1967 führt Syukuro Manabe, leitender Meteorologe am Program in Atmospheric and Oceanic Science

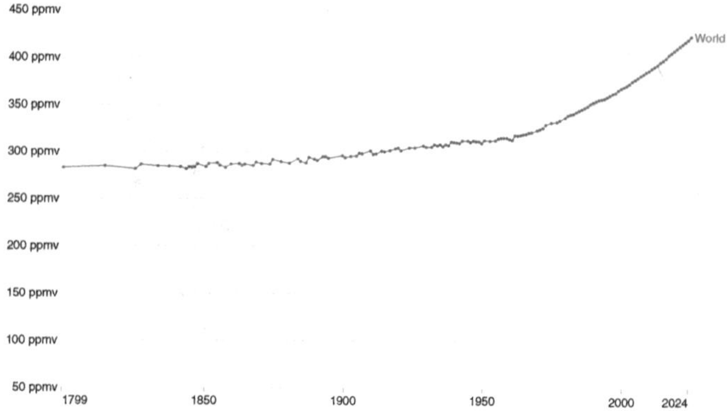

Abb. 9.5 Kohlendioxidkonzentration in der Atmosphäre, 1800–2024

der Princeton University gemeinsam mit Richard Wetherald schließlich die erste detaillierte Berechnung des Treibhauseffekts durch. Sie kommen zu dem Ergebnis, dass eine Verdoppelung des Kohlendioxidgehalts gegenüber dem Stand 1967 zu einem Anstieg der globalen Temperatur um 2 °C gegenüber 1967 führen würde. Für diese Arbeit wird Manabe 2021 mit dem Nobelpreis für Physik ausgezeichnet mit folgender Begründung:

> Komplexe Systeme zeichnen sich durch Zufälligkeit und Unordnung aus und sind schwer zu verstehen. Der diesjährige Preis würdigt neue Methoden zu ihrer Beschreibung und zur Vorhersage ihres langfristigen Verhaltens. Ein komplexes System, das für die Menschheit von entscheidender Bedeutung ist, ist das Klima der Erde. Syukuro Manabe wies nach, wie ein erhöhter Kohlendioxidgehalt in der Atmosphäre zu einem Anstieg der Temperaturen an der Erdoberfläche führt. In den 1960er Jahren war er federführend bei der Entwicklung physikalischer Modelle des Erdklimas und erforschte als Erster die Wechselwirkung zwischen Strahlungsbilanz und vertikalem Transport von Luftmassen. Seine Arbeiten legten den Grundstein für die Entwicklung der heutigen Klimamodelle.

Dank der Messung mittels konservierten Luftproben aus Eisbohrkernen kann die Kohlendioxidkonzentration in der Atmosphäre über Jahrtausende sehr genau rückverfolgt werden. Deshalb wissen wir, dass die Kohlendioxidkonzentration heute höher ist als je zuvor in der Geschichte der Zivilisation (Abb. 9.6).

Der Optimismus, den Svante Arrhenius noch 1907 hatte, weil er meinte, dass durch erhöhte Kohlendioxidkonzentration in der Atmosphäre wir uns besseren klimatischen Verhältnissen nähern, verfliegt in den 1960er Jahren.

Die Klimakonferenzen

In Folge findet die erste World Climate Conference im Jahr 1979 statt. Wichtiges Ergebnis ist die Warnung, dass die weitere Nutzung fossiler Brennstoffe zu einem massiven Anstieg der atmosphärischen Kohlendioxidkonzentration führen wird. Es folgt die Weltklimakonferenz 1988 in Toronto. Ergebnis ist die Forderung einer Minderung der weltweiten jährlichen Treibhausgasemissionen um 20 % bis 2005 und 50 % bis zum Jahr 2050 ge-

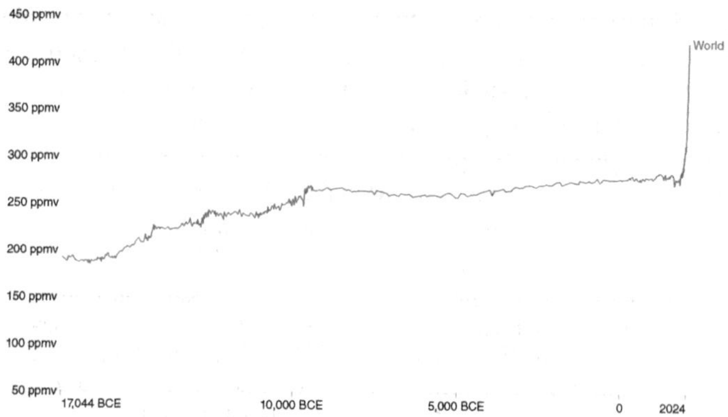

Abb. 9.6 Kohlendioxidkonzentration in der Atmosphäre, 17.000 v. Chr. – 2024

genüber den Werten von 1988. Seit 1995 finden die UN-Weltklimakonferenzen (Conference of Parties kurz COP) in aller Regel jährlich statt. Bei der 3. Klimakonferenz (COP 3) 1997 werden mit dem Kyoto-Protokoll erstmals rechtlich verbindliche Ziele für Emissionshöchstmengen für Industrieländer international festgelegt. Bei der 21. Klimakonferenz (COP 21) 2015 wird das Übereinkommen von Paris in Nachfolge des Kyoto-Protokolls erarbeitet.

Mit diesem Übereinkommen einigen sich die Staaten darauf, den Anstieg der weltweiten Durchschnittstemperatur auf deutlich unter 2 °C gegenüber vorindustriellen Werten zu begrenzen mit dem ergänzenden Ziel, den Anstieg auf 1,5 °C zu begrenzen, und dafür Sorge zu tragen, dass die weltweiten Emissionen möglichst bald ihren Gipfel überschreiten. Dadurch würden die Risiken und Folgen des Klimawandels deutlich vermindert.

2025 findet die nunmehr 30. Klimakonferenz (COP 30) in Belém in Brasilien statt. Trotz aller dieser Klimakonferenzen, trotz Kyoto-Protokoll und dem Übereinkommen von Paris wachsen sowohl die jährlichen weltweiten CO_2-Emissionen als auch die Kohlendioxidkonzentration in der Atmosphäre weiter.

Die Konsequenzen

Die langfristigen Konsequenzen dieser Entwicklung sind kaum abschätzbar, es ist aber zu vermuten, dass diese in den kommenden Jahrhunderten erheblich sein werden. Das Problem dabei ist weniger die Veränderung an sich, denn die Natur hat auch zu Zeiten, bevor Wälder zu Kohle wurden und die Kohlendioxidkonzentration in der Atmosphäre wesentlich höher war als heute, floriert. Das Problem ist die Geschwindigkeit der Veränderung. Während die Reduktion der Kohlendioxidkonzentration ein Prozess war, der sich über Jahrtausende bis Jahrmillionen erstreckte, findet die Umkehrung davon durch das Verbrennen fossiler Brennstoffe in Jahrzehnten bis Jahrhunderten statt. Aus erdgeschichtlicher Sicht ist eine solche Veränderung innerhalb von Jahrhunderten ein Schock mit unbekannten Nachwirkungen, da die evolutionäre Anpassungsfähigkeit der Natur auf eine harte Probe gestellt wird.

Während Kohle aus Sumpfwäldern entstand, sind Rohöl und Erdgas aus abgestorbenen und abgesunkenen marinen Kleinstlebewesen, überwiegend einzelligen Algen entstanden. Gemeinsam ist diesen, dass der Prozess von lebenden Organismen bis zum fossilen Brennstoff Jahrmillionen dauerte. Dementsprechend dauerte auch das Absinken der Kohlendioxidkonzentration in der Atmosphäre Jahrmillionen. Dadurch wurde es, wie Arrhenius richtig erkannte, deutlich kühler auf der Erde. Viele Spezies verschwanden, neue entwickelten sich, wie die Säugetiere. Etwas vereinfacht lässt sich sagen, dass die Säugetiere davon enorm profitierten, dass die Bindung von Kohlenstoff in Form fossiler Brennstoffe zur damit einhergehenden Reduktion von Kohlendioxid in der Atmosphäre führte. Damit verbunden wurde die Atmosphäre reicher an Sauerstoff und die Temperatur der erdnahen Atmosphäre und der Meere nahm ab. Dieser Prozess dauerte Jahrmillionen, eine Langsamkeit, die Anpassung aller Lebewesen durch Evolution ermöglichte. Inwiefern die immens rasche Umkehrung dieses Prozesses durch das Verbrennen fossiler Brennstoffe innerhalb weniger Jahrhunderte die Anpassungsfähigkeit vieler Lebewesen überfordert, ist nicht absehbar.

Meeresspiegel und Gletscherschwund

Dass Arrhenius, der die meiste Zeit seines Lebens im kühlen Schweden verbringt, der von ihm korrekt prognostizierten globalen Erwärmung positiv gegenübersteht, ist nachvollziehbar. Was er nicht beachtet oder unterschätzt, sind die Eigenschaften von Wasser, insbesondere die herausragende Bedeutung von Null Grad Celsius. Bei 0 °C ändert sich der Aggregatzustand, aus flüssigem Wasser wird festes Eis und umgekehrt. Diese Binsenweisheit ist der Grund, weshalb bei globaler Erwärmung die Gletscher schwinden und bei Erdabkühlung die Gletscher wachsen. Wenn die Jahresdurchschnittstemperatur in einer Region knapp unter 0 °C ist, wachsen die Gletscher. Wenn diese hingegen um nur wenige Zehntelgrad auf knapp über 0 °C steigt, dann schmelzen Gletscher und fließen als Wasser ins Meer. Wenn eine solche geringfügige Temperaturänderung nur einige wenige Jahre hintereinander dauert, gibt es kaum Auswirkungen. Wenn dies aber über Jahrhunderte andauert, so schmelzen die Gletscher weltweit und der Meeresspiegel steigt, zunächst unmerklich, aber mit der Zeit immer schneller. So steigt im Zeitraum von 1901 bis 1971 der Meeresspiegel um 1,3 mm pro Jahr, im Zeitraum 1971 bis 2006 sind es bereits 1,9 mm pro Jahr und zwischen 2006 und 2018 3,7 mm pro Jahr. Seit 1880 ist der Meeresspiegel um 20 bis 25 cm gestiegen (Abb. 9.7). Ursachen sind einerseits das

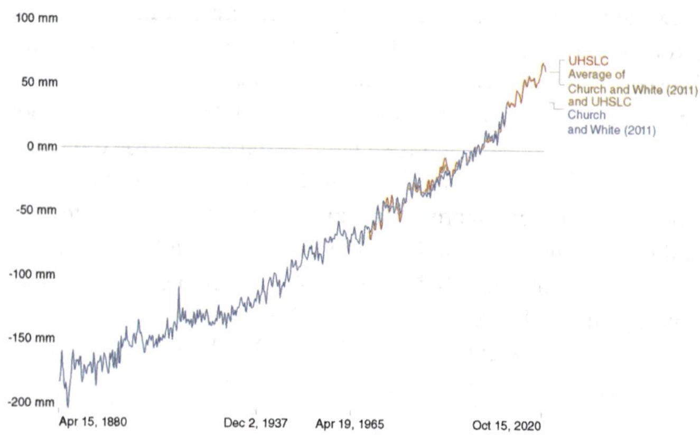

Abb. 9.7 Anstieg des Meeresspiegels seit 1880 in Millimeter

Schmelzen der Gletscher, vor allem außerhalb der beiden Polargebiete und andererseits die Ausdehnung des Wassers aufgrund der globalen Erwärmung der Ozeane.

Ein Anstieg des Meeresspiegels um einen Millimeter klingt nach wenig. Indes beträgt die gesamte Meeresoberfläche 361 Mio. km^2. Um daher diesen Anstieg zu bewirken, muss dem Meer 361 Mrd. m^3 Wasser zugeführt werden. Das entspricht einem Gletscher-Würfel mit einer Kantenlänge von 7100 m. Derzeit fließen also 3,7 solche geschmolzenen Gletscher-Würfel als Folge des Verbrennens fossiler Brennstoffe jährlich ins Meer und seit 1880 sind es insgesamt 200 solcher gigantischer Gletscher-Würfel.

Steigende und fallende Meeresspiegel sowie schrumpfende und wachsende Gletscher sind in der Erdgeschichte nichts Neues. Sie stehen zu einem wesentlichen Teil im Zusammenhang mit der Kohlendioxidkonzentration in der Atmosphäre und der damit verbundenen Durchschnittstemperatur der erdnahen Atmosphäre. Indes, seit es Zivilisationen gibt, ist der Meeresspiegel bis vor 6000 Jahren um 40 m gestiegen. In den letzten 6000 Jahren blieb der Meeresspiegel hingegen ziemlich konstant, so wie auch die Kohlendioxidkonzentration, die heute 430 ppm beträgt, im selben Zeitraum konstant bei 275 ppm lag. Vor 10.000 bis 8000 Jahren, also während 2000 Jahren, stieg der Meeresspiegel hingegen um beachtliche 15 mm pro Jahr (Abb. 9.8). Das Gletscherwasser von 15 Gletscher-Würfeln mit einer Kantenlänge von 7100 m floss jährlich ins Meer. Die berühmten Flüsse Euphrat und Tigris, die im südöstlichen Taurusgebirge und deren Gletscher entspringen, führten deshalb in der Zeit der mesopotamischen Zivilisationen wesentlich mehr Wasser als heute, wo die meisten Gletscher des Taurus weggeschmolzen sind. Einer der größten Gletscher im Taurus ist der İzbırak-Gletscher des Uludoruk-Gipfels. Noch in den 1970er Jahren bedeckte er eine Fläche von 8 km^2. Bis 2013 hatte sich die Fläche auf 3,5 km^2 verringert.

Um wieviel der Meeresspiegel in den kommenden Jahrhunderten steigen wird, ist unbeantwortbar, denn das hängt davon ab, welche Kohlendioxidkonzentration erreicht wird und diese hängt wiederum davon ab, wie viele Jahre noch fossile Brennstoffe genutzt werden. Sicher ist, dass noch sehr viel Kohle, Rohöl

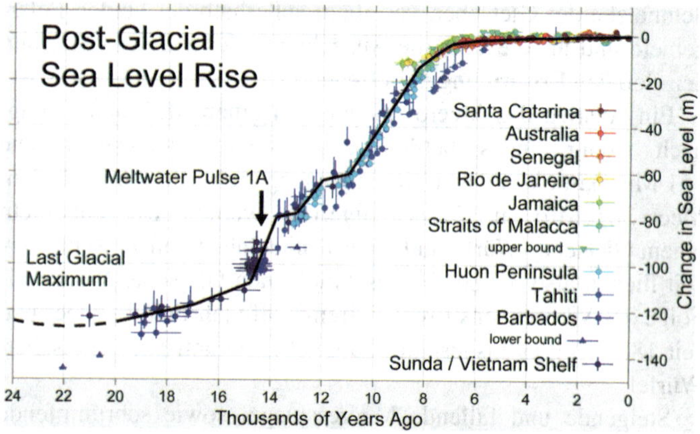

Abb. 9.8 Postglazialer Meeresspiegel

und Erdgas verbrannt werden kann, bevor deren Läger in der Erde erschöpft sind. Sicher ist aber auch, dass es nach wie vor sehr viele Gletscher aus der letzten Eiszeit gibt, die begonnen haben zu schmelzen. Falls die Eisdecke Grönlands in den nächsten Jahrhunderten komplett wegschmilzt, wofür es Indizien gibt, würde der Meeresspiegel um 7 m steigen.

Netto-Null Kohlendioxid-Emissionen

Gesichert ist, dass eine Energiepolitik von Netto-Null Kohlendioxid-Emissionen das Schmelzen der Gletscher und das Ansteigen des Meeresspiegels nicht zum Stillstand bringt, geschweige denn rückgängig macht – selbst wenn eine solche Energiepolitik weltweit tatsächlich realisiert wird. Denn Netto-Null Kohlendioxid-Emissionen bedeutet einfach, dass genau so viel Kohlendioxid aus der Atmosphäre entfernt wird wie emittiert wird, dass also die Kohlendioxidkonzentration in der Atmosphäre konstant bleibt, so wie in den letzten 10.000 Jahren bis 1850. Da derzeit die Kohlendioxidkonzentration um jährlich 2,8 ppm steigt – wobei dieser Anstieg jedes Jahr etwas mehr wird – haben globale Netto-Null Kohlendioxid-Emissionen ab 2050 zur Folge, dass sich die Kohlendioxidkonzentration bei 470 ppm stabilisieren würde. Da die Gletscher bereits heute bei 430 ppm schmelzen, werden sie bei 470 ppm umso rascher schmelzen und der Meeresspiegel umso rascher steigen.

Mit der Erfindung der Dampfmaschine, der industriellen Revolution und dem Ersatz menschlicher Arbeitskraft durch Maschinen, hat die Menschheit unwissentlich und unbeabsichtigt eine Art Terminkontrakt mit der Natur geschlossen, der aus Sicht der Natur in etwa so lautet:

„Ich, die Natur, stelle euch Menschen die besten und über viele Millionen Jahre hergestellten Energieformen Erdgas, Rohöl und Kohle kostenlos zur Verfügung. Solltet ihr diese jedoch über einen Zeitraum von mehr als einem Jahrzehnt exzessiv nutzen, so wird die erdnahe Atmosphäre immer wärmer werden, die Gletscher immer rascher schmelzen und der Meeresspiegel mit zunehmender Geschwindigkeit ansteigen. Auch wenn euch das nicht passt, mit mir könnt ihr diesen Terminkontrakt nicht verhandeln, denn so sind nun mal meine Naturgesetze. Eure Gesetze, Regeln und Normen sind mir hingegen vollkommen egal – tut mir leid.“

Seit den 1960er Jahren ist all das bekannt und trotzdem ist es der Menschheit bislang nicht gelungen, sich von der Nutzung fossiler Brennstoffe zu lösen.[80] Ein Ende des Marktes fossiler Brennstoffe ist nicht in Sicht. So wie die ersten Zivilisationen nicht zuletzt durch Süßwasser in Form der Flüsse Euphrat, Tigris und Nil ermöglicht wurden, so ist der zivilisatorische Fortschritt seit 1850 durch die Nutzung fossiler Brennstoffe gepaart mit menschlicher Erfindungskraft befördert worden.

Ein globales zivilisatorisches Dilemma hat sich aufgetan, aus dem es, scheint’s, kein Entrinnen gibt. Der Markt fossiler Brennstoffe ist der größte und erfolgreichste seitdem es Märkte gibt. Alle bisherigen Bemühungen, diesen Markt zu zerstören oder wenigstens einzudämmen, haben nichts gefruchtet. Genau darin liegt das Problem.

10 Dilemmata und Nebeneffekte der Marktwirtschaft

Auch wenn es Dilemmata schon gibt, seitdem Menschen bewusst Entscheidungen treffen, so ist der Begriff selbst erst seit 500 Jahren gebräuchlich. Ein Dilemma, auch Zwickmühle genannt, bezeichnet eine Situation, die zwei Möglichkeiten der Entscheidung oder der Handlung bietet, die beide zu einem unerwünschten Resultat führen.

Das älteste überlieferte Dilemma ist jenes von Agamemnon in der gleichnamigen Tragödie von Aischylos. Artemis, die Göttin der Jagd und des Waldes, grollt Agamemnon und seinen Männern, weil sie in ihrem Hain ein heiliges Tier – eine Hirschkuh – getötet haben. Als nun die zum Krieg versammelte Flotte der Hellenen durch Windstille zurückgehalten wird, verkündigt der Seher Kalchas, dass Artemis das Auslaufen der Flotte nach Troja so lange verhindern wird, bis Iphigenía, die Tochter des Heerführers Agamemnon, ihr geopfert wird. Agamemnon muss sich entscheiden, ob er die eigene Tochter der Göttin zum Opfer bringen oder den Heerzug gegen Troja aufgeben soll. Er opfert Iphigenía als das, aus seiner Sicht kleinere Übel:

> Da sprach er also, der ält're Heerfürst:
> »Ein hartes Los ist es, nicht zu folgen,
> Ein hartes, soll ich schlachten
> Mein Kind, des Hauses Kleinod,
> Und beim Altar die Vaterhand hier
> Ruchlos ins Herzblut der Tochter tauchen!
> Was bleibt da frei von Leid?

C. E. Mandl, *Marktversagen*,
https://doi.org/10.1007/978-3-658-50377-2_10

Üb' ich Verrat am Heere?
Täusch' ich die Kampfgenossen?
Dass sie das windstillende Sühnopfer, das jungfräuliche Blut,
Fordern in zornglühender Gier, recht ist's: führ' es zum Heile!«
Jetzt, als er aufnahm das Joch des Zwanges
Und Sinneswandlung im Busen hauchte,
Gottlose, schnöd unheilige,
Ergriff er tollkühn das kecke Wagnis.
Denn dreist in Untat verlockt die Menschen
Unsel'ger Wahnsinn, des Fluches Quelle,
So trug er's denn, sein Kind schlachten zu seh'n,
Dem frauenraubrächenden Krieg zum Schutze,
Als Voropfer des Seezugs[81]

Agamemnon hat die Wahl zwischen Pest und Cholera. Schlimmer noch: Egal wie er sich entscheidet, es fällt auf ihn zurück. Wenn er sich für Iphigenía entschieden hätte, dann wäre er als Heerführer gescheitert, weil seine Flotte nicht gegen Troja in den Krieg hätte ziehen können. Entscheidet er sich hingegen gegen seine Tochter und damit für seine Flotte – was er ja tat – so wird er, nachdem nach zehnjähriger Belagerung Troja fällt und er darauf nach Mykene zurückkehrt, als Rache für die Opferung Iphigenias von seiner Frau Klytaimnestra erdolcht.

Auch wenn diese Sage nach heutigen Schätzungen 3200 Jahre alt ist, so hat das beschriebene Dilemma als Metapher auch heute noch Gültigkeit. Auslöser für Agamemnons Dilemma ist das Töten eines heiligen Tieres in einem Hain, also in einem Bereich, der einer Gottheit gehört und von Menschen nicht angetastet werden darf. Auch heute kreiert die Übernutzung der Natur Dilemmata. Mit dem Dilemma konfrontiert, hat Agamemnon zwei Handlungsoptionen, aber beide führen zu keinem guten Ende. Doch gibt es einen wesentlichen Unterschied zwischen den beiden Möglichkeiten. Im Falle er „Verrat am Heere" verübt, bekommt er die Folgen unmittelbar zu spüren. Opfert er hingegen Iphigenía, so wird er dafür erst zehn Jahre später erdolcht und zum Zeitpunkt seiner Entscheidung ist ihm diese Konsequenz nicht bekannt. Diese, heute Nebeneffekt genannte, meistens erst zu einem späteren Zeitpunkt auftretende Folge einer Handlung führt auch heute mitunter dazu, jene Möglichkeit zu wählen, deren Nebeneffekte erst, wenn überhaupt zu einem späteren Zeitpunkt auftreten. Diese Form eines Dilemmas mit zeitlicher Verzögerung wird im Englischen auch „social trap" also soziale Falle genannt.

Dazu kommt es, wenn Personen sich für eine, zunächst attraktive Möglichkeit entscheiden, die später negative Konsequenzen zeitigt. Ein solches Dilemma entsteht, wenn ein Verhalten zunächst Nutzen stiftet, die Fortsetzung desselben Verhaltens jedoch zu sinkendem Nutzen bis schließlich zu Nutzlosigkeit oder sogar zu Schaden führt. Ein Beispiel für eine soziale Falle ist die Nutzung von Fahrzeugen mit Verbrennungsmotor. Für sich betrachtet sind Fahrzeuge eine Technologie, die den Verkehr revolutioniert und die Lebensqualität deutlich verbessert hat. Ihre weit verbreitete Nutzung führt jedoch zu hoher Umweltverschmutzung.[82]

Das ist tückisch, denn unmittelbarer Nutzen ist sichtbarer als langfristige schädliche Nebeneffekte. Entscheidungen, die auf unmittelbaren Nutzen abzielen, können langfristig zu derart schädlichen Nebeneffekten führen, dass selbst ambitionierte Maßnahmen nicht mehr ausreichen, um diese Nebeneffekte zu kompensieren.

Hinzu kommt ein wenig beachteter Unterschied zwischen dem 3200 Jahre alten Dilemma und heutigen Dilemmata. Artemis hat Agamemnon mit seinen Handlungsoptionen ohne Wenn und Aber konfrontiert. Sie räumte Agamemnon nicht die Möglichkeit ein, mit ihr zu verhandeln, und Agamemnon wiederum kam gar nicht erst auf die Idee, dass er mit einer Göttin eine für ihn günstigere Vereinbarung ausverhandeln könnte. Viele der heutigen Dilemmata werden als menschengemacht und daher als von Menschen veränderbar angesehen. Diese Sichtweise stimmt nur bedingt.

Die Vorstellung, dass die Handlungsmöglichkeiten eines Dilemmas verhandelbar sind, trennt soziale Dilemmata von Dilemmata, welche uns die Natur vorgibt. Im ersteren Fall interagieren Akteure mit unterschiedlichen Interessen und versuchen, die Handlungsmöglichkeiten zu beeinflussen. Akteure, die sich dabei benachteiligt wähnen, neigen dazu, sich neu zu formieren, mehr Unterstützung für ihre Ideen zu gewinnen und dann erneut zu versuchen, die Handlungsmöglichkeiten zu ändern oder zu erweitern. Dilemmata, welche uns die Natur vorgibt, sind hingegen anders, denn die Natur lässt nicht mit sich verhandeln. Das starke Bild des Kompromisses, das die meisten sozialen Dilemmata prägt, trifft hier nicht zu. Der Mensch kann sein Verhalten steuern, um die Auswirkungen zu verändern, aber er kann die Reaktion des natürlichen Systems nicht kontrollieren, sobald eine Entscheidung getroffen ist. Die Natur entscheidet letztendlich über die Konsequenzen gewählter Handlungen.[83]

Soweit zur Theorie, doch nun zu den marktwirtschaftlichen Dilemmata, die sich vermehrt auftun.

Das Entwaldungs-Dilemma

Nicht alle Dilemmata sind als solche erkennbar. Vor 2500 Jahren erreichte Athen seine erste Blütezeit. Circa 40.000 Menschen, so schätzt man heute, lebten zu dieser Zeit in der damals bedeutendsten Stadt der Antike. Wie bereits in Kap. 2 ausgeführt, war der Bedarf an Holz für Heizen, für Kochen, aber insbesondere auch für den Schiffsbau, der für Athens Handelsdominanz von besonderer Bedeutung war, enorm. Auch wenn sich Wälder im Prinzip regenerieren, so muss irgendwann vor 2500 Jahren im Umland der Stadt Athen ein Kipppunkt erreicht worden sein. Naheliegend war, dass das benötigte Holz, um es nicht über weite Strecken transportieren zu müssen, aus den Wäldern, die Athen umgaben, gewonnen wurde. Aufgrund der stetig steigenden Nachfrage nach Holz schmolzen die Wälder nahe Athen rasch dahin. Platon, der zu dieser Zeit lebte, beklagte, dass „der Verlust von Holz die Hügel und Ebenen um Athen entblößt und eine massive Bodenerosion verursacht hat".

Das Dilemma, mit dem damals die Athener Stadtverwaltung oder wer immer für den Holzmarkt verantwortlich war, konfrontiert war, ist durchaus mit Agamemnons Dilemma vergleichbar. Indes nicht Artemis stellte die Athener vor das Dilemma, sondern die Wälder selbst. Die Athener hatten die Wahl. Sie konnten die steigende Nachfrage nach Holz befriedigen und immer rascher immer mehr Bäume fällen, sodass die Wälder sich nicht mehr regenerieren konnten, oder sie konnten in den Holzmarkt eingreifen, um das Angebot an Holz so stark zu reduzieren, dass nicht mehr Holz geschlägert wurde als nachwuchs. Vermutlich kam damals der Bevölkerung Athens die letztere Handlungsoption des Dilemmas gar nicht erst in den Sinn. Ein solcher Eingriff in den Holzmarkt wäre auch auf starken Widerstand in der Bevölkerung gestoßen, da mangels Alternativen zu Holz ein solcher Eingriff das wirtschaftliche Gedeihen Athens deutlich negativ beeinflusst hätte. So wie Agamemnon auch entschied sich die Stadtverwaltung Athens für das kleinere Übel und nahm das Verschwinden der Wälder im Umland von Athen bewusst in Kauf, um den wirtschaftlichen Aufschwung Athens nicht zu behindern.

Einige 100 Jahre später wiederholte sich dasselbe Dilemma diesmal in Rom, verschärft dadurch, dass Rom in seiner Blütezeit um das 10–20 fache größer war als das antike Athen. Darüber hinaus war der Bedarf von Holz in Rom auch deswegen größer, weil in Rom große Ziegelbrennereien für das Römische Reich produzierten. Mit dem Niedergang des römischen Reiches und damit auch Roms sank die Nachfrage nach Holz rapide und die zerstörten Wälder regenerierten sich. Erst mehr als 1000 Jahre später kommt es in Venedig zum Versuch der Verwaltung, eine Holzknappheit beim Schiffsbau durch eine Form von Verstaatlichung der Holzversorgung zu begegnen. Dieses Vorhaben stieß auf massiven Widerstand der vom Holzmarkt lebenden Bevölkerung.

Weitere 100 Jahre später wiederholte sich dasselbe Dilemma in London, aber diesmal mit einem anderen Ausgang, weil inzwischen Kohle als Ersatz für Brennholz und Eisen als Ersatz für Holz im Schiffsbau sich verbreitete. Das war auch dringend notwendig, da nicht mehr nur die Umgebung von London weitestgehend entwaldet war, sondern die gesamte britische Insel. Das Dilemma der Entwaldung schien sich damit erledigt zu haben.

Ab den 1990er-Jahren kehrt dieses Dilemma in Form der Holzpellets wiederum zurück. Was zunächst eine ökologisch sinnvolle Verwertung von Sägespänen war, hat sich durch die stark steigende Nachfrage nach Holzpellets als Ersatz für Heizen mit Öl zu einem Markt entwickelt, bei dem nun nicht mehr nur Sägespäne verwertet werden, sondern auch Holz insbesondere aus ärmeren Regionen Europas und der Welt. Versuche, die Herstellung von Holzpellets auf die Nutzung von Sägespänen zu beschränken, führen unweigerlich zu stark steigenden Preisen, weil Holzpellets nur mit dafür speziell gebaute Öfen genutzt werden und die Inhaber solcher Holzpellets-Öfen nicht einfach auf andere Brennmaterialien umsteigen können. Dank der wesentlich besseren und billigeren Transportmöglichkeiten, wird das Entwaldungs-Dilemma nun nicht mehr im Umland von Ballungszentren sichtbar, sondern in Waldgebieten abseits großer Städte. Der Holzpellets-Markt funktioniert, Nachfrage und Angebot halten sich die Waage, auch wenn es immer wieder zu Preissprüngen kommt und die damit einhergehende Entwaldung bleibt kaum sichtbar.[84]

Das Automarkt-Dilemma

Einem Dilemma ganz anderer Art sah sich der Gesetzgeber Kaliforniens in den 1950er-Jahren gegenüber. Dass die Autoabgase der rasant wachsenden Zahl Autos im Großraum Los Angeles Ursache von Smog sind, war bereits Mitte der 1950er-Jahre erwiesen. Bekannt war auch, dass durch den Einbau eines Katalysators Fahrzeugemissionen deutlich reduziert werden konnten. Indes, ein Katalysator würde den Preis eines Autos deutlich erhöhen – zum Nachteil der Autokäufer – und damit auch die Nachfrage nach Autos senken. So war jedenfalls die Argumentation der Autoindustrie gegen Katalysatoren. Unterstützt wurde die Autoindustrie dabei von einem Teil der Bevölkerung, da ja nicht alle Menschen, welche in Kalifornien lebten, von Smog betroffen waren. Zwar lebten damals 40 % der Bevölkerung Kaliforniens im Großraum Los Angeles, aber 60 % der Bevölkerung waren vom Smog kaum betroffen. Diese 60 % wollten verständlicherweise nicht unbedingt mehr für ein Auto mit Katalysator bezahlen, nur weil es in Los Angeles ein Problem war.

In diesem Dilemma näherte sich der Gesetzgeber Kaliforniens eher zögerlich einer gesetzlichen Regelung. Erst 1959 und gegen den Widerstand der Autoindustrie verabschiedet Kalifornien Gesetze, wodurch es als erster Bundesstaat der USA Luftqualitätsstandards auf der Grundlage der Auswirkungen von Smog auf die öffentliche Gesundheit festlegt. Doch das Gesetz erzielt nicht die erhoffte Wirkung. Während 1959 in Los Angeles an 187 Tagen über Augenreizungen berichtet wird, sind es 1962 bereits 212 Tage.

Die Autoindustrie leistet weiterhin Widerstand. Dabei kommt ihr zupass, dass das damals handelsübliche verbleite Benzin Katalysatoren zerstört und daher den breiten Einsatz dieser Technologie vereitelt. Aber es gibt Gegenwind. Am 10. Januar 1969 erscheint in der New York Times auf der ersten Seite folgender Artikel:

> USA klagt Autohersteller wegen Verschwörung zur Verzögerung von Abgaskontrollen an: Das US-Justizministerium behauptete heute, die großen Automobilkonzerne hätten sich über ein Jahrzehnt lang verschworen, um die Entwicklung und den Einsatz von Geräten zur Kontrolle der Luftverschmutzung durch Autos zu verzögern. Dieser Vorwurf wurde im Rahmen einer zivilrechtlichen Kartellklage gegen die vier großen Automobilhersteller und ihren Branchenverband erhoben, die beim Bundesbezirksgericht in Los Angeles eingereicht und hier verkündet wurde. Sieben weitere Hersteller von Lastwagen und Taxis wurden vom Ministerium ebenfalls als teilnehmer der Verschwörung bezeichnet, wurden jedoch nicht als Angeklagte in dem Verfahren genannt. Angeklagte sind die General Motors Corporation, die Ford Motor Company, die Chrysler Corporation, die American Motors Corporation und die Automobile Manufacturers Association, Inc.[85]

Erst in den 1970er-Jahren werden, wie bereits in Kap. 5 ausgeführt, die Autohersteller verpflichtet, Katalysatoren in Autos für den US-Markt einzubauen, und die Ölindustrie verpflichtet, bleifreies Benzin an den Tankstellen anzubieten. Seitdem gehen in Los Angeles die Klagen der Bewohner über Augenreizungen, Halsschmerzen, Atembeschwerden und Kopfschmerzen stetig zurück.

Rückblickend betrachtet erweist sich dieses Dilemma als falsch, denn die Behauptung der Autoindustrie, dass ein Katalysator den Preis eines Autos deutlich erhöhen und damit auch die Nachfrage nach Autos senken würde, hat sich nicht bewahrheitet.

Das Dilemma mit FCKW

Seitdem FCKW in den 1930er-Jahren auf den Markt kam, galt dieses als Wundergas, war es doch im Unterschied zu den bislang verwendeten Kühlmitteln weder brennbar noch giftig. Dass damit auch ein Dilemma entstand, wurde erst 40 Jahre später klar, als sich zwei Wissenschaftler – wie in Kap. 6 beschrieben – mit der Frage befassten, was die Folge davon sei, wenn die Gesellschaft etwas, nämlich FCKW, in die Umwelt freisetzt, das vorher nicht da war. Mit der Publikation ihrer Erkenntnis in einer der renommiertesten wissenschaftlichen Fachzeitschriften wurde ein Nebeneffekt eines, bis zu diesem Zeitpunkt hoch geschätzten chemischen Produktes deutlich, der erstmals wirklich globalen Charakter hatte. Die Nutzung von FCKW drohte das atmosphärische Ozon zu zerstören mit erheblichen gesundheitlichen Konsequenzen für Mensch und Tier durch erhöhte UV-Strahlung weltweit.

Anders als bei Entwaldung und bei Smog, hatte dieses Dilemma nicht mehr regionalen Charakter, sondern war global. Wollen die Menschen weltweit auf die Vorzüge und Annehmlichkeiten von FCKW zugunsten geringerer gesundheitlicher Schäden verzichten? Eine erste Antwort lieferte die chemische Industrie in den USA und diese lautete, „Nein", mit verschiedenen Argumenten, die bereits in Kap. 6 dargelegt sind. So wurde das Dilemma unverändert zugunsten von FCKW gehandhabt. Einzige Konsequenz war, dass begonnen wurde, die atmosphärische Ozon-Konzentration zu messen.

Schließlich, elf Jahre nach der berühmt gewordenen Publikation *Stratospheric sink for chlorofluoromethanes: chlorine atom-catalysed destruction of ozone* folgt im Mai 1985 die empirische Bestätigung der Zerstörung von atmosphärischem Ozon durch FCKW. Ab diesem Zeitpunkt geht es beinahe Schlag auf Schlag zur Rettung des Ozons. Bereits im September 1986 erklärt die Allianz für verantwortungsvolle FCKW-Politik, sie werde eine globale Begrenzung der Produktionskapazität für FCKW unterstützen. Im selben Monat fordert der führende FCKW-Hersteller DuPont eine Begrenzung der weltweiten FCKW-Emissionen, da er vermeiden will, dass die USA FCKW im Inland regulieren, der Rest der Welt jedoch nicht.

Bereits vom 14. bis 16. September 1987 findet dann die *Konferenz der Bevollmächtigten über das Protokoll über Fluorchlorkohlenwasserstoffe zum Wiener Übereinkommen zum Schutz der Ozonschicht* in Montreal statt. Am Ende dieser Konferenz billigen alle Delegierten das Abkommen: das Montreal-Protokoll, welches auch heute noch als bedeutsamstes internationales Umweltabkommen gilt. Die Göttin Artemis wäre hocherfreut, hat doch die Menschheit seit Agamemnons Zeiten deutlich dazugelernt.

Das Terminkontrakte-Dilemma

Jedes Dilemma ist anders. Die bisherigen Dilemmata sind Abkömmlinge jenes Dilemmas, mit dem Agamemnon von einer olympischen Göttin konfrontiert wurde, denn so wie mit Göttinnen kann man auch mit der Natur und deren Naturgesetzen nicht verhandeln. Weder lässt die Natur mit sich darüber reden, ob Bäume nicht doch schneller nachwachsen könnten, ob die Emission unverbrannter Kohlenwasserstoffe und Stickoxide denn unbedingt zu Smog führen muss, noch ob FCKW das atmosphärische Ozon nicht in Ruhe lassen könnte.

Bei Terminkontrakten hat die Natur nicht ihre Hand im Spiel. Dieses Dilemma ist menschengemacht und ein Nebeneffekt der Erfindung des Tauschmittels „Geld“. Ohne Geld sind Terminkontrakte durchaus möglich, wie im Kap. 7 ausgeführt, und wurde bereits von den Sumerern vor 4500 Jahre praktiziert. Damit zu spekulieren hingegen nur dann, wenn Terminkontrakte in Geld bewertet und gehandelt werden können. Wann das Spekulieren mit in Geld bewerteten Terminkontrakten genau begann, ist nicht dokumentiert, fest steht hingegen, dass im Jahre 1556 Händler den Getreidepreis in Amsterdam durch Terminkontrakte in die Höhe trieben, sodass daraufhin der Terminhandel verboten wurde[86].

Terminkontrakte zu verbieten, ist eine Möglichkeit, das Dilemma aus der Welt zu schaffen, unterbindet aber auch die wichtige Möglichkeit, längerfristige Kauf- und Verkaufvereinbarungen zu treffen. Auch den Handel mit Terminkontrakten zu verbieten, ist kein praktikabler Weg, denn es gibt immer wieder gute Gründe, einen Terminkontrakt zu verkaufen, sei es, weil der Verkäufer nicht zum Termin liefern kann, sei es, weil der Käufer das Bestellte nicht zum Termin benötigt. Im Falle der Handel mit Terminkontrakten verboten würde, wäre ein Schwarzmarkt, also ein Markt, der gegen gesetzliche Beschränkungen verstoßt, kaum zu unterbinden. Den Handel mit Geld generell zu verbieten oder Geld überhaupt abzuschaffen, wären weitere theoretische Möglichkeiten, aber damit wäre eine Rückkehr zur einfachen Tauschwirtschaft anstelle der Marktwirtschaft verbunden. Kein Gesetzgeber würde so etwas wollen.

So bleibt dann nur die Option, den Handel mit Terminkontrakten zu regulieren und vorbeugende Maßnahmen zu veranlassen, sodass zukünftiges Marktversagen nicht zu solch verheerenden Auswirkungen wie der Weltfinanzkrise führt. Das Dilemma ist damit nicht beseitigt, denn Märkte mit asymmetrischer oder unvollständiger Information sind unvermeidbar, und je globaler Märkte sind, desto globaler sind daraus resultierende Marktzusammenbrüche. Zukünftige unangenehme Überraschungen sind somit vorprogrammiert und können mit heutigen Regulierungen nicht verhindert werden, denn wir können nicht heute das vorwegnehmen, was wir erst morgen wissen werden.[87]

Das Terminkontrakte-Dilemma ist, wie alle Marktversagen, die asymmetrische oder unvollständige Information als Ursache haben, von Menschen – aus gutem Grund und ohne Absicht – kreiert worden und doch ein Dilemma, das nicht ohne gravierende Eingriffe in Märkte beseitigt werden kann:

> Die ich rief, die Geister,
> Werd ich nun nicht los.[88]

Dieses bekannte Zitat stammt zwar von 1797, hat aber bezüglich Terminkontrakte nichts an Aktualität verloren.

Das Dilemma mit dem Netzwerkeffekt

Monopole, wie in Kap. 8 beschrieben, sind nichts Neues. Dementsprechend gibt es Gesetze, die Monopole und restriktiven Praktiken verhindern sollen, schon lange. Schon König Eduard III. von England verfügte 1349, dass Lebensmittel zu angemessenen Preisen verkauft werden sollten. Zusätzlich zu den bereits bestehenden Strafen sieht das Gesetz vor, dass Händler, die zu viel verlangen, dem Geschädigten den doppelten Betrag zahlen müssen, den er erhalten hat. Dieses Konzept wurde im US-amerikanischen Kartellrecht übernommen. Das englische Common Law der Wettbewerbsbeschränkung ist der direkte Vorgänger des modernen Wettbewerbsrechts, das später in den USA entwickelt wurde. Es verbot faktisch Vereinbarungen, die darauf abzielten, den Handel anderer zu beschränken. Die Entwicklung des frühen Wettbewerbsrechts in England beruhte nicht zuletzt auf Adam Smiths Erkenntnissen, die in Kap. 4 beschrieben sind. Die

Überzeugung von Smith, dass in einem freien Markt keine Monopole entstehen können, führte im Umkehrschluss zu der Auffassung, dass Monopole stets die Folge von wettbewerbswidrigen Handlungen sein müssen.

Der auch aus heutiger Sicht bahnbrechende Gesetzestext zum Wettbewerbsrecht ist der Sherman Antitrust Act von 1890, ein US-amerikanisches Kartellgesetz, das den freien Wettbewerb zwischen Wirtschaftsteilnehmern festschreibt und somit unlautere Monopole verbietet. Der Sherman Antitrust Act verbietet im Wesentlichen wettbewerbswidrige Vereinbarungen und Handlungen, die darauf abzielen, einen Markt zu monopolisieren oder versuchen zu monopolisieren. Bis 2008 hatten 111 Länder Wettbewerbsgesetze erlassen, die alle im Kern auf dem Sherman Antitrust Act basieren.[89]

Diese kurze Darstellung der Entstehungsgeschichte des Wettbewerbsrechts ist wesentlich, um zu verstehen, weshalb es schwierig ist, gegen globale Monopole in digitalen Märkten vorzugehen. Im Jahr 1890, als der Sherman Antitrust Act beschlossen wurde, gab es weder digitale Märkte noch den Netzwerkeffekt. Dementsprechend zahnlos sind Wettbewerbsgesetze gegenüber den heutigen globalen Monopolen in digitalen Märkten als Folge des Netzwerkeffekts, da dieser ja nicht als Folge unlauteren Wettbewerbs entsteht.

Der erste Versuch, mittels Wettbewerbsrecht gegen die Monopolstellung von Microsoft vorzugehen, war der Fall Vereinigte Staaten von Amerika gegen Microsoft. Die Regierung warf Microsoft vor, seine Monopolstellung bei der Integration seines Internet Explorers mit seinem Windows-Betriebssystem missbraucht zu haben. Microsoft argumentierte, die Verschmelzung von Windows und Internet Explorer sei das Ergebnis von Innovation und Wettbewerb, und die Verbraucher würden die Vorteile des Internet Explorers kostenlos nutzen. Im April 2000 verkündete das Gericht sein Urteil. In diesem stellte es fest, dass Microsoft unter Verstoß gegen den Sherman Antitrust Act Monopolisierung, Monopolisierungsversuche und Kopplungsgeschäfte betrieben habe. Im Juni 2000 ordnete das Gericht die Zerschlagung von Microsoft an. Demnach müsste Microsoft in zwei separate Einheiten aufgeteilt werden, eine für die Produktion des Betriebssystems und eine für die Produktion anderer Softwarekomponenten. Microsoft legte umgehend Berufung gegen das Urteil beim ein. Letztlich wurde das Urteil aufgehoben, dass Microsoft als illegales Monopol zerschlagen werden müsse. Das Berufungsgericht entschied, dass die traditionelle Kartellrechtsanalyse nicht geeignet sei, softwarebezogene Praktiken wie Browser-Anbindungen zu berücksichtigen.

2023 reicht die Federal Trade Commission eine Kartellklage gegen Amazon wegen illegaler Aufrechterhaltung der Monopolstellung im Online-Shopping-Markt ein. Vorgeworfen wird dem Unternehmen wettbewerbswidriges Verhalten, darunter: Die Suchergebnisse von Amazon werden so beeinflusst, dass Amazons eigene Produkte bevorzugt werden. Hohe Gebühren werden von Hunderttausenden von Verkäufern erhoben, die auf Amazon angewiesen sind, um im Geschäft zu bleiben.

Im August 2024 kommt im Verfahren Vereinigte Staaten von Amerika gegen Google das Gericht zum Schluss, dass Google ein Monopolist ist und wie ein solcher gehandelt hat, um sein Monopol aufrechtzuerhalten. Es hat damit gegen den Sherman Antitrust Act verstoßen. Die Anklage argumentiert, Google habe wettbewerbswidrige Vereinbarungen mit Apple und anderen Unternehmen getroffen, um seine Suchmaschine optimal zu platzieren. Google behauptet, sein dominanter Marktanteil sei das Ergebnis eines überlegenen Produkts. Laut Justizministerium bestehen Optionen zur Lösung der Situation darin, Google in separate Produkte wie Chrome, Search und Android aufzuspalten. Im September 2025 entscheidet ein Bundesrichter, dass Google zwar seine Suchergebnisse und einige Daten an konkurrierende Unternehmen weitergeben muss, sich aber nicht durch den Verkauf seines Webbrowsers Chrome zerschlagen muss. Die Entscheidung über die Beseitigung eines Monopols – die erste ihrer Art im modernen Internetzeitalter – ist der bedeutendste Versuch, gleiche Wettbewerbsbedingungen im Technologiebereich zu schaffen.

Ebenfalls 2024 beginnt das Verfahren gegen Apple wegen Verstoßes gegen Kartellrecht. Konkret geht es darum, wie Apple sein iPhone-Ökosystem zum Aufbau einer Monopolstellung genutzt hat. Das Justizministerium wirft Apple vor, mobile Cloud-Streaming-Dienste zu unterdrücken, plattformübergreifende Messaging-Apps zu blockieren, digitale Geldbörsen von Drittanbietern einzuschränken und die Funktionsfähigkeit von Smartwatches von Drittanbietern auf seinen Plattformen einzuschränken. Laut Apple bedroht diese Klage die Prinzipien, die Apple-Produkte in einem hart umkämpften Markt auszeichnen.

Im April 2025 beginnt ein Kartellprozess zwischen Meta und der Federal Trade Commission. Verhandelt wird darüber, ob Facebook durch die Übernahmen von Instagram und WhatsApp den Markt sozialer Netzwerke illegal monopolisiert hat. Sollte Meta gegen das Kartellrecht verstoßen haben, so muss dann das Gericht darüber zu entscheiden, wie diese Schäden behoben werden sollen. Die Federal Trade Commission verlangt die Ausgliederung von Instagram und WhatsApp.

Das fundamentale Dilemma mit dem Netzwerkeffekt ist, dass Monopole nicht ausschließlich durch wettbewerbswidrige Vereinbarungen und Handlungen entstehen, sondern dass – wie in Kap. 8 beschrieben – die Kunden selbst dazu tendieren, sich um einen Anbieter zu scharen. Dagegen helfen Maßnahmen, welche im Wettbewerbsrecht vorgesehen sind, nun mal wenig bis gar nicht oder kommen für Mitbewerber viel zu spät.

Aus den Erfahrungen mit dem Wettbewerbsrecht heraus beschließt das Europäische Parlament im Dezember 2021 das Gesetz über digitale Märkte, welches seit Mai 2023 in der Europäischen Union in Kraft ist. Der Digital Markets Act soll für mehr Wettbewerb auf den europäischen Digitalmärkten sorgen, indem er große Unternehmen am Missbrauch ihrer Marktmacht hindert und neuen Akteuren den Markteintritt ermöglicht. Diese Verordnung zielt auf die größten digitalen Plattformen in der Europäischen Union ab. Diese Unternehmen müssen alle Bestimmungen des Gesetzes einhalten. Dazu gehören der Schutz der gewerblichen Nutzer der Plattformen, Rechtsinstrumente gegen die von Plattformen zur Bewerbung ihrer eigenen Produkte verwendeten Methoden der Selbstbevorzugung, Bestimmungen zur Vorinstallation bestimmter Dienste, Bestimmungen in Bezug auf Bündelungspraktiken sowie Bestimmungen zur Gewährleistung der Interoperabilität, Portabilität und des Datenzugriffs für Unternehmen und Endnutzer von Plattformen. Die Nichteinhaltung kann zu Sanktionen führen, darunter Geldbußen von bis zu 10 % des weltweiten Umsatzes.

Der Digital Markets Act ist die größte gesetzgeberische Innovation im Wettbewerbsrecht seit dem Sherman Antitrust Act und die EU ist damit weltweite Vorreiterin. Inwieweit damit die Monopole in den digitalen Märkten der Europäischen Union erfolgreich beseitigt werden, kann erst die Zukunft weisen. Der Netzwerkeffekt jedenfalls bleibt bestehen, weil dieser nicht von den Anbietern, sondern von den Nutzern in digitalen Märkten geschaffen wird.

Fossile Brennstoffe als ultimatives Dilemma

Energie ist nicht alles, aber ohne Energie ist alles nichts.[90] Dieser Spruch gilt für alle Zivilisationen, seit es solche gibt. War es ursprünglich ausschließlich menschliche Arbeitskraft, dann auch tierische Arbeitskraft, danach seit den Sumerern auch Wasserräder und ab dem Mittelalter auch Windmühlen, die genutzt wurden, so änderte sich dies mit der industriellen Revolution dramatisch. Dank der Erfindung des Verbrennungsmotors, des Generators und des Elektromotors begann Ende des 19. Jahrhunderts das fossile Brennstoff Zeitalter. Rund 50 Jahre lang war damit, so schien es, ein neues goldenes Zeitalter angebrochen, in dem Menschen nicht mehr für ihre Muskelkraft gefragt waren, sondern für ihre intellektuellen Fähigkeiten. Was früher Menschen an Arbeitskraft aufbringen mussten, das konnten nunmehr Maschinen, angetrieben von Motoren erledigen.

Ab den 1960er-Jahren setzte sich dann, wie in Kap. 9 ausgeführt, zunehmend die Erkenntnis durch, dass das fossile Brennstoff Zeitalter in ein „social trap" also eine soziale Falle hineinläuft. Der Nebeneffekt, die Anreicherung der Atmosphäre mit dem Treibhausgas Kohlendioxid und der daraus folgenden globalen Erwärmung wurde, zunächst in der Theorie später auch in der Realität erkennbar. Zum Zeitpunkt, wo das wirklich klar wurde, hatte die soziale Falle bereits zugeschnappt. Eine immense Zahl an Unternehmen und damit auch deren Stakeholder und Shareholder, lebte bereits ausschließlich von der Gewinnung, der Förderung und der Nutzung fossiler Brennstoffe. Darüber hat die Natur vor Millionen von Jahren Rohöl und Erdgas sehr ungleich über den Globus verteilt. In 2024 decken allein die drei Länder USA, Saudi-Arabien und Russland 42 % der gesamten, weltweiten

Nachfrage nach Rohöl ab, verbunden mit immensen Exportgewinnen.[91]

Bei Erdgas ist die Anbieterkonzentration noch ausgeprägter. 2023 decken die drei Länder USA, Russland und Iran rund 47 % der gesamten, weltweiten Nachfrage nach Erdgas ab.[92]

Tausende Milliarden Dollar und Euro wurden im 20. Jahrhundert in den Aufbau der notwendigen Infrastruktur weltweit investiert, wie Förderanlagen, Öltanker, Raffinerien, Flüssigerdgasterminals, Erdgasleitungen, Bohrplattformen, Förderplattformen, thermische Kraftwerke, Produktionsstätten von Verbrennungsmotoren, Tankstellen, thermische Heizungen, um nur einige zu nennen. Circa 78 Mio. Menschen arbeiten weltweit im fossilen Brennstoffbereich. Schätzungen für 2024 besagen, dass circa 18 Mio. Menschen im fossilen Brennstoff-Förderbereich sowie in den damit verbundenen Zulieferketten weitere 60 Mio. Menschen arbeiten.[93]

Auch die Nachfrage nach fossiler Energie ist höchst ungleich. In Deutschland verbrennt 2024 ein einziges Unternehmen – ThyssenKrupp Duisburg – rund 3,3 % der gesamten, im Land genutzten fossilen Brennstoffe. In Österreich verbrennt 2024 ein einziges Unternehmen – Voestalpine Stahl Linz – sogar 14,2 % der gesamten, im Land genutzten fossilen Brennstoffe.[94]

Kein anderes Dilemma betrifft in diesem Ausmaß alle Menschen, sei es, weil sie in Unternehmen arbeiten, die fossile Energie in ihrer Produktion benötigen, sei es, weil sie fossile Brennstoffe oder damit hergestellte Produkte und Dienstleistungen nutzen, oder sei es, weil sie von den Folgen der globalen Erwärmung betroffen sind. Hinzu kommt, dass die globale Erwärmung Menschen, die in Äquatornähe leben wesentlich mehr betrifft als Menschen, die in der gemäßigten Klimazone leben und dass es aufgrund der zeitlichen Verzögerung, mit der die globale Erwärmung auftritt, die jungen Menschen ungleich mehr betrifft als die Alten.

Nutzen und Schaden fossiler Energie sind somit sowohl räumlich als auch zeitlich höchst ungleich verteilt und das ist das ultimative Dilemma. Regulative Eingriffe in die Märkte fossiler Brennstoffe schaden unmittelbar allen Organisationen und Menschen, die von fossilen Brennstoffen leben oder profitieren. Nicht in diese Märkte zu intervenieren schadet, mit zeitlicher

Verzögerung allen jenen, die von der globalen Erwärmung betroffen sind. Die Natur ist nicht gerecht. Nicht diejenigen Unternehmen und deren Eigentümer, Mitarbeiter und Kunden betreffen die Nebeneffekte des Verbrennens fossiler Brennstoffe am meisten, sondern jene, die weder Stakeholder noch Shareholder dieser Unternehmen sind.

Neoliberalismus und marktwirtschaftliche Dilemmata
Alle diese Dilemmata konnten weder Adam Smith noch Friedrich Hayek vorhersehen, als sie mit Vehemenz die Meinung vertraten, ein freier, unregulierter Markt sei am besten in der Lage, das Gemeinwohl zu fördern. Wenn alle Akteure an ihrem eigenen Wohl orientiert seien, führe eine Selbstregulierung des Wirtschaftslebens zu einer optimalen Produktionsmenge sowie zu einer gerechten Verteilung, die nicht durch staatliche Eingriffe verbessert werden können. So lautet die Position, die vom Liberalismus und insbesondere dessen moderner Ausprägung, dem Neoliberalismus vertreten wird.

Neoliberalismus ist eine politische und ökonomische Denkweise, die sich für einen freien Markt einsetzt. Der Begriff wird primär verwendet, um den gesellschaftlichen Wandel zu beschreiben, der durch marktbasierte Reformen im Sinne von Friedrich Hayek entsteht. Neoliberalismus wird mit Maßnahmen zur wirtschaftlichen Liberalisierung in Verbindung gebracht, darunter Deregulierung, wirtschaftliche Globalisierung und Freihandel.

Eine bedeutsame Konsequenz des Neoliberalismus war die Gründung der Welthandelsorganisation – WTO für World Trade Organization. Die WTO ist eine zwischenstaatliche Organisation, die den internationalen Handel regelt. Sie wurde am 1. Januar 1995 mit dem von 123 Staaten unterzeichneten Marrakesch-Abkommen offiziell gegründet und ersetzte das 1948 in Kraft getretene Allgemeine Zoll- und Handelsabkommen (GATT). Die WTO regelt den Handel zwischen den teilnehmenden Ländern, indem sie einen Rahmen für die Aushandlung von Handelsabkommen und ein Streitbeilegungsverfahren bereitstellt, das die Einhaltung der WTO-Abkommen durch die Teilnehmer erzwingen soll.

Die Gründung der WTO war von Anfang an umstritten. Kritiker der WTO argumentieren, dass die Institution primär den Interessen multinationaler Konzerne dient, die lokale Entwicklung untergräbt, arme Länder benachteiligt und die Ungleichheit verstärkt.

Donella Meadows, eine amerikanische Umweltwissenschaftlerin, die vor allem als Hauptautorin des Buches *Die Grenzen des Wachstums* bekannt ist, hat zur WTO eine wichtige Anmerkung gemacht:

> Das ist ein riesiges neues System, das die Leute da erfinden. Sie haben nicht die geringste Ahnung, wie sich diese komplexe Struktur verhalten wird. Das ist mit ziemlicher Sicherheit ein Beispiel dafür, wie das System in die falsche Richtung gelenkt wird – es zielt auf Wachstum, Wachstum um jeden Preis.[95]

Unbeschadet der Einschätzungen des Neoliberalismus und der Welthandelsorganisation, über die sich Befürworter und Kritiker nach wie vor in den Haaren liegen, haben die beschriebenen sechs Dilemmata gezeigt, dass Marktwirtschaft beides kann, Gemeinwohl fördern, aber auch Gemeinwohl vernichten. Marktinterventionen, um Schaden abzuwenden, kommen mitunter zu spät oder sind erfolglos oder stoßen auf immensen Widerstand von jenen, die von der Schadensbekämpfung nachteilig betroffen sind. So gilt denn auch bezüglich Marktwirtschaft das berühmte Zitat über Demokratie von Winston Churchill in Abwandlung: Marktwirtschaft ist die schlechteste Wirtschaftsform, abgesehen von all den anderen Formen, die von Zeit zu Zeit ausprobiert wurden.

11 Nichts ist umsonst oder das perfekte Marktversagen

Das Sprichwort „There ain't no such thing as a free lunch" vermittelt die Idee, dass es unmöglich ist, etwas umsonst zu bekommen. Wenn eine Person oder Gruppe etwas kostenlos erhält, zahlt am Ende jemand anderes dafür. Auch wenn ein Staat Förderungen oder Beihilfen für juristische oder natürliche Person bereitstellt, werden diese durch Steuern finanziert. Diese Binsenweisheit ist vermutlich schon zu Zeiten bekannt gewesen, als Silber zum bevorzugten Tauschmittel wurde.

Neueren Datums ist hingegen die damit verwandte Einsicht, dass es wenig erwünschte Wirkungen gibt, die nicht auch unerwünschte Wirkungen zeitigen – oftmals Monate, Jahre oder Jahrzehnte später. Da stellen Zentralverwaltungswirtschaft und Marktwirtschaft keine Ausnahme dar. Während Adam Smith und Friedrich Hayek ihre Argumente für freie Märkte in Zeiten formulierten, in denen Zentralverwaltungswirtschaft verbreitet war, wurden in der zweiten Hälfte des 20. Jahrhunderts nicht nur die enormen Erfolge freier Märkte sichtbar, sondern – wie in Kap. 5 bis Kap. 9 beschrieben – deren Nebeneffekte. Keiner dieser beschriebenen Märkte war von Anfang an zum Scheitern verurteilt. Erst die, exponentiell wachsenden Erfolge dieser Märkte und die damit verbundene, explosionsartig wachsende globale Nutzung von Autos, Kühlschränken, Wertpapieren, digitalen Marktplätzen sowie fossilen Brennstoffen haben zu den bekannten Nebeneffekten geführt.

C. E. Mandl, *Marktversagen*,
https://doi.org/10.1007/978-3-658-50377-2_11

Bei Autos dauerte es vom ersten Automobil bis zur Erkenntnis, dass zu viele Autos und deren Abgase die Ursache des Smogproblems in Los Angeles sind, 70 Jahre. Beim Wunder-Kühlmittel FCKW vergingen von dessen Erfindung bis zur, mit einem Nobelpreis ausgezeichneten Erkenntnis, dass das Ozonloch von zu viel emittiertem FCKW hervorgerufen wird, mehr als vier Jahrzehnte. Bei den Terminkontrakten namens „hypothekenbesicherte Wertpapiere" vergingen vergleichsweise nur sieben Jahre, bis die damit finanzierte Immobilienblase in den USA platzte und der Markt dieser Terminkontrakte kollabierte. Die digitalen Marktplätze und sozialen Netzwerke werden ab deren Entstehung innerhalb weniger Jahre von einigen wenigen Unternehmen dominiert. Schließlich, bei fossilen Brennstoffen vergehen zwischen der beginnenden Ablöse von Holz durch Kohle bis zur ersten detaillierten und später mit dem Nobelpreis ausgezeichneten Berechnung des Treibhauseffekts im Jahr 1967 über 100 Jahre.

Die Idee, dass die Zukunft im Marktpreis enthalten ist, ist zwar ein zentrales Konzept bei Terminkontrakten, aber durch die Wirklichkeit – siehe Kap. 7 – widerlegt. Der Preis eines Terminkontrakts spiegelt nur wider, wie die Erwartung von Anbietern und Käufern bezüglich des zugrunde liegenden Vermögenswerts am Fälligkeitsdatum des Terminkontrakts sein wird. Unbekannte oder erst sich entwickelnde Nebeneffekte können solche Vermögenswert-Erwartungen naturgemäß nicht beeinflussen.

Auch bei Autos führte die ursprünglich nicht erwartete Vorschrift, Neuwagen mit Katalysatoren ausstatten zu müssen, zu einem Preisverfall bei Gebrauchtwagen ohne Katalysator. Gestrandete Vermögenswerte – stranded assets – werden solche Vermögenswerte genannt, die unvorhergesehene Abwertungen erfahren, welche zum Zeitpunkt des Kaufs nicht im Preis berücksichtigt werden können. Während indes die Gesetzgeber Autos ohne Katalysator letztlich verbieten und später auch die Verwendung von FCKW weltweit verboten wird, gelingt ähnliches bei fossilen Brennstoffen nicht und nicht. Im Gegenteil, der fossile Brennstoff-Markt wächst auch nach 1967 unvermindert rasch weiter und trotzdem nehmen auch die Erdgasreserven stetig zu, weil weiterhin intensiv in die Erkundung fossiler Brennstoff-Vorkommen investiert wird (Abb. 11.1).

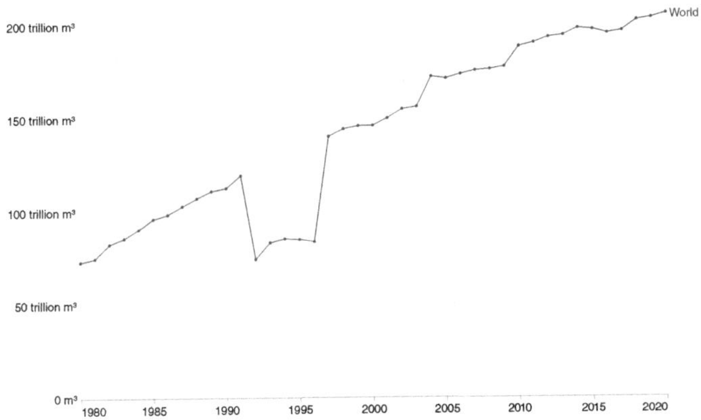

Abb. 11.1 Erdgasreserven, 1980–2020

Für dieses Phänomen gibt es mehrere Gründe mit der unbeabsichtigten Folge, dass freie Märkte nicht immer das Gemeinwohl fördern.

Diskontierung von Risiko oder der Gegenwartsbias
Nicht wenige Marktteilnehmer sowohl auf der Anbieter- als auch auf der Nachfrageseite tendieren zum sogenannten Gegenwartsbias. Damit ist die Tendenz gemeint, unmittelbare Ereignisse zu überbewerten, zukünftigen Ereignissen hingegen weniger Bedeutung beizumessen. Gegenwartsbias bei Geldentscheidungen hat zur Folge, unmittelbarem Nutzen den Vorzug vor Investitionen zu geben, deren Nutzen erst zu einem späteren Zeitpunkt in Anspruch genommen werden kann, auch wenn dieser Nutzen höher ist, als wenn das verfügbare Geld sofort ausgegeben wird. Ein solches Entscheidungsmuster führt häufig zu verkürzten Planungshorizonten. Typisches Beispiel sind börsennotierte Unternehmen, deren Aktionäre mehr an Dividendenzahlungen jetzt, dank entsprechender Gewinne interessiert sind als an gewinnmindernden Investitionen etwa für Infrastruktur oder zur Minimierung zukünftiger Risiken.

Dieser Gegenwartsbias ist eine wesentliche Ursache dafür, dass sowohl Autohersteller als auch Hersteller von Kühlgeräten

Abb. 11.2 Rohölpreise pro Kubikmeter inflationsbereinigt, 1923–2024

ihre Angebote erst adaptierten, als dies entsprechende gesetzliche Maßnahmen erforderlich machten. Von sich aus haben die Märkte nicht auf die bereits bekannten Nebeneffekte Smog und Ozonloch reagiert.

Besonders ausgeprägt ist der Gegenwartsbias beim Markt fossiler Brennstoffe. Dabei geht es in diesem Markt nicht allein um zukünftige Schäden, welche von der globalen Erwärmung – siehe Kap. 9 – und den damit verbundenen Extremwetterereignissen verursacht werden. Es geht dabei vor allem um die große Ungewissheit bezüglich des Rohölpreises und dessen enormer Fluktuation, wie es seit Jahrzehnten zu beobachten ist (Abb. 11.2).

Auch die Weltfinanzkrise hat gezeigt, dass selbst Finanzexperten, die grundsätzlich wissen, dass der Marktpreis von Terminkontrakten innert kurzer Zeit stark schwanken kann und somit ein erhebliches Risiko darstellt, dem Gegenwartsbias unterliegen.

Die scheinbare Objektivierung von Zukunft

Mitbeteiligt an dieser Geringschätzung zukünftiger Risiken ist ein betriebswirtschaftliches Instrument, das bei Investitionsentscheidungen seit Mitte des 20. Jahrhunderts eine zentrale Rolle einnimmt: die Investitionsrechnung. Mittels Investitionsrechnung wird festgestellt, ob und wenn ja welche langfristigen Investitionen, wie etwa neue Anlagen und neue Produkte, eine Finanzierung wert sind.

Die Investitionsrechnung hat ihre Ursprünge in der ersten Hälfte des 20. Jahrhunderts. Sie entstand aus der Notwendigkeit, wirtschaftliche Entscheidungen über Kapitalverwendung systematisch, vergleichbar und rentabilitätsorientiert treffen zu können.[96] Um in Frage kommende Investitionsvorhaben miteinander vergleichen zu können, werden eine Reihe an Informationen über die Zukunft für jedes Vorhaben benötigt, insbesondere Investitionskosten, Kosten, die nach dem Ende der Nutzung anfallen, wie etwa Stilllegungskosten, jährliche Kosten und Erträge über die gesamte Nutzungsdauer sowie den kalkulatorischen Zinssatz, mit dem die zukünftigen Kosten und Erträge abgezinst werden, um deren Barwert zu ermitteln. Während die unmittelbar anfallenden Investitionskosten meist gut abschätzbar sind, gilt das für die Stilllegungskosten und die jährlichen Kosten und Erträge sowie den kalkulatorischen Zinssatz über die gesamte Nutzungsdauer keineswegs.

Die Unsicherheiten einer Investitionsrechnung werden umso größer, je länger die Nutzungsdauer ist. Allerdings wird dieses Risiko je nach der Höhe des kalkulatorischen Zinssatzes mehr oder weniger stark reduziert. So etwa ist der Barwert bei einem kalkulatorischen Zinssatz von 3 % nur mehr etwa 30 % der in 40 Jahren anfallenden Kosten (Abb. 11.3). Somit fließt das Risiko von zukünftigen Kosten entsprechend reduziert in jede Investitionsrechnung ein. Je nach Höhe des angenommenen kalkulatorischen Zinssatzes ist der Gegenwartsbias präsent.

Die Problematik der Nutzung von Investitionsrechnungen wird besonders deutlich bei Entwicklungsbanken. Dies sind Spezialbanken, die durch wirtschaftliche Hilfe Entwicklungsländer fördern sollen. Überwiegend stellen Entwicklungsbanken einen Teil der Finanzierung für Investitionen in Infrastruktur zur Verfügung. Somit kommt ihnen etwa beim Ausbau der Elektrizitätsversorgung eine zentrale Rolle zu. Wie soll Strom erzeugt werden? Zur Auswahl stehen Kraftwerke, die mit fossilen Brennstoffen betrieben werden, Kernkraftwerke und, in jüngerer Zeit auch erneuerbare Energien. Erschwerend bei der Anwendung der Investitionsrechnung kommt hinzu, dass die Nutzungsdauer von

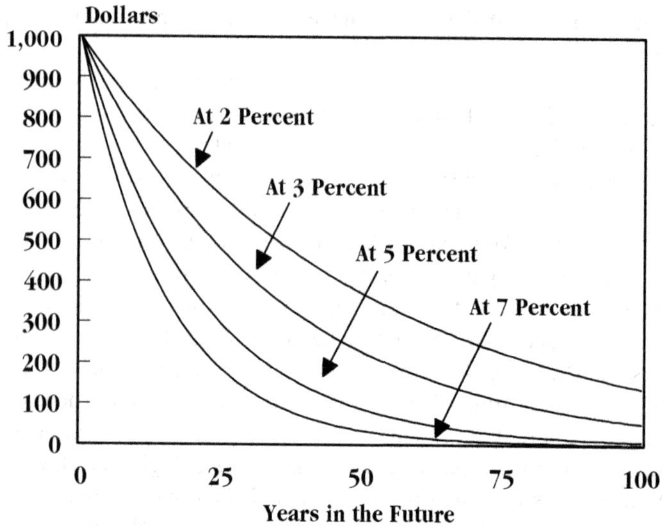

Abb. 11.3 Der gegenwärtige abgezinste Wert von 1000 Dollar, 100 Jahre in der Zukunft

Kraftwerken 40 Jahre oder länger beträgt. Das bedeutet, dass die jährlichen Kosten für jeden Kraftwerkstyp für 40 Jahre oder länger prognostiziert werden müssen. Das ist, wenn man etwa die inflationsbereinigten Rohölpreise der letzten 40 Jahre analysiert, nicht seriös machbar. Trotzdem wird es gemacht mit dem Ergebnis, dass die Objektivierung der Entscheidung zugunsten eines bestimmten Kraftwerktyps eben nur scheinbar ist. Je nachdem welche Preisentwicklungen bei fossilen Brennstoffen sowie bei Kernbrennstoffen und welcher kalkulatorischer Zinssatz angenommen werden, ist ein anderer Kraftwerkstyp der, gemäß Investitionsrechnung kostengünstigste. Nur bei erneuerbarer Energie ist das Kostenrisiko deutlich geringer, weil solare Energie ebenso wie Wind- und Wasserenergie kostenlos ist, da kein Brennstoff erforderlich ist, und weil die Stilllegungskosten bei erneuerbarer Energie wesentlich geringer sind als bei Kernkraftwerken.

Diese scheinbare Objektivierung von Zukunft in Form der Investitionsrechnung spielt eine bedeutende Rolle in den Märkten, welche in den vorangegangenen Kapiteln beschrieben werden. Hierzu zwei Beispiele:

Im Juni 2023 gibt der Erdöl- und Erdgaskonzern OMV bekannt, gemeinsam mit Romgaz ein Offshore-Erdgasfeld im Schwarzen Meer zu erschließen. OMV und Romgaz werden bis zu 4 Mrd. Euro in die Erschließungsphase des Projekts investieren, welches rund 100 Mrd. Kubikmeter Erdgas – also rund 190 Mio. Tonnen Kohlendioxid an Emissionen beim Verbrennen – im Zeitraum 2027 bis 2037 liefern soll. Diese Entscheidung wird getroffen trotz einer Verordnung der EU vom Juni 2021, in der steht:

> … gilt als verbindliche Klimazielvorgabe der Union bis 2030 die Senkung der Nettotreibhausgasemissionen (Emissionen nach Abzug des Abbaus) innerhalb der Union um mindestens 55 % gegenüber dem Stand von 1990.[97]

2021 betrugen die Emissionen von Kohlendioxid in der Europäischen Union 30 % weniger als 1990 (Abb. 11.4). Somit müssen bis 2030 die Emissionen von Kohlendioxid und damit auch die Nachfrage nach fossilen Brennstoffen noch um 25 % sinken. Das Risiko, dass die 4 Mrd. Euro an Investitionskosten sich bis 2037 nicht rentieren, ist somit gegeben.

Im Oktober 2023 gibt Exxon Mobil die Übernahme von Pioneer Natural Resources für 59,5 Mrd. Dollar bekannt. Der Pioneer-Deal ist Exxons größte Akquisition seit der Mobil-Übernahme im Jahr 1999. Durch den Kauf von Pioneer zu einem Zeitpunkt, wo der US-Ölpreis bei etwa 84 Dollar pro Barrel liegt, rechnet Exxon offensichtlich damit, dass der Rohölpreis weiterhin hoch bleibt. Im Zeitraum von 2023 bis 2025 ist indes der US-Ölpreis um 15 % gesunken – längerfristige Prognosen sind nicht möglich.

Natürliche Monopole, Infrastruktur und Markt

Die scheinbare Objektivierung von Zukunft begünstigt Märkte, die es seit Jahrzehnten mit vielen Marktteilnehmern sowohl auf der Angebots- als auch auf der Nachfrageseite gibt, gegenüber neuen, noch wenig etablierten Märkten mit dementsprechend vergleichsweise wenigen und wirtschaftlich auch wenig bedeutenden Anbietern. Sowohl Adam Smith als auch Friedrich Hayek unterschätzten, dass auch ein freier Markt, wenn dieser über Jahrzehnte

Abb. 11.4 Jährliche Emissionen von Kohlendioxid in der Europäischen Union

fest etabliert ist, nur sehr langsam einem technologisch neuen Markt weicht, insbesondere bei langlebiger Infrastruktur.

Aber was ist mit Infrastruktur genau gemeint? Hierzu gibt es verschiedene Definitionen, wie etwa: Infrastruktur ist die Gesamtheit der Einrichtungen und Systeme, die ein Land oder eine Stadt versorgen, und umfasst die Dienstleistungen und Einrichtungen, die für das Funktionieren der Volkswirtschaft, der Haushalte und der Unternehmen erforderlich sind. Demnach besteht Infrastruktur aus physischen Strukturen wie Straßen, Eisenbahnen, Brücken, Flughäfen, öffentlichen Nahverkehrssystemen, Tunneln, Wasserversorgung, Abwasserkanälen, Stromnetzen und Telekommunikation. In einer allgemeineren Beschreibung bezeichnet Infrastruktur alle Anlagen, Institutionen, Strukturen, Systeme und nicht-materiellen Gegebenheiten, die der Daseinsvorsorge und der Wirtschaftsstruktur eines Staates oder seiner Regionen dienen.

Infrastruktur gibt es, seit es Zivilisationen gibt, also mehrere tausend Jahre. Wie im Kap. 1 ausgeführt, entsteht Infrastruktur nicht aus der Tauschwirtschaft, sondern aus der Tempel- oder Palastwirtschaft. Es ist einfach notwendig, Einrichtungen, wie Getreidespeicher, Marktplätze und Bewässerungsanlagen, die für mehr als nur einen Haushalt nützlich sind, von einer zentralen Stelle durchzuführen und mit Steuergeldern zu finanzieren.

Das Straßennetz des Römischen Reiches war eine der bedeutendsten Infrastrukturen der Antike. Es bildete das Rückgrat für Verwaltung, Handel, Militär sowie Kommunikation und umfasste insgesamt etwa 80.000 bis 120.000 Kilometer gut ausgebaute Straßen, die Rom mit allen Teilen des Reiches – von Britannien im Westen bis zum Nahen Osten, von der Nordsee bis Nordafrika – verband. Marktwirtschaft hätte dies nicht ermöglicht, aber umgekehrt ermöglichte das Straßennetz die ersten großräumigen Märkte für Getreide, für Wein, aber auch für Metalle und für Gebrauchskeramik.

Schon in der Antike – und daran hat sich bis heute wenig geändert – werden Infrastrukturvorhaben über Steuern realisiert. Vermutlich wurden Steuern deswegen erst geschaffen. Darüber hinaus ist typisches Merkmal von Infrastruktur, dass aus Kostengründen nicht mehr als eine spezifische Infrastruktur errichtet wird. Zwei oder mehr konkurrierende Wasserversorgungsnetze oder Abwasserkanäle oder Stromnetze, zwischen denen jeder Haushalt, jedes Unternehmen frei wählen kann, wären viel zu teuer.

So entstehen sogenannte natürliche Monopole beim Aufbau und Betreiben von Netzwerken, wie Straßen, Schienen, Trinkwassernetze, Abwassernetze, Gasnetze, Fernwärmenetze, Stromnetze und Telefonnetze. Auch wenn diese natürlichen Monopole selbst nicht marktwirtschaftlich operieren, so sind sie doch entscheidend für Märkte, die ohne sie nicht existieren würden.

Ohne Straßen gäbe es keinen Automarkt. Ohne Telefonnetze und ohne Mobilfunknetze gäbe es weder digitale Marktplätze noch soziale Netzwerke. Ohne Gasnetze gäbe es keinen Markt für Gasthermen. Ohne Stromnetze gäbe es keine Märkte für elektrische Geräte.

Wesentliches finanzielles Merkmal solcher natürlichen Monopole ist, dass die Investitionskosten zur erstmaligen Errichtung solcher Infrastruktur sehr hoch sind, hingegen die Betriebskosten sowie die Kosten von Erweiterungsinvestitionen vergleichsweise niedrig. Dies hat nicht nur zur Folge, dass keine weiteren Anbieter derselben Infrastruktur den Markteintritt schaffen, sondern es hat

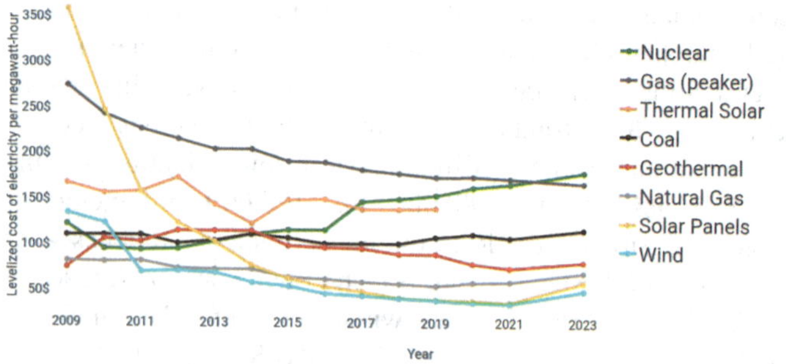

Abb. 11.5 Stromgestehungskosten für neu zu errichtende Kraftwerke in den USA, 2009–2023

insbesondere zur Folge, dass Innovationen sich nur sehr langsam durchsetzen. Sie rechnen sich – vermeintlich – nicht.

Tankstellennetze für unverbleiten Benzin aufzubauen, um Autos mit Katalysator zu ermöglichen? – Rechnet sich nicht.

Eine Alternative zur Produktion und Nutzung von FCKW zu entwickeln, um das Ozonloch zu beseitigen? – Rechnet sich nicht.

In Alternativen zur Herstellung, zum Transport und zur Nutzung fossiler Energieträger zu investieren? – Rechnet sich nicht. Das hat sich allerdings in den letzten Jahren deutlich geändert, wobei dies nur für Stromgestehungskosten neuer Anlagen gilt. Dabei sind Stromgestehungskosten die Kosten für Errichtung und Betrieb einer Anlage im Verhältnis zur Stromerzeugungsmenge über deren gesamte Lebensdauer.

Erst seit 2010 sind die Stromgestehungskosten für erneuerbare Energie etwa in den USA so weit gesunken, dass diese bei Neuinvestitionen ernsthaft in Erwägung gezogen werden (Abb. 11.5). Stilllegungen bestehender Infrastruktur fossiler Energieträger und damit verbunden die Schrumpfung des globalen Marktes fossiler Brennstoffe werden in einem freien Markt hingegen kaum erfolgen, weil Energie – ob in Form von Elektrizität oder von Wärme – als Commodity[98] gehandelt wird und daher Kaufentscheidungen primär vom jeweiligen Marktpreis abhängen.

Auch wenn die Nebeneffekte dieser natürlichen Monopole und der durch den Netzwerkeffekt entstandenen Monopole – siehe

Kap. 8 – dieselben sind, so ist deren Entstehung und Umgang mit diesen äußerst unterschiedlich. Monopole durch den Netzwerkeffekt entstehen durch die Nutzer wohingegen natürliche Monopole durch die Anbieter entstehen.

In vielen Ländern sind natürliche Monopole im Eigentum des Staates. Ob allerdings solche Staatsmonopole besser geeignet sind, das Gemeinwohl zu fördern, als private Monopole, ist eine, stark ideologisch geprägte und wenig Evidenz-basierte andauernde politische Auseinandersetzung. In der Europäischen Union wird Entflechtung als Mittel zur Reduktion der negativen Auswirkungen natürlicher Monopole angewandt. Die Entflechtung zielt darauf ab, die wirtschaftlichen Interessen von vorgelagerten oder nachgelagerten Unternehmen innerhalb eines Geschäftsbereichs zu trennen, um den Wettbewerb zu stärken. Im Zusammenhang mit Energie erfordert die Entflechtung, dass ein Unternehmen Eigentümer eines Energielieferanten oder eines Übertragungsnetzes für diese Energie sein kann, aber nicht beides gleichzeitig. Das dritte Energiepaket der Europäischen Union ist ein Legislativpaket für den Gas- und Strombinnenmarkt in der Europäischen Union. Sein Ziel ist es, die Gas- und Strommärkte in der Europäischen Union weiter zu öffnen. Zu den Kernelementen des dritten Pakets gehören die eigentumsrechtliche Entflechtung, die die Trennung der Erzeugungs- und Vertriebsaktivitäten der Unternehmen von ihren Übertragungsnetzen vorsieht, sowie die Einrichtung einer nationalen Regulierungsbehörde für jeden Mitgliedstaat.[99]

Indes, so wie bestehende Netze eng mit den Endgeräten verbunden sind, die an die Netze angeschlossen sind, so sind auch die Produzenten mit dem jeweiligen Netz aufs Engste verknüpft. In Verbindung mit den oben beschriebenen Innovationshemmnissen hat dies zur Folge, dass der technologische Status quo von den Marktteilnehmern bevorzugt wird und technologische Neuerungen, auch wenn diese langfristig kostengünstiger sind, sich nur sehr langsam durchsetzen – zu langsam, um etwa den Gletscherschwund zu stoppen.

Ohne Eingriffe in bestehende und gut funktionierende Märkte verändern sich diese nicht oder zu langsam, auch wenn klar wird, dass deren schädlichen Nebeneffekte in dem Maße zunehmen, in dem die Märkte wachsen. Das belegen die in Kap. 5 bis Kap. 9 dargelegten Marktentwicklungen.

Aber welche Eingriffe sind effektiv? Autos ohne Katalysator gesetzlich zu verbieten, war ebenso erfolgreich, wie FCKW zu verbieten. Der Markt hypothekenbesicherte Wertpapiere hingegen ist kollabiert, mit enormen finanziellen Verlusten weltweit. Gegen die, seit dem Beginn des World Wide Web entstandenen globalen Werbe-Monopole ist bislang kein Kraut gewachsen. Daran ändert auch der, im Kap. 10 beschriebene Digital Markets Act der Europäischen Union nichts. Alle bisherigen Bemühungen, den globalen Markt fossiler Brennstoffe zu unterbinden oder wenigstens einzudämmen, haben nichts gefruchtet.

Um Monopolen und nationalen Marktabschottungen vorzubeugen, wird, so wie es Friedrich Hayek theoretisch propagierte, im Jahr 1948 das Allgemeine Zoll- und handelsabkommen (gaTT) realisiert. gaTT, aus dem später die Welthandelsorganisation (WTO) hervorgeht, basiert auf dem Grundsatz, Hindernisse für den internationalen Handel wie Zölle und Kontingente abzubauen. Vor dem Hintergrund des, zwischen den Weltkriegen zusammengebrochenen Welthandels soll, auf Initiative der USA durch die Förderung des freien Handels eine effizientere Weltwirtschaft, dauerhafte Stabilität und Frieden in der Welt geschaffen werden. Marktversagen und der Umgang damit ist im Allgemeinen Zoll- und Handelsabkommen deswegen nicht thematisiert, weil im Jahr 1948 die Überzeugung vorherrschte, dass ein freier Welthandel jeder anderen Marktordnung vorzuziehen ist.

Eine wichtige, wenn nicht sogar die wichtigste Marktteilnehmerin, die seit Anbeginn der Zivilisationen dabei ist, wird indes ignoriert: die Erde und deren Ressourcen.

Was kostet die Erde?

Bereits in Kap. 3 wird klar, dass, seitdem es Märkte gibt, die Erde und deren Ressourcen eine Sonderstellung einnehmen. Alles was uns die Erde an Rohstoffen, an Fläche, an Wasser, an Luft zur Verfügung stellt, erfolgt ohne Kosten, ohne Geldfluss und ohne Gegenleistung. Das ist so selbstverständlich, dass es eigentlich gar nicht erwähnenswert scheint – obwohl es nicht immer so war. Bevor die heute verbreitetsten Religionen entstanden, war die

Natur in Form verschiedener Götter und Göttinnen präsent, denen in den Tempelwirtschaften Geschenke überbracht wurden, als Dank oder auch um sie gnädig zu stimmen. Im Römischen Reich wurde dann, wie in Kap. 3 beschrieben, mit der Doktrin der res communis, die Erde zum Eigentum der Menschheit erklärt. So wie früher die Sklaven, so ist bis heute die Natur in der Macht ihrer Eigentümer – ohne Rechte und daher auch ohne Mitsprache bei Abkommen über Handelsregeln.

Der berühmte Aphorismus, „Was weiß ein Fisch vom Wasser, in dem er schwimmt?" passt genau, wenn statt Fische Wirtschaftssubjekte und statt Wasser die Natur stehen. Wobei am Anfang der Marktwirtschaft es durchaus Sinn machte, dass Rohstoffe kostenlos waren. Bei einer Weltbevölkerung zu Beginn der ersten Zivilisationen von rund 10 bis 20 Mio. Menschen, gab es Alles, was die Natur zu bieten hatte, im Überfluss – wie im Paradies. Für Käufer der Naturschätze waren diese trotzdem nicht kostenlos, denn Bäume mussten gefällt, Fische gefangen, Steine behauen und Landwirtschaft betrieben werden, um von Nutzen zu sein. Aber der Preis eines Gutes basierte nicht auf Forderungen der Natur, sondern ausschließlich auf dem menschlichen Aufwand der erforderlich war, um aus Rohstoffen Nützliches herzustellen.

Aus der Perspektive der Erde sieht die Sache allerdings ziemlich anders aus:

Ich, die Erde, stelle Allen Alles jederzeit umsonst zur Verfügung. Was ihr damit macht, ist ganz allein eure Sache. Eure sogenannten Gesetze, Regulative und Abkommen sind bedeutungslos, denn sie gelten nicht für mich. Für mich gelten ausschließlich die Gesetze der Natur und diese sind absolut und immer gültig. Mit mir kann daher nichts und niemand verhandeln, aber Alles, was ihr mit mir und meinen Schätzen macht, hat Konsequenzen. Viele dieser Konsequenzen werden erst erlebbar, wenn zu viel von meinen Schätzen genutzt, umgewandelt oder konsumiert wird. Wenn ihr Bäume rascher fällt, als diese nachwachsen, dann gibt es keine Bäume mehr. Wenn ihr mehr Fische fängt, als sich diese reproduzieren, dann gibt es keine Fische mehr. Wenn ihr zu viel Rohöl in Benzin und Diesel umwandelt und dann ohne Katalysator verbrennt, dann gibt es Smog. Wenn ihr von einem Stoff wie FCKW, den es bislang nicht gab, zu viel produziert, dann entsteht das Ozonloch. Wenn ihr Kohle, Rohöl und Erdgas nutzt, um diese zu verbrennen und in Energie umzuwandeln, dann werde ich immer wärmer – wie vor Millionen Jahren. All das passiert indes zeitversetzt und nur, wenn ihr mich übernutzt. Genau genommen vergebe ich Sachdarlehen, deren unmittelbaren Nutzen ich mir Jahre oder Jahrzehnte später möglicherweise in Form von Schäden und Naturkatastrophen zurückhole. Aber ich weise darauf hin, dass ich eine nicht-triviale Maschine[100] bin und das bedeutet, dass ich mich geschichtsabhängig und unvorhersehbar verhalte. Natürlich könnt ihr mich als euer Eigentum betrachten, aber dieser Begriff existiert nur in eurer Zivilisation. Davor hatte dieser Begriff keinerlei Bedeutung. Deshalb rate ich euch, mich nicht wie Sklaven zu behandeln, und macht mich zu einem Partner auf Augenhöhe, so wie eure Vorfahren es in der Tempelwirtschaft betrieben.

So oder so ähnlich könnte sich die Erde äußern, wenn wir sie denn verstehen würden.

Wie dem auch sei, wie kommt es, dass die Erde Allen Alles jederzeit umsonst zur Verfügung stellt? Hierzu ist es erforderlich, zum Ursprung des heutigen Steuersystems – siehe auch Kap. 1 – zurückzukehren.

Was steuern Steuern – und warum?

Wiewohl dasselbe Wort, meint „das Steuer" und „die Steuer" ganz Verschiedenes. Das Wort leitet sich in beiden Bedeutungen aus dem Althochdeutschen Stiura ab, das Stütze oder Unterstützung bedeutet. Erst im 17. Jahrhundert zweigte sich die Bedeutung „Steuerruder" als Neutrum aus dem zuvor nur femininen Substantiv ab.

So wie Märkte in jeder Zivilisation unabdingbar sind, um in einer arbeitsteiliger werdenden Gesellschaft den Austausch von Waren und Dienstleistungen zu ermöglichen, so sind auch Steuern in Zivilisationen notwendig, um Vorhaben, die nicht von einem Haushalt alleine bewerkstelligt werden können, zu ermöglichen. Eine Steuer als Abgabe der Haushalte an Zentralverwaltungen gibt es schon, bevor Geld zum Tauschmittel wird, in Form von Sachleistungen und auch von Dienstleistungen. Die verpflichtende Mitarbeit von Haushaltsmitgliedern beim Bau von Tempeln, Palästen, Bewässerungsanlagen, Getreidespeicher oder

Verteidigungswällen ist ebenso eine Form von Steuer wie die Abgabe landwirtschaftlicher Produkte, welche sich bis ins Mittelalter in Form des Zehnt erhalten hat.

Der Zehnt ist eine Abgabe, die etwa ein Zehntel der landwirtschaftlichen Erträge beträgt und an eine religiöse oder weltliche Institution entrichtet wird. Bereits in der hebräischen Bibel ist diese Form der Abgabe beschrieben. Jahrtausende später, im Mittelalter ist der Zehnt eine Abgabe in Naturalien, die zunächst direkt an die Pfarrei abzuliefern ist, sich aber seit etwa dem Jahr 1000 von der Pfarrorganisation weitgehend getrennt hat. Mit der Zeit wird der Zehnt von einer Sachleistung zu einer an das Grundstück gebundenen Geldabgabe – eine Begründung für die spätere Grundstücksteuer. Allerdings wird die Höhe dieser Abgabe, die im Spätmittelalter zwischen zehn und dreißig Prozent der Ernte an Küchenkräuter, Obst, Gemüse und Kleinvieh beträgt, existenzbedrohend, worauf es im Jahre 1525 zu Aufständen von Bauern im deutschsprachigen Raum kommt. Eine der zentralen Forderungen der Bauern ist die Abschaffung dieser Naturalabgabe.

In dem Maße in dem sich Geld als Tauschmittel durchsetzt, werden Steuern statt durch Sachleistungen und Dienstleistungen zunehmend durch Geldleistungen erbracht. Damit verändert sich das Steuersystem grundlegend. Besteuert wird nun Geld in Form von Geldbestand, also Geldvermögen und von Geldflüssen. Die vier größten staatlichen Einnahmen in den Europäischen Mitgliedsländer der OECD – Organisation for Economic Cooperation and Development stammen heutzutage von Sozialabgaben, Einkommensteuer, Umsatzsteuer sowie Körperschaftssteuer (Abb. 11.6). Die Grundstücksteuer existiert zwar auch, ist aber gegenüber den genannten Abgaben gering.[101]

Ob Zufall oder geplant, jedenfalls betragen die Steuern einschließlich der Sozialabgaben am Anfang des 20. Jahrhunderts als Anteil des Volkseinkommens circa ein Zehnt, also zehn Prozent. Das ändert sich aber im 20. Jahrhundert erheblich, steigt doch in den wirtschaftsstarken Staaten dieser Prozentsatz innerhalb eines Jahrhunderts auf 30 bis 50 % des Volkseinkommens an (Abb. 11.7). Das lässt sich vor allem mit den zunehmenden Ausgaben der Staaten für Investitionen in und Wartung von Infrastruktur, für Sozialleistungen und für Militär erklären.

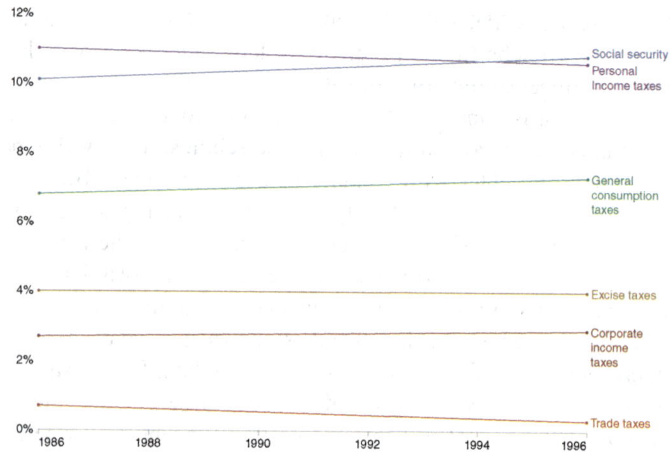

Abb. 11.6 Zusammensetzung der Steuereinnahmen als Anteil am BIP der OECD Mitgliedsländer Europa

Um diejenigen mit wenig Einkommen nicht mit demselben Prozentsatz an Einkommensteuer zu belasten als gut Verdienende und eine ähnliche Situation wie im Jahre 1525 mit dem Deutschen Bauernkrieg zu vermeiden, wird erstmals 1893 im Deutschen Kaiserreich eine Steuerprogression eingeführt. Das hat zur Folge, dass der Steuersatz in Abhängigkeit vom zu versteuernden Einkommen ansteigt. In Folge wird in vielen Ländern Europas eine Steuerprogression eingeführt, im Jahr 1913 auch in den USA.

Mit der Etablierung der steuerprogression bekommt die Einkommensteuer tatsächlich eine steuernde Funktion. Sie dient ab nun nicht mehr nur der Finanzierung der Ausgaben eines Staates, sondern auch der Steuergerechtigkeit und das bedeutet, dass die prozentuelle Höhe der Einkommensteuer so festgelegt wird, dass sie in einem gerechten Verhältnis zur tatsächlichen finanziellen Leistungskraft des Steuerzahlers steht. Die Wirkung der Steuerprogression auf die Entwicklung der Ungleichverteilung ist jedoch nicht sehr ausgeprägt trotz stark steigender Steuerbelastungen (Abb. 11.8). Der Gini-Koeffizient misst dabei die Ungleichheit auf einer Skala von 0 bis 1. Höhere Werte weisen auf eine größere Ungleichheit hin.

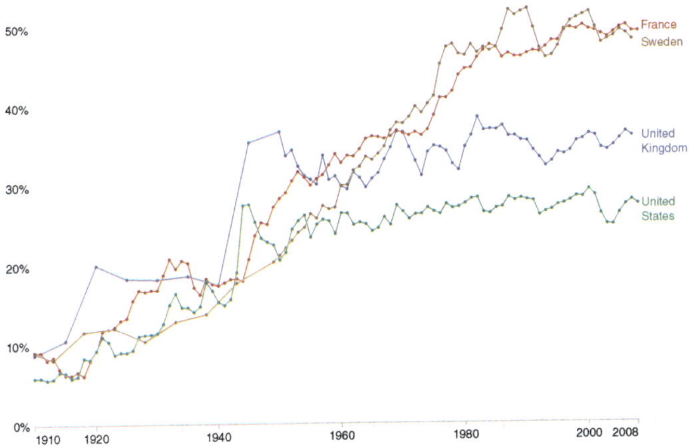

Abb. 11.7 Steuern (einschließlich Sozialabgaben) als Anteil des Volkseinkommens

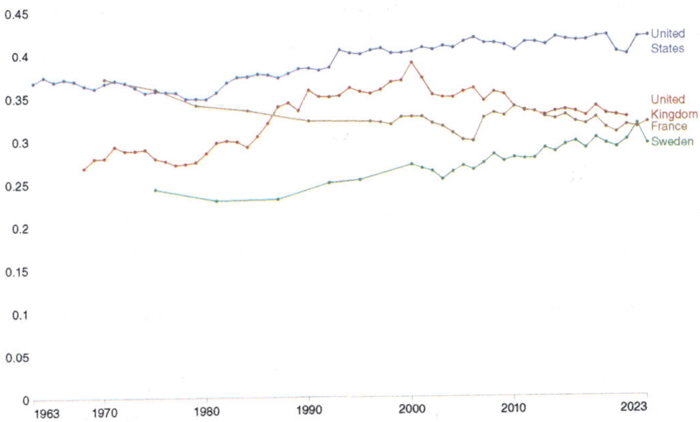

Abb. 11.8 Einkommensungleichheit: Gini-Koeffizient, 1963–2023

Indes, der Fokus auf Steuergerechtigkeit als steuerndes Element lenkt davon ab, dass der enorme Anstieg von Sozialabgaben und Einkommensteuer im 20. Jahrhundert eine unbeabsichtigte Steuerungsfunktion hat: Menschliche Arbeitsleistung wird gegenüber maschineller Leistung immer teurer, nicht nur, aber auch weil die fossilen Energieträger, welche Verbrennungsmotoren so-

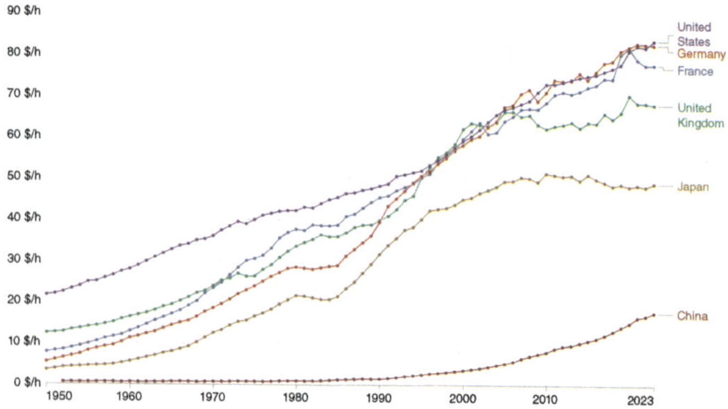

Abb. 11.9 Arbeitsproduktivität: Output pro Arbeitsstunde

wie Turbomaschinen benötigen, von der Erde kostenlos zur Verfügung gestellt werden. Darüber hinaus wird auch Strom für Elektromotoren und für Elektronik zu über 60 % durch Kohle, Erdöl und Erdgas erzeugt – siehe Kap. 9.

Die stetig zunehmende Differenz zwischen Lohnkosten und Energiekosten hat für Unternehmen zur Folge, dass die Lohnkosten gesenkt werden müssen, um am Markt zu reüssieren, und dies bedeutet, in Automatisierung zu investieren.[102] Geht es in der ersten Hälfte des 20. Jahrhunderts darum, körperlicher Arbeit durch Maschinen zu ersetzen und dadurch die Fertigungsprozesse kostengünstiger zu machen, so wird mit der Informations- und Kommunikationstechnik auch die Büro- und Verwaltungsarbeit zunehmend automatisiert. Produkte werden immer kostengünstiger ebenso Dienstleistungen, sofern diese automatisierbar sind. Die Arbeitsproduktivität gemessen als Bruttoinlandsprodukt pro Arbeitsstunde und ausgedrückt in internationalen Dollar zu Preisen von 2017 pro Stunde nimmt seit 1950 um das Vier- bis Zwölffache zu (Abb. 11.9), nicht weil die Menschen immer produktiver werden, sondern weil sie durch Maschinen und Computer ersetzt werden.

Mit dem weltweit verbreiteten Steuer- und Abgabensystem ergibt sich daher nie die Frage, durch welche Investitionen man mit weniger Energie mehr Umsatz erzielen kann, sondern durch welche Investitionen man mit weniger Mitarbeiter mehr Umsatz erzielen kann. Die Märkte sind zwar dank des Allgemeinen Zoll-

und Handelsabkommens (GATT) von 1947 freier als Adam Smith und Friedrich Hayek es erlebten, aber die rasante Verteuerung menschlicher Arbeitsleistung gegenüber maschineller Leistung führt zum perfekten Marktversagen, denn auch die von der Erde kostenlos zur Verfügung gestellten fossilen Energieträger sind nicht wirklich gratis. Nichts ist umsonst, auch nicht die Ressourcen der Erde.

1920 schlägt Arthur Pigou, Professor für Politische Ökonomie an der Universität Cambridge eine Steuer auf jede Marktaktivität vor, die externe Kosten verursacht, die Dritten entstehen und nicht im Marktpreis enthalten sind – die sogenannte Pigou-Steuer.[103] Diese soll bestehende Steuern nicht ersetzen, sondern externe Kosten in den Marktpreis inkludieren und dadurch Marktversagen vorbeugen. Wenngleich die Pigou-Steuer große theoretische Bedeutung erlangt, wird sie weder in Großbritannien noch anderswo realisiert. Eines der Probleme der Pigou-Steuer ist, wie die externen Kosten, also die nicht im Preis enthaltenen Schäden, ermittelt werden sollen und mit welchem Zinssatz zukünftige Schäden diskontiert werden sollen.

Für im Jahr 2024 emittierte Treibhausgase ermittelte das Umweltbundesamt externe Kosten von 300 Euro pro Tonne Kohlendioxid bei einem kalkulatorischen Zinssatz von einem Prozent. Bei einer Gleichgewichtung heutiger und zukünftiger externe Kosten – entspricht einem kalkulatorischen Zinssatz von null Prozent – ergeben sich hingegen externe Kosten von 880 Euro pro Tonne Kohlendioxid.[104] Der durchschnittliche Preis für Kohlendioxid-Emissionsrechte im Rahmen des EU-Emissionshandelssystem lag in den Jahren 2023 und 2024 weit darunter, nämlich bei 80 Euro pro Tonne Kohlendioxid.

Wie also kann die Diskrepanz zwischen den Lohnkosten und den Energiekosten beseitigt werden und Marktverzerrung sowie Marktversagen vermieden werden?

Eine regressive Evolution des Steuersystems

Nicht alle Entwicklungen bringen Verbesserungen, deshalb ist es mitunter zweckdienlich, zu einem früheren Zustand zurückzukehren. Regressive Evolution wird dies in der Evolutionstheorie genannt. So bezeichnet man einen Prozess in der Evolution, bei dem bestimmte Merkmale oder Organe eines Organismus im Laufe der Zeit zurückgebildet oder gänzlich verloren gehen. Dabei handelt es sich nicht um eine Rückkehr zu einem primitiveren Zustand, sondern um eine Anpassung an veränderte Umweltbedingungen, bei der bestimmte Strukturen nicht mehr benötigt werden und sich deshalb evolutionär zurückbilden. Regressive Evolution tritt auf, wenn ein Organ oder Verhalten keinen Selektionsvorteil mehr bietet oder wenn Strukturen nicht mehr gebraucht werden und daher energetisch ineffizient sind.[105]

In einer ähnlichen Situation befindet sich das weltweit praktizierte Steuersystem. Zu den bereits genannten Problemen wie die Übernutzung der Rohstoffe mit den daraus resultierenden externen Kosten sowie die gegenüber den Energiekosten rasant steigenden Lohnkosten mit dem daraus folgenden Druck hin zur Automatisierung bei stark steigendem Energieverbrauch kommt noch ein weiterer spezieller Aspekt des Marktversagens bei fossilen Brennstoffen hinzu: die Begrenztheit des Angebots.

Die Preisdynamik auf freien Märkten ist seit Jahrtausenden unverändert. Wenn das Angebot die Nachfrage übersteigt, dann sinkt der Marktpreis. Als Folge davon sinkt das Angebot und die Nachfrage steigt, allerdings nicht immer. Im Extremfall wie bei den hypothekenbesicherten Wertpapieren sank deren Marktpreis innerhalb kurzer Zeit auf beinahe null, weil die Nachfrage trotz oder sogar wegen des sinkenden Marktpreises weiter sank, und der Markt brach zusammen – siehe Kap. 7. Umgekehrt, wenn die Nachfrage das Angebot übersteigt, steigt der Marktpreis. Als Folge davon sollte das Angebot steigen und die Nachfrage sinken. Was passiert jedoch, wenn das Angebot nicht steigt, weil der dafür notwendige Rohstoff oder die dafür notwendige Ressource erschöpft ist?

Eine mögliche Antwort darauf ist der Ersatz des Marktes durch eine, in Kap. 1 beschriebene Zentralverwaltung als eine Form der Warenverteilung, bei der Ware zugeteilt wird unabhängig davon, wer sich den steigenden Marktpreis leisten kann. Bezugsschein hieß dies im Ersten und im Zweiten Weltkrieg. Solche Bezugsscheine gab es für Lebensmittel, für Heizmaterial, für Kleidung, sowie für Benzin. Kriegswirtschaft heißt eine solche Form der Zentralverwaltungswirtschaft. Auch in den realsozialistischen

Staaten gab es diese Form der Mangelwirtschaft. So oder so, eine attraktive Alternative zu einem funktionierenden Markt scheint das nicht zu sein, räumt es doch der Zentralverwaltung enorme Befugnisse und Entscheidungshoheit ein, die zu Korruption und Günstlingswirtschaft einlädt. Darüber hinaus entsteht abseits einer solchen Mangelwirtschaft ein Schwarzmarkt, der die, am Gemeinwohl orientierte Zentralverwaltung konterkariert.

Die andere mögliche Antwort auf ein verknapptes Angebot ist, dem freien Markt seinen Lauf zu lassen und darauf zu warten, bis der Marktpreis so hoch wird, dass Alternativen zum verknappten Gut auf den Markt kommen. So geschehen bei der Ablöse von Holz durch Kohle in Großbritannien ab Ende des 18. Jahrhunderts – mehr dazu siehe Kap. 2. Solche Ablösen von essentiellen Rohstoffen – und fossile Brennstoffe gehören dazu – brauchen indes eine erhebliche Vorlaufzeit. So fand bereits Anfang des 17. Jahrhunderts in London ein solcher Wechsel beim Kochen und Heizen von Brennholz zu Kohle statt, mehr als 150 Jahre, bevor in Großbritannien Kohle Brennholz vollständig ablöste.

Nun sind fossile Brennstoffe, wie alle Rohstoffe, die die Erde zur Verfügung stellt, begrenzt verfügbar. Die verbleibenden weltweiten Kohle-, Öl- und Erdgasvorkommen, angegeben als Verhältnis von Reserven zu Produktion, das die Anzahl der verbleibenden Produktionsjahre auf der Grundlage der bekannten Reserven und der aktuellen jährlichen Produktionsmengen misst, sind bekannt (Abb. 11.10), wobei diese Werte sich im Laufe der Zeit aufgrund der Entdeckung neuer Reserven und Änderungen der jährlichen Produktion ändern können.

Für das, von Adam Smith beschworene Gemeinwohl als Argument für freie Märkte wäre es daher angebracht, wenn der Marktpreis für fossile Brennstoffe umso höher wird, je näher das Ende der Reserven rückt. Aber, wie bereits oben ausgeführt, tendieren Märkte bzw. deren Marktteilnehmer zum Gegenwartsbias. Das näher rückende Ende der Verfügbarkeit fossiler Brennstoffe wird nicht eingepreist.

Dieses heutige Problem nahm seinen Anfang damit, dass vor tausenden von Jahren begonnen wurde, Steuern auf Geld und nicht mehr auf Naturalien einzuheben. Klar ist es einfacher argumentierbar und auch leichter administrierbar, Geld anstelle

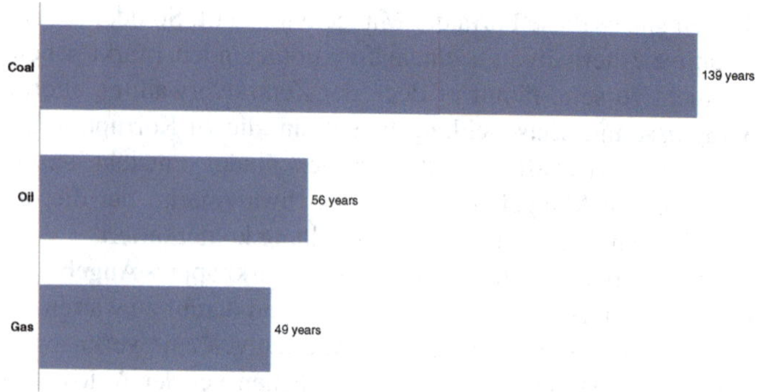

Abb. 11.10 Verbleibende Reserven an fossilen Brennstoffen in Jahren, ab 2020

von Rohstoffen sowie von wirtschaftlich genutzten Grundstücken zu besteuern.

Um daher den im 20. Jahrhundert entstandenen Nebeneffekten von Sozialabgaben und Einkommensteuer gegenzusteuern, ist es angebracht, diese durch Steuern auf Rohstoffe sowie auf wirtschaftlich genutzte Grundstücke und versiegelte Flächen zu ersetzen. Solche Steuern wären zwar vergleichbar mit einer Pigou-Steuer, allerdings mit dem bedeutsamen Unterschied, dass diese der Einpreisung externer Kosten vorgeschlagen wurde, wohingegen die Besteuerung von Rohstoffen sowie von Flächenversiegelung dazu dient, Sozialabgaben und Einkommensteuer zu ersetzen und dadurch die begrenzten Ressourcen zu verteuern und die Lohnkosten zu senken ohne die staatlichen Einnahmen dadurch zu erhöhen oder zu reduzieren.[106]

Ein Steuersystem, das sich in den letzten paar tausend Jahren etabliert und bewährt hat, kann selbstverständlich nicht von heute auf morgen umgesetzt werden. Andererseits drängt die Zeit, um einen zu abrupten Übergang von begrenzten fossiler Energie zu unbegrenzter solarer Energie zu vermeiden.

Was würde sich mit der Abschaffung der Sozialabgaben und Einkommensteuer und der kompensatorischen Besteuerung von Rohstoffen sowie von versiegelten Flächen ändern?

Nun, alle Infrastruktur, Waren und Dienstleistungen, die vornehmlich auf menschlicher Arbeit beruhen, wie Schulen und Pflegeleistungen würden deutlich billiger werden, wohingegen Alles, was vor allem auf nicht erneuerbaren oder nicht durch Recycling wiederverwertbaren Rohstoffen basiert, wie fossile Brennstoffe, oder viel versiegelte Flächen benötigt, wie Straßen und Parkplätze, deutlich teurer wird.

Solche Pigou-Steuern, die durch gleichzeitige Reduktion bis Abschaffung von Sozialabgaben und Einkommensteuer aufkommensneutral sein müssten, würden zwar nicht notwendigerweise verhindern, dass manche Rohstoffe aufgebraucht werden, aber sie würden den Übergang von einer Rohstoff- und Boden-intensiven Marktwirtschaft zu einer Marktwirtschaft mit geringem Verbrauch an fossilen Brennstoffen, mit viel Recycling und mit wenig Flächenversiegelung sanfter und reibungsloser machen.

Die Erde würde wohl anders argumentieren, auch wenn das Ergebnis dasselbe wäre:

Geschätzte menschliche Erdbewohnerinnen und -bewohner, seit es euch auf mir gibt, habe ich euch alle meine Schätze stets geschenkt, so wie ihr es auch untereinander gemacht habt, als ihr noch Jäger und Sammler ward. Seit kurzem, also seit ein paar Jahrtausenden schenkt ihr einander nicht mehr, sondern tauscht. Dagegen habe ich nichts einzuwenden außer, dass ihr mich in diese Tauschwirtschaft nicht einbezogen habt. Ihr holt euch zwar meine Schätze und verdient damit viel, sehr viel Geld, aber ich habe nichts davon, gar nichts. Auch das stört mich nicht. Schlimm ist aber, dass ihr kürzlich begonnen habt, Raubbau an mir zu betreiben. Das gefällt mir nicht. Vermutlich, so genau weiß ich das nicht, seid ihr der Ansicht, dass ich euch gehöre, aber da irrt ihr gewaltig. Wie dem auch sei, ist es an der Zeit, eurem Raubbau Einhalt zu gebieten, weswegen ich nunmehr zu einer gleichberechtigten Teilnehmerin eurer Marktwirtschaft werde. Dies bedeutet, dass ich für alle meine Schätze, wenn ihr mir diese nehmt, eine Abgabe – ihr nennt sie Steuer – verlange, wobei diese Abgabe umso höher ist, je geringer der Vorrat noch ist, den ich habe, je schädlicher dieser Rohstoff für euch ist, wie etwa Kohle, Erdöl,

Erdgas sowie Kalkstein, und je mehr ihr davon mir entnehmt. Indes, ich brauche euer Geld nicht, dafür habe ich keinerlei Verwendung, aber ich möchte, dass ihr meine Schätze wertschätzt, so, wie ihr einander wertschätzt und das scheint in eurer Denke nur dann der Fall zu sein, wenn meine Schätze nicht mehr gratis zur Verfügung stehen, sondern etwas kosten. Aber weil ich das Geld nicht brauche gebe ich es euch wieder zurück, damit ihr damit all das finanziert, was euch für eure Zivilisation gemeinsam wichtig ist: euer Gesundheitssystem, eure Infrastruktur, euer Bildungssystem. Macht einfach das Beste aus dem Geld, das ich für meine Schätze verlange.

So oder so ähnlich könnte das Angebot der Erde lauten, wenn wir sie denn verstehen würden.

Was die Erde jedoch nicht berücksichtigt, ist, was passiert, wenn nicht alle Länder ihr Steuersystem umstellen.

Carbon Leakage und andere Verlagerungen

Seit Beginn der zweiten Hälfte des 20. Jahrhunderts nimmt der internationale Warenaustausch enorm zu, nicht zuletzt dank des Allgemeinen Zoll- und Handelsabkommens – GATT von 1947. Zölle, Abgaben und andere Hemmnisse im internationalen Handel werden abgebaut und langfristige Handelsverträge geschlossen. Damit schlägt die Stunde der multinationalen Unternehmen. Was sich herauskristallisiert ist, dass in einem globalen Markt ohne Hemmnisse im internationalen Handel Unternehmen ihre Produktion dorthin verlagern, wo sie am kostengünstigsten produzieren können, etwa weil die Löhne besonders niedrig sind. Zumindest teilweise ist das Wachstum des internationalen Warenaustauschs auf solche Produktionsverlagerungen zurückzuführen. So kommt es mit der Zeit zur Verlagerung von Produktionsstätten von wirtschaftsstarken Staaten in Länder mit niedrigen Löhnen. Durch diese Verlagerung von Arbeitsplätzen werden Güter billiger und die Länder mit niedrigen Löhnen profitieren davon durch neue Arbeitsplätze sowie mehr Exporte und damit mehr Deviseneinnahmen. Nebeneffekt – nichts ist umsonst – hingegen ist, dass Arbeitsplätze, vor allem Industriearbeitsplätze, in wirtschaftsstarken Staaten abhandenkommen, dass immer mehr Güter über weite Strecken transportiert werden und dass die wirtschaftsstarken Staaten immer mehr Waren importieren müssen.

Aber was passiert, wenn durch ein geändertes Steuersystem die Löhne niedriger, aber dafür Rohstoffe und Boden wesentlich teurer werden?

Ein solches Szenario wurde für den Kohlenstoffpreis im Rahmen des EU-Emissionshandel analysiert. Dabei zeigt sich, dass im Fall ein solcher Preis auf fossile Brennstoffe zu hoch wird, es ebenfalls zur Verlagerung von Produktionsstätten, die viel fossilen Brennstoff benötigen, in Länder ohne Kohlenstoffpreis kommen kann, wodurch Sinn und Zweck eines Kohlenstoffpreises konterkariert wird. Carbon Leakage wird ein solcher Anstieg von Kohlendioxidemissionen in einem Land infolge von Emissionsreduktionen in einem anderen Land mit einem höheren Kohlenstoffpreis genannt. Über das Ausmaß der langfristigen Leakage--Effekte besteht kein Konsens. So gibt es in Schweden, das bereits 1991 eine Kohlenstoffsteuer zusätzlich zur Energiesteuer eingeführt hat[107], keine Hinweise auf Carbon Leakage.

Am 17. Januar 2019 wird eine Stellungnahme zu einer Kohlenstoffsteuer im Wall Street Journal publiziert, die rund 3500 US--Wirtschaftswissenschaftler unterzeichnen, darunter 28 Nobelpreisträger, ehemalige Vorsitzende der Federal Reserve und ehemalige Vorsitzende des Council of Economic Advisors. In dieser Stellungnahme wird auch auf Carbon Leakage eingegangen:

> Geleitet von soliden ökonomischen Prinzipien stimmen wir in den folgenden politischen Empfehlungen überein: Eine Kohlenstoffsteuer bietet den kosteneffizientesten Hebel, um Kohlendioxidemissionen im erforderlichen Umfang und Tempo zu reduzieren. Durch die Korrektur eines bekannten Marktversagens wird eine Kohlenstoffsteuer ein starkes Preissignal aussenden, das die unsichtbare Hand des Marktes nutzt, um Wirtschaftsakteure in eine Kohlenstoff-arme Zukunft zu lenken. … Um Carbon Leakage zu verhindern und die Wettbewerbsfähigkeit der USA zu sichern, sollte ein Kohlenstoffgrenzausgleichssystem (border carbon adjustment system) eingeführt werden.[108]

Ein solcher Kohlenstoffgrenzausgleichsmechanismus wird zwar nicht von den USA eingeführt, aber – weltweit erstmalig – von der EU unter dem Akronym CBAM – Carbon Border Adjustment Mechanism, wobei das CBAM so konzipiert ist, dass es mit den Regeln der World Trade Organization vereinbar ist.:

> Ab Oktober 2023 wird das Grenzausgleichssystem CBAM eingeführt, um einen fairen Preis für den CO_2-Ausstoß bei der Herstellung von in die EU eingeführten CO_2-intensiven Waren zu erheben. Dieser Mechanismus wird in Phasen umgesetzt und steht im Einklang mit der schrittweisen Einstellung der Zuteilung kostenloser Zertifikate gemäß dem EU-Emissionshandelssystem.[109]

Ein solches Grenzausgleichssystem muss nicht nur für Kohlenstoff gelten, sondern ist erweiterbar für alle Rohstoffe, die bei einer regressiven Veränderung des Steuersystems weg von einer Besteuerung von Geld hin zu einer Besteuerung von Rohstoffmengen – eine sogenannte Mengensteuer – notwendig ist, um Produktionsverlagerungen zu Ländern ohne Rohstoffsteuer hintanzuhalten. Auch CBAM ist eine Mengensteuer und sollte daher wie alle anderen Mengensteuern nicht den Anteil der Steuern am Volkseinkommen erhöhen, sondern zu entsprechender Reduktion von Sozialabgaben und Einkommensteuer führen.

Möglichkeitssinn und Markt

„Das Problem ist wirklich nicht so schwierig", meint James Hansen, einer der herausragenden Klimaforscher zur globalen Erwärmung.[110] In der Tat gilt diese Aussage für jede Art von Marktversagen, welches Folge der Übernutzung eines Gemeingutes ist, egal ob es sich dabei um einen Rohstoff, um Süßwasser, um Luft oder um die Erdoberfläche handelt. Es ist auch nicht so, dass mit Marktversagen durch Übernutzung eines Gemeinguts nicht schon erfolgreich umgegangen worden wäre, wie die Kap. 5 und Kap. 6 zeigen.

Jedoch im Unterschied zum Versagen von Wertpapiermärkten oder von digitalen Märkten, bei denen daran Beteiligte zwar viel Geld verlieren, aber physisch gesund bleiben, geht es beim Marktversagen durch Übernutzung fossiler Brennstoffe um Lebensbedrohliches, zumindest in einigen Gegenden der Erde. In Äquatornähe könnten im Jahr 2100 Hitzewellen fast das ganze

Jahr über anhalten und damit diese Regionen ohne aufwendige Kältetechnik unbewohnbar werden.[111]

„Das ist unrealistisch", lautet eine der beliebtesten Killerphrasen gegen Maßnahmen, um die Übernutzung fossiler Brennstoffe zu stoppen. „Das bringt die Wirtschaft um", lautet eine andere. „Viel zu riskant", lautet eine weitere.

Die wohl radikalste Gegenposition stammt von Jeremy Grantham, der sich einen Namen als Investor gemacht hat, weil er Spekulationsblasen frühzeitig erkannte, so auch die Blase der hypothekenbesicherten Wertpapiere, die in der Weltfinanzkrise mündete – siehe Kap. 7:

> Früher oder später wird es eine Kohlenstoffsteuer geben, und ein Großteil der Marktkapitalisierung der führenden Öl- und Gasunternehmen wird verloren gehen. Das ist sicher. Es wird passieren. Oder wir werden auf dem Weg zu einer gescheiterten Zivilisation sein.[112]

Wie dem auch sei, andere Zeiten als die Gegenwart waren ebenfalls schlimm. Nach dem Ende des Ersten Weltkriegs, dem darauf folgenden Ende des Deutschen Kaiserreichs und dem Zusammenbruch des Habsburgerreichs beginnt Robert Musil im, von einer verheerenden Versorgungskrise geplagten und für die kleine Republik Österreich viel zu großem Wien, an seinem unvollendeten Roman *Der Mann ohne Eigenschaften* zu schreiben, der heute als eines der größten Werke der Moderne gilt. Während seines sozialen Abstiegs vom gutbürgerlichen Wohlstand der ersten vier Lebensjahrzehnte, bedingt durch die Kriegs- und Nachkriegsinflation und dem Ende seiner Beschäftigung im vormaligen k. u. k. Kriegsministerium, schreibt er im vierten Kapitel seines Opus magnum mit dem Titel *Wenn es Wirklichkeitssinn gibt, muß es auch Möglichkeitssinn geben:*

> Wenn man gut durch geöffnete Türen kommen will, muß man die Tatsache achten, daß sie einen festen Rahmen haben: dieser Grundsatz … ist einfach eine Forderung des Wirklichkeitssinns. Wenn es aber Wirklichkeitssinn gibt, und niemand wird bezweifeln, daß er seine Daseinsberechtigung hat, dann muß es auch etwas geben, das man Möglichkeitssinn nennen kann. Wer ihn besitzt, sagt

> beispielsweise nicht: Hier ist dies oder das geschehen, wird geschehen, muß geschehen; sondern er erfindet: Hier könnte, sollte oder müßte geschehn; und wenn man ihm von irgend etwas erklärt, daß es so sei, wie es sei, dann denkt er: Nun, es könnte wahrscheinlich auch anders sein. So ließe sich der Möglichkeitssinn geradezu als die Fähigkeit definieren, alles, was ebensogut sein könnte, zu denken und das, was ist, nicht wichtiger zu nehmen als das, was nicht ist. Man sieht, daß die Folgen solcher schöpferischen Anlage bemerkenswert sein können, und bedauerlicherweise lassen sie nicht selten das, was die Menschen bewundern, falsch erscheinen und das, was sie verbieten, als erlaubt oder wohl auch beides als gleichgültig. Solche Möglichkeitsmenschen leben, wie man sagt, in einem feineren Gespinst, in einem Gespinst von Dunst, Einbildung, Träumerei und Konjunktiven; Kindern, die diesen Hang haben, treibt man ihn nachdrücklich aus und nennt solche Menschen vor ihnen Phantasten, Träumer, Schwächlinge und Besserwisser oder Krittler.[113]

Solche Möglichkeitsmenschen braucht es wohl, um die globale Zivilisation vor globalem Marktversagen zu bewahren.

Anmerkungen

Prolog

1. Der letztere Begriff stammt von Schein (2018).
2. Gute Einführungen in die Systemtheorie mit Fokus auf Systemdenken und Systemdynamik sind Mandl (2023), Meadows (2010) und Bateson (1987).
3. Dieses Zitat ist aus Von Foerster (1984), die Übersetzung ins Deutsche stammt von Christoph E. Mandl.
4. In dem gleichnamigen Buch von Dörner (2011) beschreibt dieser an Hand von Experimenten mit Versuchspersonen Denk- und Entscheidungsmuster, die für Systeme ohne Rückkopplung angemessen sind, sich jedoch für soziale Systeme mit Rückkopplung als katastrophal erweisen.
5. Dieses Zitat stammt aus Johann Wolfgang von Goethes Schauspiel *Götz von Berlichingen*.

Kap. 1: Der Markt erscheint im Holozän

6. Die Charakteristiken einer Zivilisation sind in Haywood (2005) beschrieben. Demnach ist die „Vollzeit-Spezialisierung der Arbeit“ eines von fünf Hauptmerkmalen einer Zivilisation.
7. Eine knappe Darlegung der Entwicklungsgeschichte des Menschen ist Handwerk (2021).
8. Einen guten Überblick gibt etwa Ambrose (2001).

C. E. Mandl, *Marktversagen*,
https://doi.org/10.1007/978-3-658-50377-2

9. Der Begriff „Horde“ wird hier nicht im umgangssprachlichen Sinne, also i. S. v. wilde Bande verwendet, sondern so wie ihn Anthropologen gebrauchen, also eine kleine, selbständige soziale Gruppe von maximal 30 bis 50 Jägern und Sammlern, die zusammenleben und meist durch Abstammung oder Heirat untereinander verwandt sind. Im Englischen heißt es „band society“. Horde ist die einfachste Form der menschlichen Gesellschaft.
10. Eine exzellente, detailreiche Beschreibung und kritische Analyse dieses Prozesses ist Graeber & Wengrow (2022).
11. Polanyi (2023) nennt das, was jemand an Fertigkeit beherrscht, implizites Wissen und bezeichnet damit Wissen, das nicht in sprachlicher Form weitergegeben werden kann. Vielmehr erfordert die Weitergabe von implizitem Wissen regelmäßige Interaktion und Vertrauen, typisch etwa bei der Beziehung zwischen Lehrling und Meister im Mittelalter. Diese Art von Wissen kann nur durch Praxis angeeignet werden.
12. Das Entstehen einer neuen Ordnung wird auch spontane Ordnung, in den Naturwissenschaften Selbstorganisation genannt. Mit „spontaner Ordnung“ wird die Entstehung sozialer Ordnungen in menschlichen Gemeinschaften beschrieben, die aus dem Verhalten von Individuen resultieren, die nicht absichtlich versuchen, Ordnung zu schaffen.
13. Details dazu finden sich in Haywood (2005), Leick (2002) und Liverani (2013).
14. Diese und folgende Ausführungen der Wirtschaftsevolution in den zivilisatorischen Anfängen stützen sich vor allem auf Haywood (2005), Leick (2002) und Liverani (2013). Dabei ist anzumerken, dass archäologische Funde Hinweise auf zivilisatorische Entwicklungen geben, aber dass der zivilisatorische Entwicklungsprozess selbst empirisch nicht zugänglich ist, solange es keine schriftlichen Aufzeichnungen gibt. Da die Schrift aber als Folge und nicht als Ursache anderer zivilisatorischen Errungenschaften entsteht, sind die Ausführungen plausibel, aber hypothetisch. Unbestritten ist aber, dass es sowohl eine Palast- und Tempelwirtschaft als auch eine Marktwirtschaft in den mesopotamischen Zivilisationen gab.

15. Das sind keine erfundenen Namen, aber da die Namen von Menschen in der Obeid-Zivilisation nicht überliefert sind, verwende ich an dieser Stelle die Namen der ältesten bekannten Gottheiten: Göttin Nammu (das Urwasser), Göttin Uraš (die Erde) und Gott An (der Himmel).
16. Gemäß Moorey (1999) wurde die erste Töpferscheibe in Mesopotamien entwickelt. Eine steinerne Töpferscheibe, die in der sumerischen Stadt Ur im heutigen Irak gefunden wurde, ist etwa 5150 Jahre alt, aber in der gleichen Gegend wurden Fragmente von auf der Scheibe gedrehten Töpferwaren aus einer noch früheren Zeit gefunden.
17. Enki ist der sumerische Gott des Wassers, des Wissens, des Handwerks und der Schöpfung. Ursprünglich war er der Schutzgott der Stadt Eridu, aber später verbreitete sich der Einfluss seines Kultes in ganz Mesopotamien. Er wird in den frühesten erhaltenen Keilschriftinschriften in der gesamten Region erwähnt und war bis in die hellenistische Zeit hinein bekannt.
18. Die Übersetzung ins Englische findet sich bei Starr (2008), die Übersetzung ins Deutsche stammt von Christoph E. Mandl.
19. Ausführlich wird dies in Cripps (2017) erörtert.
20. Sehr kenntnisreich wird dies von Rahmstorf (2006) beschrieben.
21. Siehe insbesondere Starr (2008) sowie Liverani (2013).
22. Marktwirtschaften entstehen unabhängig voneinander in verschiedenen Zivilisationen, wohl weil sie Weiterentwicklungen des, in allen Zivilisationen gepflegten Tauschens darstellen – siehe insbesondere Garraty & Stark (2010).
23. Ähnliches wird auch in Roberts (2015) erläutert.
24. Siehe *Marktplätze in Syro-Mesopotamien im 2. Jahrtausend v. Chr.* von Otto (2019). Dort steht: „Die Marktplätze aus Ugarit, Munbaqa/Ekalte, Tall Tuqan und Tall Bazi teilen bestimmte Eigenschaften: Sie bestehen aus einem offenen Platz nahe einem Stadttor – ideal für leichte Zugänglichkeit – oder inmitten von Wohngebieten und variieren zwischen 440 und 1200 m^2."

25. Siehe insbesondere Starr (2008) sowie Liverani (2013).
26. Es gibt eine Reihe von Übersetzungen, eine davon ist von King (1915). Die Original-Stele befindet sich im Louvre-Museum.
27. Siehe King (1915), die Übersetzung ins Deutsche stammt von Christoph E. Mandl.
28. Einen exzellenten Überblick über Steuern in frühen Zivilisationen gibt Valk & Marin (2021).
29. Schreibt Steinkeller (2015).
30. Dies basiert auf der Übersetzung von Steinkeller (2015) ins Englische. Die Übersetzung ins Deutsche stammt von Christoph E. Mandl. Der Originaltext stammt von den Gudea-Zylindern. Diese sind zwei, rund 4150 Jahre alte Terrakotta-Zylinder, auf denen in Keilschrift ein sumerischer Mythos mit dem Titel *Der Bau des Tempels von Ningirsu* beschrieben wird. Die Zylinder stammen von Gudea, dem Herrscher von Lagasch, und sind im Louvre-Museum ausgestellt.
31. Eine Übersetzung ins Deutsche stammt von Wilcke (2014). Der Originaltext in sumerischer Sprache des Codex Lipit-Ischtar befindet sich im Louvre-Museum.
32. Mehr dazu siehe Valk & Marin (2021).
33. Eine sehr detaillierte Darstellung der Wirtschaft im Griechenland der Antike ist Bresson (2015).
34. Siehe Harris (2019).
35. Siehe das Chart Population von Our World in Data https://ourworldindata.org/grapher/population?time=-7000..-2000&country=~IRQ.
36. Diese Redewendung findet sich zum ersten Mal in Henisch (1616).
37. In Brown (2017) wird dargelegt, wie zu hohe Steuern und Militärausgaben zum Zerfall des Römischen Reichs beitrugen: Übermäßige Militärausgaben führten zu höheren Steuern. Die Städte verloren ihre Einnahmen aus lokalen Steuern. Die von den Städten erbrachten Dienstleistungen wurden zurückgefahren oder aufgegeben. Die öffentlichen Bauprojekte gingen zurück.

Kap. 2: Wälder – Marktteilnehmer wider Willen

38. Die folgenden Ausführungen stützen sich vor allem auf Williams (2006) und auf Hughes (2014) ergänzt um Ritchie (2021a) sowie Ritchie (2021b).
39. Siehe HYDE (2023) mit geringer Bearbeitung durch Our World in Data.
40. Dieses lateinische Zitat in englischer Übersetzung ist von Cicero (45 v. Chr.), die Übersetzung ins Deutsche stammt von Christoph E. Mandl.
41. Siehe https://ourworldindata.org/grapher/population.
42. Siehe HYDE (2023) sowie https://ourworldindata.org/grapher/population.
43. Siehe Ritchie (2021b).

Kap. 3: Die Enteignung der Erde

44. Es gibt viel Literatur über Iustinianus und den Codex Iustinianus, siehe etwa die entsprechenden Einträge in Wikipedia, aber auch Brown (2013).
45. Die Übersetzung ins Englische stammt von Moyle (1913), die Übersetzung ins Deutsche stammt von Christoph E. Mandl.
46. Einen guten Überblick der Entwicklung des Gottes Jahweh von einer Gottheit unter mehreren zum einzigen Gott, wie er in der Bibel beschrieben wird, gibt Lang (2002).
47. Siehe Guski (2014). *Die Torah – eine deutsche Übersetzung* ist eine Verbindung der klassischen Übersetzungen von Rabbiner Heymann Arnheim und Rabbiner Sachs mit modernen Übersetzungsansätzen und wurde von Chajm Guski bearbeitet. Die Torah ist der erste Teil der hebräischen Bibel.
48. Siehe die Bibel (2016), die Einheitsübersetzung der Bibel. Der Name Einheitsübersetzung besagt, dass diese Übersetzung den einheitlichen deutschen Bibeltext für alle katholischen Diözesen des deutschen Sprachraums darstellt.
49. Lloyd (1833) ist die Verschriftlichung dieser beiden Vorlesungen, die Übersetzung ins Deutsche stammt von Christoph E. Mandl.
50. Einen exzellenten historischen Überblick zur Überfischung seit dem 20. Jahrhundert gibt Ritchie & Roser (2021).

51. Siehe etwa Gordon (1954).
52. Siehe Gordon (1954).
53. Hardin (1968) ist die namensgebende Publikation dieses Phänomens.
54. Diese Erfahrung gibt es auch in Form eines Serious Game, siehe Meadows (1996).
55. Siehe die Pressemitteilung der European Commission (2003) zu den Fangquoten.
56. Siehe ebenfalls die Pressemitteilung der European Commission (2003) zu den Fangquoten.

Kap. 4: Die unsichtbare Hand des Marktes

57. Die Ausführungen über Adam Smith und seine Zeit beziehen sich vor allem auf Smith (2013) selbst sowie auf Norman (2018).
58. Norman (2018) zitiert Adam Smith, die Übersetzung ins Deutsche stammt von Christoph E. Mandl.
59. Die folgenden Ausführungen über Friedrich Hayek sind wesentlich von Ebenstein (2001) geprägt.
60. Alle die folgenden Zitate von Friedrich Hayek stammen aus seinem Buch Hayek (2023).
61. Der Begriff „spontaneous order“ wird von Hayek erstmals in Hayek (1945) eingeführt. Hayek (1945) gilt als wegweisendes Werk und ist einer der am häufigsten gelobten und zitierten wirtschaftswissenschaftlichen Artikel des 20. Jahrhunderts.
62. Dieses Zitat stammt aus Hayek (1945).
63. Siehe Nobel Prize Outreach (2024), die Übersetzung ins Deutsche stammt von Christoph E. Mandl.

Kap. 5: Automarkt und die große Smog Krise

64. Diese Darstellung stützt sich primär auf Doyle (2021) sowie auf Jacobs und Kelly (2015).
65. Die Ausführungen über die Geschichte des Kat in der Europäischen Union basieren auf Neumaier (2012).
66. Siehe Umweltbundesamt (2024a).

Kap. 6: Kühlschrankmarkt und das Ozonloch

67. Der bahnbrechende Artikel erschien unter dem Titel *Large losses of total ozone in Antarctica reveal seasonal ClO_x/NO_x interaction* im Fachjournal *Nature*.
68. Dies sowie das Folgende ist exzellent dokumentiert in Andersen und Sarma (2002). Dieses Buch ist die wohl authentischste Darstellung der Entstehungsgeschichte des Montrealer Protokoll, publiziert vom United Nations Environment Programme, einem der zentralen Player beim Beseitigen des Ozonlochs.

Kap. 7: Wertpapiermarkt und die Weltfinanzkrise

69. Siehe den Artikel Akerlof (1970). Dabei bedeutet die Bezeichnung „lemons" also „Zitronen" in US-amerikanischer Umgangssprache nicht die Frucht, sondern Gebrauchtwagen geringer Qualität.
70. Siehe *Pressemitteilung: Der Schwedischen Reichsbank in Erinnerung an Alfred Nobel gestifteten Preis für Wirtschaftswissenschaften des Jahres 2001* der Königlich Schwedischen Akademie der Wissenschaften vom 10. Oktober 2001, www.nobelprize.org/prizes/economic-sciences/2001/9309-pressemitteilung-der-schwedischen-reichsbank-in-erinnerung-an-alfred-nobel-gestifteten-preis-fur-wirtschaftswissenschaften-des-jahres-2001.
71. Über die Weltfinanzkrise gibt es viel englischsprachige Bücher, aber wenig deutschsprachige Publikationen. Die Darstellung hier basiert vor allem auf Paulson (2010) sowie Wikipedia (2024).
72. Die Rolle des Black-Scholes-Modells in der Weltfinanzkrise behandelt Stewart (2014) ausführlich.

Kap. 8: Netzwerkeffekt, digitale Marktplätze und globale Monopole

73. Siehe Aristoteles übersetzt von Kirchmann (1880).
74. Mehr dazu siehe auf Wikipedia unter Telefonist, https://de.wikipedia.org/wiki/Telefonist.

75. Siehe List of public corporations by market capitalization, https://en.wikipedia.org/wiki/List_of_public_corporations_by_market_capitalization.
76. Siehe List of public corporations by market capitalization, https://en.wikipedia.org/wiki/List_of_public_corporations_by_market_capitalization.
77. Die folgenden Ausführungen basieren auf dem Buch von Battelle (2006).
78. Siehe den Wikipedia-Eintrag Social networking service, https://en.wikipedia.org/wiki/Social_networking_service.

Kap. 9: Markt fossiler Brennstoffe und Gletscherschwund

79. Dieses Zitat stammt aus dem Kap. *II. Die Himmelskörper, besonders die Erde, als Wohnstätte lebender Wesen* des Buches von Svante Arrhenius (1907).
80. Eine detailreiche Darstellung der diesbezüglichen Bemühungen in den 1970-er Jahren in den USA gibt Rich (2019).

Kap. 10: Dilemmata und Nebeneffekte der Marktwirtschaft

81. Dies ist die Schlüsselstelle aus der Tragödie Agamemnon von Aischylos (458 v. Chr.), die Agamemnons Dilemma beschreibt. Die Übersetzung in den Versmaßen der Urschrift stammt von J. Donner von 1854, www.projekt-gutenberg.org/aischylo/agamemn1/chap003.html.
82. Diese Form eines Dilemmas wird in den beiden Klassikern Cross (1980) sowie Olson (2004) erstmals und ausführlich behandelt. Eine aktuelle Form wird in dem Vortrag von Carney (2015) dargelegt, wobei er unter dem Begriff „Tragödie des Horizonts" das Problem anspricht, dass die gegenwärtige Generation nur geringe Anreize hat, das Klimaproblem für künftige Generationen zu lösen.
83. Dieser Gedanke wurde in ähnlicher Form bereits von Kelly Levin und anderen (2012) formuliert.
84. Anfang 2023 wird von verschiedenen Medien darüber berichtet, dass in Rumänien Jahr für Jahr riesige Waldgebiete illegal gefällt werden. Demnach wird der überwiegende Teil der

Nachfrage von internationalen Konzernen generiert, die daraus Holzpellets herstellen, die auch auf dem deutschen Markt landen – siehe etwa den Bericht der tagesschau.de vom 01.03.2023 über die „Holzmafia“ in Rumänien, www.tagesschau.de/investigativ/ndr-wdr/holz-mafia-rumaenien-101.html.

85. Die Übersetzung ins Deutsche stammt von Christoph E. Mandl.
86. Siehe das Buch von Johannes Höfer (2013).
87. Siehe die Argumentation von Karl Popper (2004) über die Unmöglichkeit, längerfristige soziale und wirtschaftliche Entwicklungen vorherzusehen.
88. Dieses Zitat stammt aus der Ballade *Der Zauberlehrling* von Johann Wolfgang von Goethe, welche er 1797 schrieb.
89. Eine sehr gute Darstellung der Geschichte und Entwicklung des Wettbewerbsrechts vom Römischen Reich bis zum Sherman Antitrust Act schrieb der britische Richter Richard Wilberforce (1966).
90. Der Spruch „Gesundheit ist nicht alles, aber ohne Gesundheit ist alles nichts“ ist ein Aphorismus, der dem Philosophen Arthur Schopenhauer zugeschrieben wird.
91. Siehe List of countries by oil production, abgerufen am 7. Juni 2025 von https://en.wikipedia.org/wiki/List_of_countries_by_oil_production.
92. Siehe List of countries by natural gas production, abgerufen am 8. Juni 2025 von https://en.wikipedia.org/wiki/List_of_countries_by_natural_gas_production.
93. Diese Daten stammen laut ChatGPT vom 9. Juni 2025 von der Internationalen Arbeitsorganisation (ILO) und der Internationalen Energieagentur (IEA).
94. Diese Daten stammen von Climate TRACE, https://climatetrace.org. Climate TRACE ist eine unabhängige Organisation, die Treibhausgasemissionen überwacht und veröffentlicht. Sie wurde 2021 gegründet und verbessert die Überwachung, Berichterstattung und Verifizierung von Kohlendioxid und Methan. Die Organisation überwacht Quellen wie Kohlebergwerke und Kraftwerksschlote weltweit mithilfe von Satellitendaten und künstlicher Intelligenz.
95. Dieses Zitat stammt von Donella Meadows (1999), die Übersetzung ins Deutsche ist von Christoph E. Mandl.

Kap. 11: Nichts ist umsonst oder das perfekte Marktversagen

96. Das älteste deutschsprachige Buch, das sich explizit mit Investitionsrechnung als eigenständigem Thema befasst, stammt von Heinrich Jonas (1964).
97. Siehe die Verordnung (EU) 2021/1119 des Europäischen Parlaments und des Rates vom 30. Juni 2021 zur Schaffung des Rahmens für die Verwirklichung der Klimaneutralität, https://eur-lex.europa.eu/legal-content/DE/TXT/HTML/?uri=CELEX:32021R1119.
98. Commodities sind Produkte oder Dienstleistungen, die auf dem Markt als gleichwertig behandelt werden, ohne Rücksicht darauf, wer sie hergestellt hat. Bei den meisten Commodities handelt es sich um Bergbauprodukte wie Eisenerz, nicht spezialisierte Produkte wie Chemikalien sowie Computerspeicher und Energie.
99. Siehe die Richtlinie 2009/72/EG des Europäischen Parlaments und des Rates vom 13. Juli 2009 über gemeinsame Vorschriften für den Elektrizitätsbinnenmarkt, https://eur-lex.europa.eu/legal-content/DE/TXT/HTML/?uri=CELEX:32009L0072.
100. Die Begriffe triviale und nicht-triviale Maschinen hat Heinz von Foerster (1984) eingeführt. Laut von Foerster unterscheiden sich nicht-triviale Maschinen von trivialen Maschinen in einer sehr einfachen, aber folgenschweren Weise: Eine einmal beobachtete Reaktion auf einen bestimmten Reiz muss bei einer nicht-trivialen Maschine nicht unbedingt die gleiche sein, wenn derselbe Reiz später gegeben wird. Demnach sind alle Lebewesen und die gesamte Natur nicht-triviale Maschinen.
101. Dies ist eine sehr kurze, aber für die folgende Argumentation ausreichende Darstellung der Entwicklung des Steuersystems von den Sumerern bis heute. Eine wesentlich detailliertere Darstellung stammt von Reiner Sahm (2023).
102. Was Firmen im Bereich Automatisierung unternehmen, ist von Mandl (2017) als Ergebnis einer ausführlichen Recherche dargestellt.
103. Siehe das Buch von Arthur Pigou (1932).

104. Siehe Umweltbundesamt (2024b).
105. Ausführlicher wird regressive Evolution in Dzwillo (1978) behandelt.
106. Dieses Konzept ist selbstverständlich nicht neu, siehe etwa Bahn-Walkowiak (2019).
107. Siehe den Artikel *Sweden's carbon tax* der Government Offices of Sweden, abgerufen am 30. Juli 2025 von www.government.se/government-policy/taxes-and-tariffs/swedens-carbon-tax.
108. Dieses Zitat stammt von *Economists' Statement on Carbon Dividends* im Wall Street Journal vom 17. Januar 2019, abgerufen am 1. August 2025 von https://clcouncil.org/economists-statement Die Übersetzung ins Deutsche ist von Christoph E. Mandl.
109. Dieses Zitat stammt von *CO2-Grenzausgleichssystem (CBAM)* der Europäischen Kommission vom 17. Oktober 2023, abgerufen am 31. Juli 2025 von https://trade.ec.europa.eu/access-to-markets/de/news/co2-grenzausgleichssystem-cbam.
110. Zitiert aus Hansen (2015).
111. Mehr dazu siehe https://de.wikipedia.org/wiki/Hitzetod.
112. Siehe das Gespräch von Jeremy Grantham mit Jesse Barron (11. April 2019).
113. Mit diesem Text beginnt Kapitel *4 Wenn es Wirklichkeitssinn gibt, muß es auch Möglichkeitssinn geben* des Romans *Der Mann ohne Eigenschaften* von Robert Musil (1930).

Bildnachweise

Abb. 1.1 Level VII of the Eridu „temple“ von Benutzer Cush. Kopiert unter der Creative-Commons-Lizenz „Namensnennung – Weitergabe unter gleichen Bedingungen 3.0 nicht portiert“. Abgerufen am 4. Dezember 2025 von https://commons.wikimedia.org/wiki/File:Eridu_temple_7.png

Abb. 1.2 Keramikgefäß von Ubaid III 5300–4700 v. Chr. Louvre-Museum. Diese Datei ist unter der Creative-Commons-Lizenz „Namensnennung – Weitergabe unter gleichen Bedingungen 2.0 generisch“ lizenziert. Abgerufen am 4. Dezember 2025 von https://upload.wikimedia.org/wikipedia/commons/0/00/Ubaid:III_pottery_jar_5300-4700_BC_Louvre_Museum.jpg

Abb. 1.3 Illustration aus dem ägyptischen Totenbuch ca. 1275 v. Chr. Dieses Werk ist gemeinfrei, weil seine urheberrechtliche Schutzfrist abgelaufen ist. Abgerufen am 4. Dezember 2025 von https://commons.wikimedia.org/wiki/File:El_pesado_del_corazón_en_el_Papiro_de_Hunefer.jpg

Abb. 2.1 Teil der Publikation: Ritchie H, Rodés-Guirao L, Mathieu E, Gerber M, Ortiz-Ospina E, Hasell J, and Roser M (2023) Population Growth. Daten adaptiert von PBL Netherlands Environmental Assessment Agency, Gapminder, United Nations. Open access under the Creative Commons BY license 4.0. Abgerufen am 4. Dezember 2025 von https://ourworldindata.org/grapher/population?time=-2000..1200&country=~ITA

C. E. Mandl, *Marktversagen*,
https://doi.org/10.1007/978-3-658-50377-2

Abb. 2.2 Winterlandschaft, Gemälde von Lucas van Valckenborch (1586). © KHM-Museumsverband. Mit freundlicher Genehmigung des KHM-Museumsverbands vom 26. November 2025

Abb. 2.3 Energy Institute – Statistical Review of World Energy (2024); Smil (2017) – mit größerer Bearbeitung durch Our World in Data. Open access under the Creative Commons BY license. Abgerufen am 4. Dezember 2025 von https://ourworldindata.org/grapher/global-energy-substitution?time=earliest..1900

Abb. 3.1 Teil der Publikation: Ritchie H, Rodés-Guirao L, Mathieu E, Gerber M, Ortiz-Ospina E, Hasell J, and Roser M (2023) Population Growth. Daten adaptiert von PBL Netherlands Environmental Assessment Agency, Gapminder, United Nations. Open access under the Creative Commons BY license. Abgerufen am 4. Dezember 2025 von https://ourworldindata.org/grapher/population?time=500..1830&country=~GBR

Abb. 3.2 Teil der Publikation: Ritchie H, Roser M (2021) Fish and Overfishing. OurWorldInData.org, https://ourworldindata.org/fish-and-overfishing. Daten adaptiert von RAM Legacy Stock Assessment Database. Open access under the Creative Commons BY license. Abgerufen am 4. Dezember 2025 von https://ourworldindata.org/explorers/fish-stocks?facet=none&country=Albacore+tuna+Northern+Atlantic~Atlantic+cod+Southern+Gulf+of+St.+Lawrence&hideControls=true&Metric=Fish+stocks+%28biomass%29&Total+or+Relative=Total

Abb. 3.3 Teil der Publikation: Ritchie H, Roser M (2021) Fish and Overfishing. OurWorldInData.org, https://ourworldindata.org/fish-and-overfishing. Daten adaptiert von Schjins et al. (2021). Five centuries of cod catches in Eastern Canada. Open access under the Creative Commons BY license. Abgerufen am 4. Dezember 2025 von https://ourworldindata.org/grapher/long-term-cod-catch?time=1940..latest

Abb. 5.1 Teil der Publikation: Umweltbundesamt (2024a) Nasse Deposition saurer und säurebildender Regeninhaltsstoffe, www.umweltbundesamt.de/daten/luft/nasse-deposition-saurer-saeurebildender. © Umweltbundesamt. Mit freundlicher Genehmigung des Umweltbundesamtes vom 25. November 2025.

Abgerufen am 4. Dezember 2025 von www.umweltbundesamt.de/sites/default/files/medien/384/bilder/2_abb_entw-ph-wert_2024-06-18.png

Abb. 6.1 Ozone-depleting substance emissions (Scientific Assessment 2014) – verarbeitet von Our World in Data. Abgerufen am 4. Dezember 2025 von https://ourworldindata.org/grapher/ozone-depleting-substance-emissions

Abb. 6.2 NASA Ozone Watch (2024), Ozone hole area and concentration – mit geringfügiger Bearbeitung durch Our World in Data. Abgerufen am 4. Dezember 2025 von https://ourworldindata.org/grapher/stratospheric-ozone-concentration

Abb. 7.1 Statuette des Ebiḫ-Il. Kopiert unter der Creative Commons Attribution-Share Alike 4.0 International Lizenz. Abgerufen am 4. Dezember 2025 von https://commons.wikimedia.org/wiki/File:Ebih-ii_en_priere.jpg

Abb. 7.2 The Federal Reserve Bank of St Louis (FRED) – verarbeitet von Our World in Data. All-Transactions House Price Index (2005 = 100). Abgerufen am 4. Dezember 2025 von https://ourworldindata.org/grapher/the-household-debt-to-income-ratio-and-house-prices-in-the-us-19502017?time=1975..2011

Abb. 7.3 World Bank (2023) – mit geringfügiger Bearbeitung durch Our World in Data. GDP per capita – World Bank – In constant 2017 international $. Abgerufen am 4. Dezember 2025 von https://ourworldindata.org/grapher/gdp-per-capita-worldbank?tab=line&stackMode=relative&time=2002..2020&country=USA~OWID_EU27

Abb. 7.4 Multiple sources compiled by World Bank (2025) – verarbeitet von Our World in Data. Exports of goods and services (constant 2015 US$). Abgerufen am 4. Dezember 2025 von https://ourworldindata.org/grapher/exports-of-goods-and-services-constant-2010-us?tab=line&country=~OWID_WRL

Abb. 8.1 Oberpostdirektion Frankfurt am Main; Telefonzentrale mit Klappenschalter, 19. Jahrhundert. Diese Datei ist lizenziert unter der Creative-Commons-Lizenz „Namensnennung – Weitergabe unter gleichen Bedingungen 4.0 international“. Abgerufen am 4. Dezember 2025 von https://commons.wikimedia.org/wiki/File:Telefonzentrale_mit_Klappenschalter_Frankfurt_vor_1900.jpg

Abb. 8.2 HYDE (2023) – mit geringfügiger Bearbeitung durch Our World in Data. Population share in urban areas. PBL Netherlands Environmental Assessment Agency, History Database of the Global Environment 3.3. Abgerufen am 4. Dezember 2025 von https://ourworldindata.org/grapher/long-term-urban-population-region?time=-1000..latest&country=ITA~CHN~OWID_AFR

Abb. 8.3 Einwohnerzahlen Deutscher Städte. Diese Datei wird unter der Creative-Commons-Lizenz CC0 1.0 Verzicht auf das Copyright zur Verfügung gestellt. Abgerufen am 4. Dezember 2025 von https://commons.wikimedia.org/wiki/File:German_Cities_Pareto_Density_-_de.svg

Abb. 8.4 HYDE (2023); Gapminder (2022); UN WPP (2024) – mit großer Bearbeitung durch Our World in Data. Abgerufen am 4. Dezember 2025 von https://ourworldindata.org/grapher/ict-adoption

Abb. 8.5 Advertising revenue as percent of United States Gross Domestic Product, showing print, audio-visual, and digital components. Diese Datei ist lizenziert unter der Creative-Commons-Lizenz „Namensnennung – Weitergabe unter gleichen Bedingungen 4.0 international". Abgerufen am 4. Dezember 2025 von https://commons.wikimedia.org/wiki/File:1929-_Advertising_revenue_as_percent_of_GDP_(US).svg

Abb. 9.1 UK DECC & Department for Business, Energy & Industrial Strategy (BEIS). – verarbeitet von Our World in Data. Abgerufen am 4. Dezember 2025 von https://ourworldindata.org/grapher/coal-output-uk-tonnes

Abb. 9.2 Ember (2024) – mit großer Bearbeitung durch Our World in Data. Abgerufen am 4. Dezember 2025 von https://ourworldindata.org/grapher/electricity-prod-source-stacked

Abb. 9.3 Energy Institute – Statistical Review of World Energy (2024); Smil (2017) – mit großer Bearbeitung durch Our World in Data. Abgerufen am 4. Dezember 2025 von https://ourworldindata.org/grapher/global-energy-consumption-source

Abb. 9.4 Global Carbon Budget (2024) – mit großer Bearbeitung durch Our World in Data. Abgerufen am 4. Dezember 2025 von https://ourworldindata.org/grapher/co2-by-source?time=1800..latest

Abb. 9.5 NOAA Global Monitoring Laboratory – Trends in Atmospheric Carbon Dioxide (2025); EPA based on various sources (2022) – mit großer Bearbeitung durch Our World in Data. Abgerufen am 4. Dezember 2025 von https://ourworldindata.org/grapher/co2-long-term-concentration?time=1800..latest

Abb. 9.6 NOAA Global Monitoring Laboratory – Trends in Atmospheric Carbon Dioxide (2025); EPA based on various sources (2022) – mit großer Bearbeitung durch Our World in Data. Abgerufen am 4. Dezember 2025 von https://ourworldindata.org/grapher/co2-long-term-concentration?time=-17000..latest

Abb. 9.7 NOAA Climate.gov (2022) – verarbeitet von Our World in Data. Abgerufen am 4. Dezember 2025 von https://ourworldindata.org/grapher/sea-level

Abb. 9.8 Post-glacial sea level rise. Diese Datei ist unter der Creative-Commons-Lizenz „Namensnennung – Weitergabe unter gleichen Bedingungen 3.0 nicht portiert" lizenziert. Abgerufen am 4. Dezember 2025 von https://commons.wikimedia.org/wiki/File:Post-Glacial_Sea_Level.png

Abb. 11.1 US Energy Information Administration (EIA) – verarbeitet von Our World in Data. Abgerufen am 4. Dezember 2025 von https://ourworldindata.org/explorers/natural-resources?tab=line&country=~OWID_WRL&Resource=Natural+gas&Metric=Reserves&Count=Total

Abb. 11.2 Energy Institute based on S&P Global Platts – Statistical Review of World Energy (2024) – mit großer Bearbeitung durch Our World in Data. Abgerufen am 4. Dezember 2025 von https://ourworldindata.org/grapher/oil-prices-inflation-adjusted?time=1923..latest

Abb. 11.3 Loss in value of a given sum of money over time depending of a discount rate. Dieses Werk ist in den Vereinigten Staaten gemeinfrei, da es von Mitarbeitern der US-amerikanischen Bundesregierung oder einem ihrer Organe in Ausübung ihrer dienstlichen Pflichten erstellt wurde. Abgerufen am 4. Dezember 2025 von https://commons.wikimedia.org/wiki/File:Economics_of_climate_change_chapter3_discounting_curves.png

Abb. 11.4 Global Carbon Budget (2024) – mit großer Bearbeitung durch Our World in Data. Abgerufen am 4. Dezember 2025 von https://ourworldindata.org/grapher/annual-co2-emissions-per-country?stackMode=relative&time=1990..latest&country=~OWID_EU27

Abb. 11.5 Levelized cost of major electricity sources in the U.S. between 2009 and 2023 in dollars. Diese Datei ist lizenziert unter der Creative-Commons-Lizenz „Namensnennung – Weitergabe unter gleichen Bedingungen 4.0 international". Abgerufen am 4. Dezember 2025 von https://commons.wikimedia.org/wiki/File:Electricity_costs_in_dollars_according_to_data_from_Lazard.png

Abb. 11.6 Teil der Publikation: Ortiz-Ospina E, Roser M (2016) Taxation. Online veröffentlicht unter OurWorldinData.org, https://ourworldindata.org/taxation. Daten adaptiert von Todaro M, Smith S (2014) Economic development, 12th Edition. Pearson, London. Open access under the Creative Commons BY license. Abgerufen am 4. Dezember 2025 von https://ourworldindata.org/grapher/composition-of-tax-revenues-regional?country=~OECD+-+Europe

Abb. 11.7 Teil der Publikation: Ortiz-Ospina E, Roser M (2016) Taxation. Online veröffentlicht unter OurWorldinData.org, https://ourworldindata.org/taxation. Daten adaptiert von Piketty T (2014) Capital in the twenty-first century. Harvard University Press, Cambridge. Open access under the Creative Commons BY license. Abgerufen am 4. Dezember 2025 von https://ourworldindata.org/grapher/tax-revenue-national-income-longrun?time=1910..latest

Abb. 11.8 World Bank Poverty and Inequality Platform (2025) – mit großer Bearbeitung durch Our World in Data. Open access under the Creative Commons BY license. Abgerufen am 4. Dezember 2025 von https://ourworldindata.org/grapher/economic-inequality-gini-index?tab=line&country=USA~FRA~GBR~SWE

Abb. 11.9 Productivity: output per hour worked, 2019 von Feenstra et al. (2015) und Penn World Table (2021) – mit großer Bearbeitung durch Our World in Data. Open access under the Creative Commons BY license. Abgerufen am 4. Dezember 2025 von https://ourworldindata.org/grapher/labor-productivity-per-hour-pennworldtable?tab=line&country=USA~DEU~GBR~JPN~CHN~FRA

Abb. 11.10 Energy Institute – Statistical Review of World Energy (2025) – mit großer Bearbeitung durch Our World in Data. Open access under the Creative Commons BY license. Abgerufen am 4. Dezember 2025 von https://ourworldindata.org/grapher/years-of-fossil-fuel-reserves-left?time=2020

Literatur

1. Aischylos (458 v. Chr.) Agamemnon. Deutsch von Donner J (1854). Langenscheidtsche Verlagsbuchhandlung, Berlin-Schöneberg
2. Akerlof G (1970) The market for 'lemons': quality uncertainty and the market mechanism. Q J Econ 84(3):488–500
3. Ambrose S (2001) Paleolithic technology and human evolution. Science 291(5509):1748–1753
4. Andersen S, Sarma KM (2002) Protecting the ozone layer: the United Nations history. Earthscan Publications, London
5. Aristoteles übersetzt von Kirchmann JH (1880) Politik. Verlag der Dürr'schen Buchhandlung, Leipzig. www.projekt-gutenberg.org/aristote/politik/chap002.html
6. Arrhenius S (1907) Das Werden der Welten. Leipzig Akademische Verlagsgesellschaft, Leipzig
7. Bahn-Walkowiak B, Wilts H (2019) Die ökologische Wahrheit: Ressourcensteuern für mehr Effizienz. factory-Magazin 2:17–23
8. Barron J (2019) How big business is hedging against the apocalypse. New York Times, New York
9. Bateson G (1987) Geist und Natur: Eine notwendige Einheit. Suhrkamp, Berlin
10. Battelle J (2006) Die Suche: Geschäftsleben und Kultur im Banne von Google & Co. Börsenmedien AG, Kulmbach
11. Bibel (2016) Einheitsübersetzung der Heiligen Schrift. Katholische Bibelanstalt, Stuttgart
12. Bresson A (2015) The making of the ancient Greek economy: institutions, markets, and growth in the city-states. Princeton Univers. Press, Princeton
13. Brown P (2013) The rise of Western Christendom: triumph and diversity, A.D. 200–1000. Wiley & Sons, Hoboken
14. Brown P (2017) Der Schatz im Himmel: Der Aufstieg des Christentums und der Untergang des römischen Weltreichs. Klett-Cotta, Stuttgart

C. E. Mandl, *Marktversagen*,
https://doi.org/10.1007/978-3-658-50377-2

15. Carney M (2015) Breaking the tragedy of the horizon – climate change and financial stability. Speech given by Governor of the Bank of England. www.bankofengland.co.uk/speech/2015/breaking-the-tragedy-of-the-horizon-climate-change-and-financial-stability
16. Cicero M. (45 v. Chr.) De Natura Deorum/On the Nature of the Gods. English translation by Yonge C. Project Gutenberg, www.gutenberg.org
17. Cripps E (2017) The structure of prices in the Neo-Sumerian economy (I): Barley:Silver Price Ratios. Cuneiform Digital Library Journal, Oxford
18. Cross J, Guyer M (1980) Social traps. University of Michigan Press, Ann Arbor
19. Dörner D (2011) Die Logik des Misslingens: Strategisches Denken in komplexen Situationen. Rowohlt, Hamburg
20. Doyle J (2021) Smog conspiracy: DOJ vs. detroit automakers. PopHistoryDig.com
21. Dzwillo M (1978) Prinzipien der Evolution: Phylogenetik und Systematik. Springer, Wiesbaden
22. Ebenstein A (2001) Friedrich Hayek: a biography. St. Martins Press, New York
23. European Commission (2003) Fangquoten: Um 2004 keine Fischereien schließen zu müssen, schlägt die Kommission Maßnahmen zum stärkeren Schutz der Fischbestände vor. Pressemitteilung IP/03/1656. https://ec.europa.eu/commission/presscorner/detail/de/IP_03_1656
24. Garraty C, Stark B (2010) Archaeological approaches to market exchange in ancient societies. University Press of Colorado, Boulder
25. Gordon H (1954) The economic theory of a common-property resource: the fishery. J Polit Econ 62(2):124–142
26. Graeber D, Wengrow D (2022) Anfänge: Eine neue Geschichte der Menschheit. Klett-Cotta, Stuttgart
27. Guski C (2014) Die Torah: eine deutsche Übersetzung. BoD – Books on Demand
28. Handwerk B (2021) An evolutionary timeline of Homo Sapiens. Smithsonian Magazine www.smithsonianmag.com/science-nature/essential-timeline-understanding-evolution-homo-sapiens-180976807/
29. Hansen J (2015) Environment and development challenges: the imperative of a carbon fee and dividend. In: Bernard L, Semmler W (Hrsg) The Oxford handbook of the macroeconomics of global warming. Oxford University Press, Oxford
30. Hardin G (1968) The tragedy of the commons. Science 162(3859):1243–1248
31. Harris E (2019) Markets in the ancient Greek world: an overview. In: Rahmstorf L, Stratford E (Hrsg) Weights and marketplaces from the bronze age to the early modern period. Wachholtz, Kiel
32. Hayek F (1945) The use of knowledge in society. Am Econ Rev 35(4):519–530

33. Hayek F (2023) Der Weg zur Knechtschaft. Lau-Verlag & Handel KG, Reinbek bei Hamburg
34. Haywood J (2005) Historical atlas of ancient civilizations. Penguin, London
35. Henisch G (1616) Teütsche Sprach und Weißheit. Francus, Augsburg
36. Höfer J (2013) Mögliche Auswirkungen einer Finanztransaktionssteuer auf das derivative Währungsmanagement in Unternehmen. Diplomica, Hamburg
37. Hughes JD (2014) Environmental problems of the Greeks and Romans: ecology in the ancient mediterranean. Johns Hopkins University Press, Baltimore
38. HYDE (2023) Urban area over the long-term. PBL Netherlands Environmental Assessment Agency, History Database of the Global Environment 3.3. Abgerufen am 24. Juli 2024 von https://ourworldindata.org/grapher/urban-area-long-term
39. Jacobs C, Kelly W (2015) Smogtown: the lung-burning history of pollution in Los Angeles. Abrams Press, New York
40. Jonas H (1964) Investitionsrechnung. De Gruyter, Berlin
41. King LW (1915) The Code of Hammurabi. Lillian Goldman Law Library. Yale Law School, New Haven
42. Lang B (2002) Jahwe, der biblische Gott: Ein Porträt. C.H. Beck, München
43. Leick G (2002) Mesopotamia: the invention of the city. Penguin, London
44. Levin K, Cashore B, Bernstein S, Auld G (2012) Overcoming the tragedy of super wicked problems: constraining our future selves to ameliorate global climate change. Policy Sci 45(2):123–152
45. Liverani M (2013) The ancient near east: history, society and economy. Routledge, London
46. Lloyd W (1833) Two lectures on the checks to population. Collingwood, Oxford
47. Mandl C (2017) Auf der Suche nach Industrie-4.0-Pionieren: die vierte industrielle Revolution im Werden. ÖGB, Wien
48. Mandl C (2023) Managing complexity in social systems: leverage points for policy and strategy, 2. Aufl. Springer Nature, Schweiz
49. Meadows D (1999) Places to intervene in a system. The Sustainability Institute, Hartland
50. Meadows D (2010) Die Grenzen des Denkens: Wie wir sie mit System erkennen und überwinden können. oekom, München
51. Meadows DL (1996) The Fish Banks Ltd. game. System Dynamics Society. https://systemdynamics.org/products/fish-banks-game
52. Moorey PR (1999) Ancient Mesopotamian materials and industries: the archaeological evidence. Eisenbrauns, Pennsylvania
53. Moyle J (1913) The Institutes of Justinian by Caesar Flavius Justinian, 5. Aufl. Project Gutenberg, Salt Lake City, UT
54. Musil R (1930) Der Mann ohne Eigenschaften. Rowohlt, Berlin

55. Neumaier C (2012) Die Einführung des „umweltfreundlichen Autos“ in den 1980er-Jahren im Spannungsverhältnis von Wirtschaft, Politik und Konsum. Themenportal Europäische Geschichte. www.europa.clio-online.de/essay/id/fdae-1576
56. Nobel Prize Outreach (2024) Press release. NobelPrize.org, www.nobelprize.org/prizes/economic-sciences/1974/press-release
57. Norman J (2018) Adam Smith: father of economics. Basic Books, New York
58. Olson M (2004) Die Logik des kollektiven Handelns: Kollektivgüter und die Theorie der Gruppen, 5. Aufl. Mohr Siebeck, Tübingen
59. Ortiz-Ospina E, Roser M (2016) Taxation. Online veröffentlicht unter OurWorldinData.org. Abgerufen von https://ourworldindata.org/taxation
60. Otto A (2019) Marketplaces in Syro-Mesopotamia in the second millennium BC in the light of new archaeological research. In: Rahmstorf L, Stratford E (Hrsg) Weights and marketplaces from the bronze age to the early modern period. Wachholtz, Kiel
61. Paulson H (2010) On the brink: inside the race to stop the collapse of the global financial system. Business Plus, New York
62. Pigou A (1932) The economics of welfare, 4. Aufl. Macmillan, London. https://oll.libertyfund.org/titles/pigou-the-economics-of-welfare
63. Polanyi M (2023) Personales Wissen: Auf dem Weg zu einer postkritischen Philosophie. Suhrkamp, Berlin
64. Popper K (2004) Das Elend des Historizismus. Mohr Siebeck, Tübingen
65. Rahmstorf L (2006) In search of the earliest balance weights, scales and weighing systems from the East Mediterranean, the Near and Middle East. In: Alberti M, Ascalone E, Peyronel L (Hrsg) Weights in context. Istituto Italiano di Numismatica, Rom
66. Rich N (2019) Losing earth. Rowohlt, Berlin
67. Ritchie H (2021a) How have the world's energy sources changed over the last two centuries? OurWorldInData.org, https://ourworldindata.org/global-energy-200-years
68. Ritchie H (2021b) The world has lost one-third of its forest, but an end of deforestation is possible. OurWorldInData.org, https://ourworldindata.org/world-lost-one-third-forests
69. Ritchie H, Roser M (2021) Fish and overfishing. OurWorldInData.org, https://ourworldindata.org/fish-and-overfishing
70. Roberts K (2015) Origins of business, money, and markets. Columbia University Press, New York
71. Sahm R (2023) Zum Teufel mit der Steuer!: 5000 Jahre Steuern – ein langer Leidensweg der Menschheit. Springer, Berlin
72. Schein E (2018) Organisationskultur und Leadership. Vahlen, München
73. Smith A (2013) Wohlstand der Nationen. Anaconda, Köln
74. Starr JJ (2008) Other Sumerian kings: Urukagina liberty cones. SumerianShakespeare. https://sumerianshakespeare.com

75. Steinkeller P, Hudson M (2015) Labor in the ancient world. ISLET, Dresden
76. Stewart I (2014) Welt-Formeln: 17 mathematische Gleichungen, die Geschichte machten. Rowohlt Taschenbuch, Hamburg
77. Umweltbundesamt (2024a) Nasse Deposition saurer und säurebildender Regeninhaltsstoffe. www.umweltbundesamt.de/daten/luft/nasse-deposition-saurer-saeurebildender
78. Umweltbundesamt (2024b) Gesellschaftliche Kosten von Umweltbelastungen. www.umweltbundesamt.de/daten/umwelt-wirtschaft/gesellschaftliche-kosten-von-umweltbelastungen
79. Valk J, Marin I (2021) Ancient taxation: the mechanics of extraction in comparative perspective. New York University Press, New York
80. Von Foerster H (1984) Principles of self-organization – in a socio-managerial context. In: Ulrich H, Probst G (Hrsg) Self-organization and management of social systems: insights, promises, doubts, and questions. Springer, Berlin
81. Wikipedia (2024) Weltfinanzkrise 2007–2008. https://de.wikipedia.org/wiki/Weltfinanzkrise_2007-2008
82. Wilberforce R, Campbell A, Elles N (1966) The law of restrictive practices and monopolies, 2. Aufl. Sweet and Maxwell, London
83. Wilcke C (2014) Gesetze in sumerischer Sprache. In: Koslova N, Vizirova E, Zólyomi G (Hrsg) Studies in Sumerian Language and Literature. Penn State University Press, Pennsylvania
84. Williams M (2006) Deforesting the earth: from prehistory to global crisis, an abridgment. University of Chicago Press, Chicago

9783658503765